Knaur

Über die Autoren:

Daniel Biasini, 1949 in Paris geboren. Nach dem Abitur zwei Jahre in den USA. Anschließend, 1972, tätig für die Lira-Film in Paris, wo er mit Romy Schneider zusammentrifft. Heirat 1975. 1978/79 verfaßt er das Original-Filmmanuskript »Der ungeratene Sohn« und arbeitet zusammen mit dem Regisseur Claude Sautet am Szenario.

Marco Schenz, 1948 in Wien geboren, hat bereits vier Biographien geschrieben. Der Journalist, dessenBuch über die Ski-Weltmeisterin Erika Schinegger, die in Wirklichkeit ein Mann war, weltweites Aufsehen erregte, lebt in Wien. Er ist dort journalistischer Berater des erfolgreichen Verlegers Wolfgang Fellner (NEWS, TV-Media). In seiner bisherigen Laufbahn war Schenz in der Chefredaktion von KURIER, Kronen Zeitung und dem Hamburger Leute-Magazin GALA.

Daniel Biasini

Meine Romy

Aufgezeichnet von
Marco Schenz

Knaur

Die in diesem Buch erstmals veröffentlichten Fotos stammen aus dem Privatarchiv von Charles Biasini, dem Bruder des Autors.

Das Rollenverzeichnis für Film, Fernsehen und Theater wurde im Verlag erarbeitet.

Die Kapitel 15–19 beruhen auf Recherchen von Marco Schenz.

Besuchen Sie uns im Internet:
http://www.droemer-weltbild.de

Vollständige Taschenbuchausgabe August 2000
Droemersche Verlagsanstalt Th. Knaur Nachf., München
Copyright © 1998 Langen Müller
in der F. A. Herbig Verlagsbuchhandlung GmbH, München
Alle Rechte vorbehalten.
Das Werk darf – auch teilweise – nur mit Genehmigung
des Verlages wiedergegeben werden.
Umschlaggestaltung: Agentur ZERO, München
Umschlagfoto: Giancarlo Botti
Druck und Bindung: Clausen & Bosse, Leck
Printed in Germany
ISBN 3-426-61253-4

2 4 5 3 1

Inhalt

1 Der Anfang vom Ende *9*
2 Lügen *15*
3 Ein Traumjob *21*
4 Die erste Begegnung *32*
5 »Nur ein Hauch von Glück« *38*
6 Freunde *42*
7 Karajan, Jürgens und »Daddy« Blatzheim *50*
8 Millionen *58*
9 Beruflicher Ärger *63*
10 Die Geschichte eines Ringes *70*
11 Senegal *78*
12 Der erste Kuß *90*
13 Tochter prominenter Eltern *106*
14 Marlene Dietrich *120*
15 Delon und Visconti *130*
16 Ein Brief an Kortner *147*
17 Extreme *152*
18 Harry Meyen *155*
19 »Der Swimmingpool« *171*

20   Claude Sautet   *177*

21   Der Mann an Romys Seite   *182*

22   »Ich will ein Kind«   *190*

23   Hochzeit in Berlin   *198*

24   Heinrich Böll, ein Idol   *206*

25   Sarah   *223*

26   Umzug nach Südfrankreich   *232*

27   Die Reise nach Mexiko   *241*

28   Das Finanz-Debakel   *249*

29   »Die zwei Gesichter einer Frau«   *256*

30   Das Ende   *261*

Kleiner Liebesbrief an David   *271*

Epilog   *272*

Dank   *275*

Anhang

Rollenverzeichnis für Film, Fernsehen
und Theater   *279*

Namenverzeichnis   *292*

Aber freilich für diese Zeit, welche das Bild der Sache, die Kopie dem Original, die Vorstellung der Wirklichkeit, den Schein dem Wesen vorzieht …; denn heilig ist ihr nur die Illusion, profan aber die Wahrheit. Ja, die Heiligkeit steigt in ihren Augen in demselben Maße, als die Wahrheit ab- und die Illusion zunimmt, so daß der höchste Grad der Illusion für sie auch der höchste Grad der Heiligkeit ist.

Ludwig Feuerbach,
Das Wesen des Christentums
1841

Die schönste Hommage, die ich Romy erweisen konnte, ist die, an dieses Buch einen ebenso hohen Anspruch zu stellen, wie sie ihn an sich selbst und an alle, die sie liebte, stellte.

Daniel Biasini

Der Anfang vom Ende

Was für ein Schrei! Schrill und voller Verzweiflung hallte er über den langen, kühlen Gang des alten Klosters von St. Germain-en-Laye. Es war der schrecklichste Schrei, den ich je gehört hatte. Und die Bilder der Erinnerung sind heute noch so furchtbar nah: Soeben war der Chefchirurg aus dem Operationssaal im alten Klosterspital getreten und hatte mit gesenkter Stimme Romy zugeflüstert: »Es ist aus, es tut mir sehr leid.« Am Ende eines heißen Sommertages hat Romy Schneider ihren Sohn David verloren. Auch ich war wie gelähmt vor Schmerz über den Verlust des geliebten Kindes.
Man schrieb den 5. Juli 1981.
Es war der letzte Tag, an dem ich meine Noch-Ehefrau Romy Schneider lebend gesehen habe. Drei Monate später wurden wir geschieden. Zehn Monate später war sie tot.
Aber gestorben ist sie wohl schon an jenem Juli-Abend, als das Ärzteteam in dem kleinen Provinz-Krankenhaus des Pariser Vorortes vergeblich um das Leben ihres zarten, blonden vierzehnjährigen Jungen kämpfte. Eine eiserne Spitze

unseres Gartenzauns hatte ihm eine Arterie in der Bauchgegend zerfetzt.
Fröhlich und hungrig war er mit seinen engen Radlerhosen und dem hellblauen T-Shirt vom Spielen zum Mittagstisch gekommen. Übermütig verzichtete er darauf, zu läuten oder zu rufen, damit ihm jemand das Gittertor öffnete. Wie ein Hochspringer hatte er sich über den Zaun meines Elternhauses geschwungen, war mit einem Schuh im Maschendraht der Heckenrosen hängengeblieben und aus etwa einem halben Meter in die Lanzenspitzen des massiven Eisenzauns gefallen. Von 15 Uhr mittag bis um 19 Uhr operierten die Ärzte, versuchten verzweifelt, die zerfetzte Arterie abzuklemmen. Krankenschwestern eilten mit unzähligen Blutkonserven an uns vorüber, um den hohen Blutverlust des zarten Kindes auszugleichen. Rastlos waren Romy und ich auf dem langen Gang auf und ab gegangen.
Verzweifelt.
Und nahezu wortlos.
Denn wir hatten schon lange nicht mehr miteinander gesprochen. Romy, die an diesem Tag bei den Eltern von Laurent Pétin, ihrem neuen Liebhaber, war, pendelte zwischen der Pétin-Wohnung und der Avenue Bugeaud, wo sie weiterhin wohnte. Mit ihr unsere knapp fünfjährige Tochter Sarah Magdalena. David dagegen, der vierzehnjährige Sohn aus ihrer ersten Ehe mit Harry Meyen, hatte sich geweigert, mit dem neuen Mann im Leben seiner Mutter unter einem Dach zu wohnen – er war schon relativ lange Zeit seines so kurzen Lebens glücklich und ungeheuer stolz darauf gewe-

sen, daß er endlich eine Familie hatte. Mit Mutter, Schwester und Stiefvater. So glücklich, daß sogar der Direktor seiner Pariser Schule die Vorschriften der französischen Bürokratie ignorierte und Davids Wunsch nachkam: In allen Klassenbüchern wurde er nicht – wie es das Gesetz verlangt – als David Haubenstock, sondern als David Biasini geführt. Haubenstock war der bürgerliche Name seines leiblichen Vaters Harry Meyen gewesen, der sich 1979 das Leben genommen hatte.

David aber hatte sich – nachdem wir von unserem Bauernhof in Ramatuelle bei St. Tropez wieder nach Paris übersiedelt waren – schon an seinem ersten Schultag geweigert, unter einem anderen Namen als Biasini das Klassenzimmer zu betreten: »Ich heiße nicht Haubenstock, ich heiße Biasini«, sagte er trotzig. Der Direktor war ein kluger Pädagoge, wie sie David nicht an allen Schulen angetroffen hatte. Er erkannte sofort, wie wichtig ihm dieses Anliegen war und daß es sich dabei nicht um die Marotte eines Kindes handelte – David durfte fortan seine Hefte unter dem Familiennamen Biasini führen.

Gewohnt hat er bei meinen Eltern. Romy hat das sehr weh getan. Zwar wußte sie, wie wohl sich David im Hause seiner »geborgten« Großeltern fühlte und wie gut es ihm dort ging. Aber sie konnte nicht verstehen, warum ihr über alles geliebter Sohn – allen Umständen zum Trotz – nicht lieber in ihrer Nähe war. Auch das letzte Gespräch, das Romy und David miteinander führten, hatte dieses Thema zum Inhalt. Am Vorabend seines Todes telefonierten die beiden miteinander und beendeten das Gespräch im Streit: »Langsam wird es Zeit, daß du wieder ganz nach Hause ziehst, du mußt einfach heimkommen«, hatte Romy zu ihm gesagt. Und David hatte ihr erwidert: »Ich komme nicht heim. Solange dieser Mann mit dir unter einem Dach schläft, will ich nicht mehr in die Rue Bugeaud.« Dann legten beide wütend auf.

Sinngemäß waren das die letzten Worte, die David mit seiner Mutter gewechselt hatte. Als sie am nächsten Tag den Anruf meiner Mutter bei Pétins Eltern entgegennahm, hatte der letzte Akt im Drama Romy Schneider mit Davids schrecklichem Unfall bereits begonnen.

Zu ihrem unsagbaren Schmerz über den Verlust des Sohnes war Romy auch zutiefst davon betroffen, daß sie von David in diesem Leben im Streit geschieden war. Entgegen allen anderen, falschen Behauptungen hat das für sie die ganze Tragödie noch viel schlimmer gemacht.

Nach Davids Tod wollte sie die Wohnung in der Rue Bugeaud nicht mehr betreten. Tarak, ein befreundeter Produzent, der heute für Michael Jackson arbeitet, hat mit ihr dann die Wohnungen getauscht.

In den ersten beiden Wochen nach Davids Tod hatte ich mich in die Rue Bugeaud zurückgezogen. Allein und in tiefer Trauer über den Verlust des Kindes. In diesen Tagen überfielen mich die ersten schweren Gewissensbisse. Bis zum heutigen Tag bedaure ich mein Verhalten in Romys schwersten Stunden. Nicht, daß ich mich der Illusion hingeben würde, es hätte doch noch alles gutgehen können zwischen uns beiden. Nicht, daß an all den dunklen Andeutungen und schmutzigen Vorwürfen dritter Personen auch nur ein Fünkchen Wahrheit wäre, das ich spät, aber doch bedauern würde. Diese hinterhältigen Lügen werde ich an anderer Stelle noch Stück für Stück zerpflücken und als das entlarven, was sie tatsächlich sind – geschäftemacherische Hirngespinste. Fünfzehn Jahre lang haben sie mich als schwarzes Schaf abgestempelt und mißbraucht, weil sie offenbar der Meinung sind, ich sei das ideale Opfer für ihr eiskaltes Kalkül.

Aber das war es nicht, was mich verzweifeln ließ. Ich versuchte und versuche – bis zum heutigen Tag vergeblich –, meinen letzten Dialog mit Romy aufzuarbeiten. Denn als wir im Krankenhaus die schreckliche Nachricht bekamen und Romy nur mehr ein einziges hilfloses Bündel Mensch war, da bedrängte sie Pétin, mit seinen Eltern mit nach Hause zu kommen. Und Romy, mit ihren verweinten Augen und dem angstverzerrten, verquollenen Gesicht, sah mich verzweifelt an und fragte mich: »Was sollen wir tun?« Und ich, vom Schmerz über den Verlust des Jungen, der neun Jahre an meiner Seite aufgewachsen war, versteinert und verbittert, herrschte sie an: »Wir? Was wir tun sollen? Ich sag' dir was – es ist mir ganz egal, was du tust. Mach das, was du glaubst tun zu müssen.«

Ein dummer Satz, ein herzloser Satz. Ein Satz, dessen Erinnerung mich zutiefst schmerzt. Es ist mir nach wie vor unbegreiflich, wie einem Menschen, der die Not und das Elend eines anderen so klar erkennen und begreifen kann, wie ich

das Leid von Romy in dieser Situation begreifen konnte, ein solcher Satz über die Lippen kommt.
Es mag verrückt klingen, pathetisch oder sonst irgendwie – aber ich schäme mich dafür, und ich bitte sie noch heute inständig um Verzeihung.

Lügen

Romy war damals in ihrem großen Schmerz von mir sehr verletzt worden. Mir war das sehr bald bewußt, und ich empfand trotz unserer Trennung nicht die geringste Spur von Genugtuung. Ich versuchte, unsere Scheidung so schnell wie möglich über die Bühne zu bringen und verzichtete auf jeden Anspruch. Ich wollte nicht, wie es ihr erster Ehemann, Harry Meyen, getan hatte, auch nur die geringsten Forderungen stellen.

Meyen hatte sich von Romy offiziell – denn in Wirklichkeit waren sie ja längst getrennt – nur unter einer Auflage scheiden lassen. Er forderte – und bekam – etwa 1,5 Millionen Mark Scheidungsabfindung. Das war Mitte der Siebzigerjahre ein gewaltiges Vermögen.

Mein Vorschlag, Maître Pierre Hebey, Romys Pariser Anwalt, mit der ganzen traurigen Angelegenheit für uns beide zu betrauen, scheiterte an gesetzlichen Vorschriften. Also ließ ich mich von Hebeys Junior-Partner aus der Kanzlei vertreten.

Der Scheidungsspruch erfolgte ohne unsere Anwesenheit.

Er war knapp formuliert, schnell gesprochen und verpflichtete mich zu einer Zahlung von 1500 Franc an Alimenten. Zahlbar monatlich an Romy – für unsere gemeinsame Tochter Sarah. Das Kind wurde der Mutter zugesprochen, mir wurde in der kurzen Zeit, die Romy noch leben sollte, ein zweiwöchiges Besuchsrecht am Wochenende eingeräumt.
Noch wenige Tage vor Davids Tod hatte das Gericht – wie es in Frankreich üblich ist – einen sogenannten Reuetermin festgelegt, bei dem wir beide zu erscheinen hatten. Es war eine groteske Situation – Romy hat dabei geweint, und ich habe mich wie ein Clown aufgeführt. Rückblickend erscheint mir heute mein kindisches Gehabe von damals geradezu lächerlich und im höchsten Maße unreif. Aber es war wohl eher ein Zeichen beidseitiger Unsicherheit und Verzweiflung, die sich bei Romy anders auswirkten als bei mir.
Wir haben den Tag des Reuetermins und die folgende Nacht in der Rue Bugeaud gemeinsam verbracht.
Es war wunderschön. Aber danach haben wir einander nie mehr berührt. Mag sein, daß meine oben geschilderten, spätpubertären Trotzreaktionen auch daran schuld waren. Ganz bestimmt aber war Davids Haltung ausschlaggebend. Er war nicht bereit, nach Paris zurückzukehren. Bei Romy, die nichts und niemanden auf dieser Welt so vergöttert und geliebt hat wie ihren Sohn, wuchs die Verbitterung.
Am späten Morgen unserer letzten gemeinsamen Nacht im Juni 1981 fuhr ich zu meinen Eltern. Und Romy fuhr zu Pétin.

Ich hätte nun behaupten können, daß alles ganz anders gewesen sei, daß ich mit Romy bis zu ihrem Tod in Kontakt gestanden habe und die abenteuerlichsten Geschichten erfinden können – niemand könnte das Gegenteil beweisen. Aber im Gegensatz zu einigen geschäftemacherischen »Romy-Freunden« (von denen manche sie zeit ihres Lebens nur ein paar Stündchen getroffen haben), habe ich es über viele Jahre vorgezogen zu schweigen. Ich habe dadurch Nachteile in Kauf genommen. Und ich bin mir einer Sache ganz sicher – nicht jeder hätte es so wie ich durchgestanden, von allen möglichen, vor allem aber unmöglichen Seiten so mit Schmutz beworfen zu werden.

Einige Beschuldigungen waren mir geläufig, aber ich habe sie ignoriert. Manche erfuhr ich erst während der Arbeiten zu diesem Buch, andere wiederum waren so widerwärtig, daß ich mich einfach zur Wehr setzen mußte, sobald ich davon Kenntnis bekam.

So auch im September 1994, als der angeblich hochseriöse TV-Sender »arte« ein Romy-Schneider-Porträt ankündigte. Da »arte« auch in Frankreich zu empfangen ist, setzten Sarah und ich mich voller Erwartung vor den Bildschirm.

Ich glaube nicht, daß man besonders einfühlsam sein muß, um zu verstehen, wie groß in den folgenden zwei Stunden unsere Betroffenheit war. In dem Beitrag, der aus einem ununterbrochenen Fluß von Lügen und Verleumdungen bestand, wurde ich als dunkler Bösewicht und Romy als eine Alkoholikerin, Nymphomanin und Neurotikerin dargestellt.

Aber damit war das Maß noch lange nicht voll – staunend erfuhren wir auch noch von einer Versteigerung in Salzburg, bei der Kleider und persönliche Gegenstände aus dem Besitz von Romy Schneider unter den Hammer kamen. Meine damals siebzehnjährige Tochter sah mich mit großen, fragenden Augen an. Aber ich kann ihr bis heute keine Antwort geben. Mir ist noch immer rätselhaft, über welche mehr oder weniger geheimnisvollen Wege Romys Habseligkeiten zur öffentlichen Versteigerung freigegeben wurden.

Ich tue mich, ganz im Gegensatz zu dem, was viele denken könnten, ziemlich schwer mit meinen Erinnerungen an Romy. Das mag so manchem unangebracht erscheinen – aber es ist eine Art Unbehagen. Das Unbehagen, eine Intimität mit anderen teilen zu müssen, die ich gerne für mich selber behalten hätte. Nur Sarah, unsere Tochter, hatte bisher das Privileg, alle Fragen über Romy stellen zu dürfen. Sie hat auf dieses Vorrecht auch nicht verzichtet. In ihrem kindlichen Drang, alles über ihre Mutter zu erfahren, hat sie in all den Jahren Fragen über Fragen gestellt. Ich habe ihr alles beantwortet. Ich habe ihr alles erklärt. Ohne etwas wegzulassen. Ohne etwas hinzuzufügen. Die Geschichte ihrer Mutter ist für Sarah eine Geschichte ohne Geheimnisse, ohne Verklärung.

Ganz im Gegensatz dazu haben die vielen Reportagen, Interviews und Bücher, die Romy Schneider in den vergangenen fünfzehn Jahren zum Inhalt hatten, mittlerweile ein völlig verzerrtes Bild von ihr entworfen. Eines, in dem sie als

Zentralfigur einer griechischen Tragödie steht, die zeit ihres Lebens an der schweren Last ihres Schicksals zu tragen und ihren Tod förmlich herbeigesehnt hat.
Das ist kompletter Unsinn.
Als ich Romy kennenlernte, war sie dreiunddreißig Jahre alt, und ich weiß, am liebsten hätte sie tausend Jahre gelebt. Hinter dem absurden, öffentlich verfälschten Drama stand immer ein echtes, bewußt gelebtes Leben einer zweifachen Mutter, einer attraktiven Frau und einer erfüllten Künstlerin. Trotzdem hat man es verstanden, ihre Persönlichkeit bis zum heutigen Tag so zu verfremden, bis sie posthum zu einer beweglichen Marionette wurde, die Romy in nichts mehr glich.
In jenem oben erwähnten TV-Porträt kamen zum Verrat an den Worten, Daten und Schauplätzen die Perversität und der Betrug erfundener Briefe und Gespräche, die Romy angeblich mit ihrer »alten besten Freundin« (wie viele es davon wohl noch gibt? – seit Romys Tod ist ihre Zahl ständig angewachsen und mittlerweile schier unübersehbar) geführt hat. Darin beklagte sie sich wie ein verwöhntes Kind über ihre Arbeit, ihre Begegnungen, über die Männer – und wieviel Leid, Verzweiflung und Enttäuschung ihr das Leben zugefügt hätte.
Das mag vielleicht ein eindrucksvolles Porträt einer anderen Frau gewesen sein, ein Porträt von Romy Schneider war es ganz gewiß nicht. Denn es stand in absolutem und totalem Widerspruch zu einer Frau, deren wahre Metamorphose ich aus allernächster Nähe miterlebt hatte. Eine Frau mit

vielen faszinierenden Gesichtern. Voll wilder und intensiver Lebenslust, sensibel und ausdrucksstark. Und erst dann, in den letzten fünfzehn oder zwanzig Monaten ihres Lebens, als das Schicksal wirklich auf sie einprügelte, verzweifelt und selbstzerstörerisch.

Der TV-Sender hat es übrigens vorgezogen, unserer Klage und der folgenden Gerichtsverhandlung, die das Lügengebäude des Romy-Porträts öffentlich gemacht hätte, auszuweichen. Man zog diskrete Verhandlungen hinter den Kulissen vor. Alle inkriminierten Passagen wurden, ohne mit der Wimper zu zucken, entfernt, die Rufschädigung mit dem Ausdruck des größten Bedauerns zurückgenommen.

Mich persönlich freute aber besonders, daß – so heißt es in der Juristensprache – »der Angriff auf die Erinnerung an eine verblichene Person« angeprangert werden konnte.

Zu dieser Genugtuung hat sich in diesen Tagen die Gewißheit gesellt: Es wird höchste Zeit, daß endlich einmal die Wahrheit über Romy geschrieben wird.

Ein Traumjob

Auf der Filmleinwand hatte mich Romy schon als Achtjährigen fasziniert. Da war ihr junger Ruhm bis nach Frankreich gedrungen, was gar nicht so selbstverständlich ist. Schließlich weiß man ja, wie eingeschworen die französischen Kinogeher immer schon auf Produktionen aus dem eigenen Land waren und bis heute geblieben sind. Aber ich erinnere mich noch ganz genau daran, wie ich als kleiner Junge, mit einer Tüte Eis in der Hand, jenes Pariser Vorstadtkino besuchte, in dem *Sissi* lief. Und ich gestehe, daß ich fasziniert war von der jungen österreichischen Prinzessin. Fasziniert wie Millionen anderer europäischer Kinobesucher aller Altersstufen.
Als ich Romy zum ersten Mal persönlich begegnete, war ich zweiundzwanzig Jahre alt. Ich hatte mein Abitur geschafft, den Militärdienst absolviert und an der berühmten Columbia-Universität in New York ein Alibi-Studium begonnen. In Wirklichkeit wollte ich mir den damaligen Traum vieler Alterskollegen erfüllen – einmal quer durch Amerika zu reisen. Als ich wieder nach Paris zurückkehrte, tat ich das nur,

um Geld für meinen nächsten USA-Trip zu verdienen. Einerseits war ich den Verlockungen der Flower-Power-Generation erlegen, andererseits war mir auch schon damals bewußt, daß man selbst für diese Form des Lebens Geld benötigen würde. Daran mangelte es mir ziemlich regelmäßig, als ich mit einem Rückflug-Ticket in Orly ankam. Also mußte ich in Paris nach einem Job suchen. Ich wurde fündig, und wie! Die Stelle, die mir angeboten wurde, war für einen Grünschnabel wie mich geradezu paradiesisch. So heuerte ich bei der Lira-Film an, die Lino Ventura und ein wunderbarer Berliner Jude gegründet hatten und die sich mittlerweile im Besitz von Raymond Danon befand. Der Gründer hieß Ralph Baum und wurde für mich sehr schnell zu einer Art väterlichem Freund.

In seiner Firma hatte ich für 500 Franc die Woche einen richtigen Studenten-Job übernommen. Ich war Mädchen für alles, hauptsächlich aber im Innendienst mit der Buchhaltung beschäftigt. Es war auch nicht ungewöhnlich, daß ich an die Drehorte der Lira-Film fuhr und mich dort nützlich machte. Bald war der Anblick von Stars wie Belmondo, Delon oder Annie Girardot für mich nichts Ungewöhnliches mehr. Ich glaube, daß ich sehr schnell mit meiner jugendlich unbekümmerten Art bei allen recht beliebt war.

Aber mein Entschluß stand trotzdem fest – zur Jahreswende würde ich genügend Geld beisammen haben und nach New York zurückkehren.

Doch es sollte alles anders kommen.

Eines Tages, im September 1972, ließ mich Ralph Baum zu

sich rufen. Er fragte mich: »Du hast doch ein Auto?« Und als ich bejahte, eröffnete er mir in kunstvoll gedrechselten Worten folgendes: »Hör zu, Daniel, ich habe eine große Aufgabe für dich. Eine wichtige Freundin von mir, nein, eine sehr, sehr wichtige Freundin von mir ist nach Paris gekommen und will hier für einige Zeit bleiben. Sie hat mich um einen Gefallen gebeten – sie würde jemanden benötigen, der für sie alle möglichen Dinge erledigt.«

»Aber dafür hast du doch jede Menge Chauffeure von der Produktion«, entgegnete ich ein wenig beleidigt, »warum soll ich das machen?«

»Weil ich jemanden brauche«, erwiderte er und zog mich ein wenig beiseite, »der absolut vertrauenswürdig ist und perfekt zu ihr paßt.«

Ein wenig mißmutig willigte ich schließlich ein. Unter der Voraussetzung, daß ich nur zwei bis drei Monate zur Verfügung stünde.

Als ich Ralph Baum einige Jahre später darauf ansprach und fragte, warum er damals diese Wahl getroffen habe, breitete er seine Arme aus, hob die Hände zum Himmel und flüsterte mir ins Ohr: »Na, warum wohl? – Weil es geschrieben stand.«

Es stand also geschrieben, daß ich Romy im September 1972 in ihrer gemieteten Gartenwohnung im exklusiven Neuilly erstmals gegenüberstehen sollte. Sie öffnete die Türe selbst, und ich muß gestehen, daß ich sie nicht auf Anhieb erkannte. Dabei war sie damals längst auch in Frankreich durch ihre Filme wie *La piscine/Der Swimmingpool* oder

Les choses de la vie/Die Dinge des Lebens ein Star. Aber ich hatte sie nicht an der Tür erwartet. Sie trug einen langen, ziegelfarbenen Kaftan und hatte den Kopf mit einem Tuch wie ein Turban umhüllt. Sie war ungeschminkt, und ich hatte sie mir deutlich größer vorgestellt.

Aber was einem sofort an ihr ins Auge stach, war dieser unglaublich leuchtende Blick. Ein Blick von ganz eigener Intensität, der einem zu verstehen gab, daß er die Gabe der Sprache besaß. Romy hat ihn auch wie das gesprochene Wort verwendet.

Sie sprach ein Französisch, das praktisch perfekt war, und sie hatte den Hauch eines Akzents, der ihren Charme und die Verführungskraft ihrer Stimme noch verstärkte.

»Wir haben noch kein Hausmädchen.« Diese Entschuldigung waren die ersten Worte, die Romy an mich richtete. »Eines zu suchen, wird gleich Ihre erste Aufgabe bei uns sein«, fügte sie nahtlos hinzu. Dann lächelte sie.

Ich muß gestehen, daß ich beeindruckt war und mir ein wenig überrollt vorkam, als ich ins Wohnzimmer trat und Romy mir freundlich einen Platz anbot. Die Wohnung, die ihr Ralph Baum besorgt hatte, wirkte kalt. Das mag an Davids Kindermädchen gelegen haben, das große Mühe hatte, sich zurechtzufinden. Sie war eine deutschsprachige Schweizerin, die kein Wort Französisch sprach. Und Romy selber war in der kurzen Zeit, in der sie sich wieder in Paris niedergelassen hatte, mehr im Ausland gewesen als in Neuilly. Sie hatte jede Menge Verpflichtungen. Da sie damals vor der Kamera besonders aktiv war und großen Wert darauf legte, ihre Filme selbst zu synchronisieren, war sie ständig in Deutschland und England beschäftigt. Aber an dem Tag, an dem ich erstmals bei ihr zu Gast war, begann ein zweiwöchiger Frankreich-Aufenthalt: Romy hatte *César et Rosalie/Cesar und Rosalie* mit Yves Montand abgedreht, und die beiden Hauptdarsteller sowie Regisseur Claude Sautet rührten im Auftrag der Produzenten in Paris kräftig die Reklametrommel. An diesem Nachmittag hatte Romy aber genügend Muße, mit mir all die Dinge zu erörtern, die ihr für einen funktionierenden Haushalt dringend notwendig erschienen. Das Allerwichtigste war, eine ordentliche Schule für David zu finden. Wie sein Kindermädchen sprach er nicht ein Wort Französisch.

Ich hatte schnell eine Schule für ihn: die »Ecole Bilongue Parque Monceau«. Davids Anpassungsfähigkeit dort war faszinierend. Mit einer unglaublichen Leichtigkeit schaffte er es spontan, sich in ein neues Umfeld einzufügen.

Ich hatte es bei ihm ziemlich leicht, da ich der einzige Mann in seiner Umgebung war. Innerhalb weniger Wochen sprach er fließend Französisch, und innerhalb weniger Tage waren wir beide schon ein Herz und eine Seele.

David war ein entzückender Junge mit seinen blonden Haaren, den wachen Augen und seiner unstillbaren Wißbegier. Wir gingen zusammen ins Kino, wir aßen Eis, ich las ihm Geschichten vor, und manchmal, wenn er sich in der Schule besonders ausgezeichnet hatte, durfte er mit mir und einem viel zu großen Helm auf dem Kopf Motorrad fahren – als Mitfahrer, versteht sich. Sehr zum Mißfallen seiner Mutter, der ich, wenn sie im Ausland weilte, täglich am Telefon zu berichten hatte, wie Davids Tag verlaufen war.

Deshalb sah sie es auch mit großer Erleichterung, als David von seinen seltenen Motorrad-Eskapaden auf das ungefährlichere Fahrrad umstieg. Das passierte in St. Germain-en-Laye, als wir zwei zu meinen Eltern aufs Land gefahren waren. Es war Davids Antrittsbesuch. Eine Premiere, vor der er ein wenig Lampenfieber hatte.

»Daniel«, fragte er mich vorher, »sind deine Eltern nett?«

»Das hängt von dir ab«, entgegnete ich ihm.

»Ich bin schon nett«, meinte er trotzig.

»Dann wird es auch kein Problem geben«, sagte ich.

Was dann kam, war berührend und schicksalhaft zugleich. David und meine Eltern – das war eine Liebe auf den ersten Blick. Meine Eltern vergötterten den Jungen und erfüllten ihm jeden Wunsch, wie richtige Großeltern.

Auch David ließ es an Zuneigung für sie nicht mangeln. Für ihn war jeder Wochenend-Ausflug nach St. Germain-en-Laye ein Vergnügen, und seine Augen leuchteten vor Glück, wenn er alle an einem Tisch vereint sah. Romy machte das sehr glücklich. So sehr, daß sie nach einiger Zeit seinetwegen nicht einmal auf das konservative traditionelle sonntägliche Familienessen verzichtete.

Damals glichen die Sonntage auf dem Land eher dem Aufbruch der in Frankreich jedem bekannten »Familie Fenouillard« in die Ferien. Man muß sich das Szenario nur vorstellen. Romy, die progressive, eigenwillige Künstlerin, die von vielen als eine Art Vorläuferin der kämpferischen

Frauenbewegung gefeiert wurde, ließ sich damals Sonntag für Sonntag in unseren alten Lancia pferchen, um auf Familien-Idylle zu machen. Vorne, auf den Knien seiner Mutter, saß David, auf dem Rücksitz das Kindermädchen, und in den Freiräumen befanden sich Taschen, Regenmäntel, Klappräder sowie ein weißes, vor lauter Angst gelähmtes Kaninchen.

Bei einem dieser Mittagessen teilte mir Romy mit, was mir Ralph Baum längst anvertraut hatte – sie wollte sich für immer in Paris niederlassen. Die Trennung von Harry Meyen sollte auch räumlich dokumentiert werden. Dafür war eine andere Wohnung nötig – größer, funktioneller und besser gelegen als in den viel zu ruhigen Straßen von Neuilly.

Eine in St. Germain-des-Près, zum Beispiel.

Ein Hausmädchen hatte ich schon Wochen zuvor gefunden. Es war eine junge Portugiesin, die sich vorgestellt hatte und die ich ohne große Referenzen eingestellt hatte – reine Gefühlssache, sie hatte von Anfang an eine enorm sympathische Ausstrahlung. Das Mädchen hieß Olga. Und Olga war ein Glückstreffer, von unbestechlicher Treue und ehrlicher Hingabe. Sie war Romy bis zuletzt mit unsagbarer Liebe ergeben.

Es wurde schließlich eine elegante alte Pariser Wohnung in der Rue Bonaparte 34, die nahezu 300 Quadratmeter groß war. Neben einem kleinen Büro, das hinter dem großzügig angelegten Salon lag, bekam ich erstmals ein Zimmer zugewiesen.

Für alle Fälle – wenn ich über Nacht blieb oder über Nacht

bleiben mußte. Denn es kam schon vor in diesen Tagen, daß Romy mich frühmorgens um sechs Uhr von einer anderen Adresse anrief und bat: »Daniel, hol mich ab. Und sei so nett, bring mir auch etwas zum Umziehen mit.« Da stand ich dann mit dunkler Sonnenbrille auf dem Gehsteig und schirmte mein Auto vor den Blicken etwaiger Frühaufsteher ab. Denn Romy fand nichts dabei, sich im Fond meines Wagens umzuziehen.
Ich betrachtete sie damals ausschließlich als meine Arbeitgeberin, deren Stärke und Ausstrahlung ich bewunderte. Und sie hat in mir nur einen Manager ihres Haushalts gesehen, der trotz seiner Jugend ganz offensichtlich perfekt funktionierte. Wenn sich unsere Blicke kreuzten, dann ist das in diesen Tagen ohne den geringsten erotischen Esprit geschehen. Wir hatten ein fast kumpelhaftes Verhältnis – ich sah sie nie mit den Augen eines Mannes an und sie mich wohl nicht mit den Augen einer Frau. Das sollte erst viel später und wie aus heiterem Himmel passieren.
Über Romy und ihre Liebschaften, die spontanen wie die längeren, ist viel gesagt und noch mehr geschrieben worden. Vieles ist falsch oder einfach frei erfunden. Manches aber ist nie an die Öffentlichkeit gelangt. Später hat sie mir von all ihren Verhältnissen und Liebschaften erzählt. Ganz ungezwungen. So, als ob es Mitte der Siebzigerjahre die selbstverständlichste Sache der Welt gewesen wäre, wenn eine verheiratete Frau und Mutter Affären nach ihrem ganz persönlichen Gutdünken – je nach Lust und Laune – hatte. Doch das hatte neben ihrer enormen beruflichen Reife und

Aufgeschlossenheit einen noch ganz anderen, viel wesentlicheren Ursprung.

Romy war damals eine wunderschöne Frau von vierunddreißig Jahren, die sich plötzlich bewußt geworden war, daß sie frei sein wollte. Frei von einer Ehe, die für sie zur psychischen Folter geworden war. Jahrelang hatte ihr Harry Meyen eingebleut, daß er sie für einen Dummkopf hielt. Lange genug hatte sie ihm offenbar geglaubt. Es war für sie demütigend, von dem wesentlich älteren und angeblich so intellektuellen Partner zu hören, wie unfähig sie tatsächlich und wie minderwertig ihr Erfolg sei. Er hat all die Jahre mit ihr nur die Rolle des Pygmalion gespielt und nicht gemerkt, daß sie nach einiger Zeit diese »Professorenhaltung« gar nicht mehr lustig fand. Er stellte alles an Romy in Frage. Sowohl ihre Fähigkeit, allein ihre Karriere zu meistern, als auch ihre Rolle als Ehefrau und Mutter.

Zuletzt verfiel er dem Trugschluß, Romy könnte ohne ihn nicht existieren.

Harry hat leider nichts verstanden. Er ist an Romy vorbeigegangen, ohne sie zu sehen. Das ist schade für ihn ...

Statt dessen hat er in ihr mit seiner Überheblichkeit und seiner dummen Arroganz einen teuflischen Keim gesetzt. Er, der unter schlimmen Migräne-Anfällen litt, vertraute ihr die Zusammensetzung einer gefährlichen Mixtur an. Wenn man nämlich das starke, aber an sich ungefährliche Schmerzmittel Optalidon in Zäpfchenform nimmt und darauf Alkohol trinkt, entsteht ein auf lange Sicht unheilbringender Cocktail – Körper und Augen werden starr, nahezu bewe-

gungslos verharrt man in diesem gefährlichen Rauschzustand. Zumeist stundenlang, bei entsprechend starker Dosierung auch tagelang.
Romy ist es gelungen, nicht nur von Harry Meyen, sondern auch von dem gefährlichen, drogenartigen Medikament loszukommen. Aus dem Körper hat sie es damals verbannt, aus ihrer Erinnerung nicht. Zu Beginn der Achtzigerjahre kam es ihr wieder in den Sinn.
Leider.
Aber im Herbst 1972 hat sie sich ganz klar festgelegt und für einen Weg entschieden. Den der erfüllten Schauspielerin, die noch in Erwartung ihrer allerschönsten Rollen stand. Und jenen der befreiten Frau, die wieder Vertrauen zu sich selbst gefaßt hat. Sie hatte alle Bitterkeit hinter sich gelassen und war wild entschlossen, ihr Leben so zu führen, wie sie es wollte.
So war sie im September nach Paris gekommen. Sie hatte Harry Meyen von sich aus verlassen und nicht wegen eines anderen Mannes. Sie hatte keinen genauen Karriereplan und ebensowenig exakte Vorstellungen von der Zukunft. Sie machte sich darüber sogar lustig, weil ihr bewußt war, daß ihr der wichtigste Erfolg bereits gelungen war. Sie war frei, endlich frei von den Fesseln einer Ehe, die für sie unerträglich geworden war.
Sie hatte mit Preminger gedreht, mit dem genialen Orson Welles, mit Woody Allen diskutiert, sie war ein Liebling Viscontis und wurde von Millionen verehrt. Trotzdem dauerte es Jahre, bevor sie begriffen hatte, daß sie von ihrem Ehe-

mann in intellektuelle Geiselhaft genommen worden war. Während sie dreisprachig mit genialen Weltstars allen möglichen Themen auf den Grund ging, spielte er nur den Neunmalklugen oder schwieg trotzig wie ein Kind, weil er nur in einer Sprache wirklich diskutieren konnte. Romy war auch noch Jahre nach ihrer Trennung von Meyen sehr verbittert über einen Lebenspartner, der sie nie wirklich verstanden hatte.

In der Tat hat ihn am Ende ihr großer künstlerischer Erfolg in Frankreich wie ein Alptraum verfolgt. Er dagegen war immer mehr in die künstlerische Bedeutungslosigkeit abgerutscht. Möglicherweise war das sogar ausschlaggebend dafür, daß sich Harry Meyen – künstlerisch wie auch gesundheitlich völlig am Ende – Ende der Siebzigerjahre das Leben nahm.

Die erste Begegnung

Als Romy im Herbst 1972 nach Paris übersiedelte, hatte sie keinen Karriereplan. Es gab keine genauen Vorstellungen darüber, wie ihre persönliche Zukunft aussehen sollte. Romy gehörte zu jenen Frauen, die ihr Leben nicht vorausdachten, sondern einfach lebten. »Ich mache das ohne große Überlegung«, sagte sie, »aber mit viel Ehrgeiz. Was mich antreibt, ist mein Instinkt, ohne jedes Kalkül.«

Man sagt, daß das schönste Alter einer Frau, in dem sie voll aufblüht, die Zeit zwischen Dreißig und Vierzig ist. Als ich Romy damals zum ersten Mal traf, konnte ich ihre Verwandlung förmlich von Tag zu Tag beobachten. Kein Wunder, sie hatte ihren Sohn, sie hatte ihre Kunst und ihre Leidenschaft. Sie konnte endlich sie selbst sein. Ein Zustand, der sie immer schöner, immer strahlender werden ließ. Ihre Freunde (die wirklichen, also nicht jene, die sich später selbstgefällig dazu ernannt haben, und zu denen der kleine Kreis von Jean-Claude Brialy über Michelle de Broca bis hin zu Regisseur Claude Sautet gehörte) fanden bisweilen, daß sie eine »ungeheuer charismatische Erscheinung« sei.

Ich begegnete dieser »Göttin« viel öfter in dicken Wollsocken als auf Bleistiftabsätzen, öfter in ihrem ziegelfarbenen, bequemen Kaftan als in einem Chanel-Kostüm. Mit einem Tuch um den Kopf, das zweierlei bewirkte: zum einen machte es eine korrekte Frisur unnötig, zum anderen betonte ihr »Turban« das berühmte, attraktive Gesicht. Romy hatte ein sogenanntes Hutgesicht, konnte von Mützen bis zu Kappen und gewagten Hutkreationen alles aufsetzen – es stand ihr einfach gut. Und davon machte sie auch reichlich Gebrauch.

Worauf sie daheim völlig verzichtete, war Schminke. Wenn die kleinen Sommersprossen auf ihren Wangenknochen zum Vorschein kamen, schien mir ihr Gesicht um noch eine Nuance attraktiver.

Das größte Glück dieses Stars war aber die Mutter-Rolle. An jenen Tagen, an denen sie keine beruflichen Verpflichtungen hatte, drehte sich alles nur um David. Sie aß mit ihm, sie brachte ihn zu Bett. Dort las sie ihm Geschichten vor oder erzählte ihm phantasievoll Erfundenes oder tatsächlich Erlebtes. Oft schlief er in ihren Armen ein. Und sie mit ihm. Nicht selten kam es vor, daß die beiden gemeinsam erwachten.

Bei solchen Gelegenheiten begegneten wir einander oft den ganzen Tag über nicht. In diesen Fällen schob sie mir seitenlange Notizen unter meinem Türschlitz als Anweisungen durch. Nach einiger Zeit war ich in der Lage, aus den Kritzeleien ihre Stimmung abzulesen. Ein einziger Bleistiftstrich signalisierte oft einen Wechsel von Wut zu Fröhlichkeit. Es war stets eine Ansammlung von unterstrichenen, doppelt unterstrichenen oder eingerahmten Sätzen, überladen mit Ausrufe- und Fragezeichen nach allen Richtungen, durchgestrichenen Wörtern und Großbuchstaben, für den Fall, daß einem etwas entgehen könnte. Wie sich Romy auf Papier artikulierte, so sprach sie auch. Ihre Zeichen waren eine Art Code, in dem sie ihre augenblickliche Befindlichkeit zum Ausdruck brachte: Freude, Ärger, Ablehnung, Überdruß, Verlangen, Wünsche.

In einer komödiantischen Art ließ sie mich augenzwinkernd wissen, daß ein Zeitplan, den sie aufgestellt hatte, immer nur als provisorisch anzusehen war und jederzeit umgestoßen werden konnte. Und wir stießen oft um, wenn man von den wirklich wichtigen Verabredungen absieht.

Von Zeit zu Zeit erreichten mich im Morgengrauen jene schon erwähnten Telefonate. Entweder rief sie mich daheim an, oder sie holte mich in meinem eigenen kleinen Appartement aus den Federn. Dann hastete ich hinüber in die Rue Bonaparte und nahm die Garderobe mit. Wenn es sich um informelle Dinge handelte, die sie am Vormittag zu erledigen hatte, dann hatte ich fast immer Blue jeans, einen Pullover und eine dicke, schwarze Sonnenbrille, extragroß, mit dabei. Ich begab mich zu der angegebenen Adresse und wartete, den Wagen diskret vor den Blicken der Passanten geparkt. Sie zog sich dann immer eilig um, und während sie unter großen Anstrengungen und Verrenkungen die Jeans anzog, lachte sie manchmal so laut los, daß das Heck des Wagens zu wackeln begann.

Was dann folgte, war eine Art Ritual, das uns – als hätten wir beide eine Art Komplizenschaft – im Laufe der Zeit fast freundschaftlich miteinander verband. Wir frühstückten im Hinterzimmer des »Flore«. Wir aßen reichlich und hatten jede Menge Zeit, einander private Dinge zu erzählen. Bei einer solchen Gelegenheit gestand sie mir, einer plötzlichen Laune folgend, ein kleines persönliches Geheimnis. Während eines Aufenthalts in Hollywood, in den frühen Sechzigerjahren, sei ihr in einem Lift die personifizierte Versuchung in Menschengestalt begegnet. Die Gestalt war eine Leinwand-Ikone aus den damaligen Tagen – Steve McQueen. Mit einem stummen Nicken begrüßten sie einander und stiegen, ohne auch nur ein Wort miteinander gewechselt zu haben, aus dem Lift wieder aus. Für Romy war es aber offensichtlich ein Erlebnis, das sie ganz besonders beeindruckte – denn noch Jahre später sprach sie verklärt von den »schönsten blauen Augen, in die ich je geblickt hatte«.

Irgendwie war mir auch klar, warum Romy gerade in dieser Phase sich an so – scheinbar unbedeutende – Details aus ihrem Leben vor Harry Meyen erinnerte. Für sie hatte eine neue Epoche begonnen. Eine Zeit des unaufhaltsamen Leichtsinns, der ihr zuletzt so gefehlt hatte und in den vergangenen Jahren beinahe abhanden gekommen wäre.

Bei diesen Gesprächen im Hinterzimmer des »Flore« wurde mir bewußt, welches Privileg mir eigentlich zuteil wurde. Im Gegensatz zu allen anderen, die zuerst die Schauspielerin kennengelernt und – mit viel Glück – danach vielleicht die Frau dahinter entdeckt hatten, besaß ich von allem Anfang an den Vorteil, dem Menschen Romy Schneider zu begegnen, der sich nicht einen Augenblick hinter der Schauspielerin versteckte. Ich muß gestehen, daß ich Romy zu diesem Zeitpunkt über alle Maßen bewundert habe.

Meine Rolle als Vertrauensperson in der Kleinfamilie begann in den Novembertagen 1972. Ein erster Beweis meiner Position zeigte sich noch kurz vor Weihnachten. Unmittelbar nachdem wir die große Wohnung in der Rue Bonaparte bezogen hatten, bot mir Romy an, unter einem Dach mit der Familie zu leben: »Die Wohnung ist groß genug, am besten, Sie nehmen sich hier ein Zimmer bis zu Ihrer Abreise.« Aber mein Rückflug-Ticket nach New York war nur noch wenige Wochen gültig. Diesen Einwand wehrte Romy ab: »Jetzt bleiben Sie doch noch so lange, bis etwas Ordnung in meinem Leben eingekehrt ist. Ein Ticket kann man dann noch immer kaufen – notfalls schenke ich es Ihnen.« Romy nannte noch einen triftigen Grund. Sie hatte berufliche Verpflichtungen in Deutschland, und der Gedanke, David allein mit dem Schweizer Kindermädchen zu lassen, gefiel ihr ganz und gar nicht.

Und so kam es, daß ich Weihnachten 1972 – nach der Familienfeier bei meinen Eltern – auch noch in der Rue Bonaparte feierte. Die Stimmung dort war sehr gedrückt. Romy hatte – in ihrer selbstlosen Mutterliebe zu David – Harry Meyen nach Paris eingeladen. Nachdem die beiden damals schon längere Zeit getrennt waren, kann man sich ausmalen, wie künstlich und gespannt zugleich die Stimmung unterm Christbaum war. Jeder versuchte, David zuliebe, gute

Laune und Festtagsfreude zu versprühen. Sosehr sich alle auch bemühten, David spürte instinktiv, daß etwas nicht in Ordnung war. Und dann war ich an der Reihe. »Na, los«, sagte David, »mach schon dein Geschenk auf.«

Es waren die berühmten drei Affen, die nichts sehen, hören, sagen. »Das ist keine diskrete Aufforderung«, beeilte sich Romy zu erklären, »sondern eine Art Danksagung für die bisher geleistete Arbeit.«

Ich war wirklich gerührt. Mitten in diese Rührung platzte Romy mit einer Frage, die eigentlich keinen Widerspruch duldete: »Daniel, Sie bleiben doch bei uns?«

Also blieb ich und half in den nächsten Wochen die weiteren künstlerischen Stationen in Romys Leben vorzubereiten: Ich nahm ihr die kleinen Dinge des Lebens ab, während sie mit den Dreharbeiten für den Film *Le train/Le Train – Nur ein Hauch von Glück* unter der Regie von Pierre Granier-Deferre begann, mit Jean-Louis Trintignant in der männlichen Hauptrolle. Diese Rolle hat Trintignant übrigens auch im wirklichen Leben von Romy gespielt – wenn auch nur für kurze Zeit.

»Nur ein Hauch von Glück«

In dieser kurzen, aber sehr heftigen Zeit ihrer Affäre mit Jean-Louis Trintignant war Romy von einer geradezu unglaublichen Ausstrahlung und Schönheit.
Ich konnte das gut beobachten, obwohl ich jede Menge Arbeit bekommen hatte. Romy hatte mir den Auftrag gegeben, nach einer geeigneten Eigentumswohnung »für die Familie« zu suchen. Ich fand eine etwa 250 Quadratmeter große zweistöckige Wohnung im viktorianischen Stil in der Rue Berlioz 18. Sie kostete etwa eine Million Franc. Ein Kaufpreis, den die »Imfra« beglich. Das war jene Gesellschaft, die Romy auf Anraten ihres Schweizer Anlageberaters Henrik Kaestlin für den Immobilienankauf gegründet hatte. Ein Fehler, wie sie später einsah, auf die Ratschläge dieses altmodischen Schweizers zu hören, dessen Klientel Künstler von Curd Jürgens bis hin zu Lilli Palmer umfaßte und dadurch zu blindem Vertrauen verführte. Ein Fehler, der mich zehn Jahre danach mit einer Steuerforderung von mehr als elf Millionen Franc konfrontieren sollte, an deren Folgen ich bis zum heutigen Tag zu leiden habe. Diese Nachforde-

rung der französischen Steuerbehörden hat mein Leben nach Romys Tod praktisch zerstört, weil ich ja nicht in der Lage bin, eine solch astronomische Summe aufzubringen. Romy und ich hatten Gütertrennung vereinbart. Das Gesetz, wonach in diesem Falle der Ehegatte nicht mehr für die Finanzschulden des Partners haftet, passierte ein Jahr nach Romys Tod das Parlament.

Zu spät für mich ...

In der Rue Berlioz begannen die Innenarchitekten unmittelbar nach dem Kauf ihre Arbeit. Michel van Leempoel, ein enger Freund Brialys, ließ seinem guten Geschmack freien Lauf, immer die Vorstellungen Romys vor Augen, die er ja sehr gut kannte. Ihr Geschmack war, gemessen an ihrem progressiven Image, einigermaßen konventionell. So gab es an den Wänden wohl Picasso und Miró, aber nicht ein Stück der Avantgarde.

Romy war, während das neue Zuhause in der Rue Berlioz entstand, wie gesagt, am Set ihres jüngsten Films *Le Train – Nur ein Hauch von Glück*. Die Aufnahmen fanden zum Großteil in Nevers statt, so daß ich zu ständigem Pendeln zwischen Paris und dem Drehort gezwungen war.

Der Film war die von Pascal Jardin adaptierte Fassung eines Romans von Georges Simenon, der eine Liebesgeschichte aus dem Jahr 1940 erzählt. Mit Massenszenen, Flugzeugen, die auf die Zivilbevölkerung schießen, und zwei Liebenden, die von Anfang an wissen, daß ihre Leidenschaft von vornherein zum Scheitern verurteilt ist. Vielleicht spielte Romy in diesem Streifen so berührend, weil sie ahnte, daß ihre Beziehung zu Trintignant im wirklichen Leben ähnlich geringe Chancen hatte wie im Film.

Für mich, der ich die Frau einigermaßen zu kennen glaubte, war es faszinierend, zum allerersten Mal die Schauspielerin Romy Schneider zu erleben. Und ich muß zugeben, daß mich der Mensch noch mehr beeindruckt hat als die Künstlerin. Denn Romy, die nichts mehr haßte als den Begriff Star, bestand bereits am ersten Drehtag auf einem Hotelwechsel. Denn die Zwei-Klassen-Gesellschaft des Filmgeschäfts stellte sich durch die Unterbringung in Nevers in zwei Hotels dar, die sich jeweils am entgegengesetzten Ende der Stadt befanden – eine Nobel-Herberge, Marke Relais et Château, für den Regisseur und die beiden Hauptdarsteller, sowie eine bescheidenere Absteige für Technik und die übrige Crew. Als Romy den Grund erfuhr, warum sie in ihrem Hotel keinen Menschen von der Produktion finden konnte, packte sie die Koffer und reiste ans andere Ende der Stadt ab. Trintignant und Granier-Deferre blieb nichts anderes übrig, als es ihr gleichzutun und in das bescheidenere Haus an der Loire zu übersiedeln.

Dort lernte ich Romys Team kennen: Fanny, die Garderobiere, Didier, ihren Visagisten, Max, den Friseur, und Thomas, ihren ständigen Chauffeur. Eine wirklich nette Crew, mit der ich mich auf Anhieb verstand. Ich fügte mich gut ein, zumal das übrige Produktionsteam von der Lira-Film gestellt wurde, das mich gleich mit großem Hallo begrüßte.

In den ersten Drehtagen, in denen ich Romy bei der Arbeit

beobachtete, war ich von ihrer unglaublichen Disziplin und ihrer hemmungslosen Begeisterung angetan, mit der sie sich in eine Rolle hineinversetzte. Trintignant spöttelte einmal über sie. Er machte sich über ihre »germanische Disziplin« lustig, wenn sie die Anweisungen von Granier-Deferre wortgetreu befolgte.

»Wenn man dir sagt«, scherzte er, »daß du für eine Szene den Kopf unter Wasser halten sollst, dann tust du es. Und wenn man dir zu sagen vergißt, daß du ihn wieder herausziehen mußt, dann wirst du eines Tages ertrinken!« Als er bemerkte, daß Romy das gar nicht lustig fand und wild mit den Augen zu funkeln begann, lenkte er ein. Er nahm sie zärtlich um die Schulter und sagte: »Das war nicht so gemeint. Ich kenne keine, die soviel Engagement einbringt und dabei so voll von ehrlichem Gefühl ist. Du bist eine wunderbare Darstellerin.«

Freunde

Stärker als ihre wirklich intensive Romanze mit Jean-Louis Trintignant, die mit Unterbrechungen noch bis in den Herbst des Jahres 1973 andauern sollte, war Romys Bindung an ihren kleinen, aber über alle Zweifel erhabenen Freundeskreis. Ergänzend muß ich noch anfügen, daß auch ihr Agent Jean-Louis Livi zum Kreis der wirklichen und nicht der später selbsternannten Freunde gehörte.
An erster Stelle befand sich unbestritten Jean-Claude Brialy, mit dem Romy unendlich viel verband – nicht nur diverse Film-Episoden. Es war eine gegenseitige Zärtlichkeit und Zuneigung, die über zwanzig Jahre lang durch nichts zu erschüttern war.
Er war der erste, der sie in Paris auf dem Flughafen willkommen geheißen hatte. Ihn hat sie wohl auch als einen der letzten in ihrem Leben umarmt. Jean-Claude sprach übrigens recht gut deutsch. Das hat anfangs seinen Kontakt zu Romy wesentlich erleichtert.
Das Vertrauen von Romy und ihre Freundschaft zu besitzen, zog auch Aufgaben nach sich. Jean-Claude hatte viele

Talente, mit denen er diesen Aufgaben gerecht werden konnte. Er war belesen, er hatte Geschmack, er war immer wohlinformiert, er war ein Gourmet. Kein Wunder also, daß sein Pariser Restaurant »L'Orangerie« nicht nur Romys erklärtes Lieblingslokal war, sondern von ihr oft im Scherz als »unser Eßzimmer« apostrophiert wurde. Sie selber konnte, oder besser gesagt, wollte nicht kochen. Ausnahmen bestätigten diese Regel. Wobei die köstlichste aller Ausnahmen ihr Kartoffelsalat war, den ich nirgendwo auch nur annähernd so gut gegessen habe wie bei ihr. Wie Romy überhaupt ein Faible für schlichte Speisen hatte. In der eleganten »Orangerie« begnügte sie sich oft mit einem Brot und Aufstrich. Dazu trank sie einen schönen Bordeaux.
Romy trank nur Bordeaux oder Champagner. Etwas anderes habe ich sie nie trinken gesehen. In einer dieser vielen Publikationen, die nach ihrem Tod erschienen sind, soll sie, so wurde mir erzählt, kurz vor ihrem Ende als torkelnde Whisky-Trinkerin beschrieben worden sein, eine Frau, die nicht mehr ganz Herr ihrer Sinne gewesen ist. Das läßt nur folgende Erklärungen zu: Entweder hat sie ihre Trinkgewohnheiten in den letzten Monaten ihres Lebens radikal geändert, oder aber, sie ist, was noch viel schlimmer wäre, dazu verleitet worden. An die Variante, daß die ganze Geschichte schlicht und einfach gelogen sei, will ich nicht glauben. Für möglich halten muß man sie trotzdem – schließlich hatte die Unwahrheit nach Romys Tod erst so richtig Saison.
Aber zurück zu Brialy, dessen herausragendstes Talent der

Humor war. Jean-Claude und seine teils witzigen, teils geistvollen Wort-Kaskaden waren für Romy wie ein Lebenselixier.

Denn Romy liebte es zu lachen. Bis zum heutigen Tag bin ich über die erniedrigende Effekthascherei fassungslos, die in diversen »Hommagen« betrieben wird. Dort wird als oberstes Motto stets die tiefe Ratlosigkeit Romys dem Leben gegenüber hingestellt. So, als hätte ihr kurzes, in jeder Hinsicht aber intensives Leben nicht genügend interessanten Stoff ergeben. Deshalb mußte Erfundenes herhalten: ihre angeblich chronische Unfähigkeit glücklich zu sein und ihr verzweifelter Kampf um ein absolutes Glück.

Die Frau, die ich kennenlernte, war völlig anders. Da waren zum Beispiel jene endlosen und doch so kurzweiligen Abende, an denen sie von Eskapaden aus ihrer Jugendzeit erzählte. Sie war dabei so komisch, daß die Anwesenden, meine Wenigkeit inklusive, vor Lachen brüllten. Ihre Schilderungen waren so intensiv, daß ich noch heute ihre Stimme, ihr Lachen und ihre lauten Ausrufe höre. Ich sehe ihre Augen strahlen, ihren Körper sich biegen, und ich sehe, wie sie oft nach Luft schnappte, weil sich Worte und Gelächter in ihr förmlich überschlugen.

Brialy verstand es hervorragend, Romy zum Lachen zu bringen. Es war nicht nur sein Wortwitz, der Romy so begeisterte, sondern auch ein gewisses Gefühl der Sicherheit, das sie bei ihm empfand. In seiner Nähe fühlte sie sich beschützt, geliebt, einfach vertraut. Im Gegensatz zu Harry Meyen konnte sie in seiner Anwesenheit frei von der Leber weg diskutieren. Ohne das Gefühl zu haben, für einen Dummkopf gehalten zu werden.

Diese Form der »Gehirnwäsche«, die ihr der Noch-Ehemann verpaßt hatte, wirkte viele Jahre nach. Außerhalb ihres engen Kreises lebte sie stets in der grotesken Furcht, von anderen ertappt, kritisiert oder beurteilt zu werden. Das war für sie lange eine lästige Bürde, die sie in eine Art Isolation trieb. Freilich hat sie sich auch freiwillig abgegrenzt, denn sie hatte stets die Befürchtung, Personen, die sie nicht kannte, könnten ihr feindlich gesinnt sein.

Romy hat mir gegenüber häufig erwähnt, sie hätte eine »gewisse Angst« vor den Menschen. Ich glaube aber, daß das eine Fehleinschätzung ihrerseits gewesen ist. Sie war im Laufe der Zeit vielleicht mißtrauisch geworden, was bei großen Künstlern oder erfolgreichen Geschäftsleuten häufig vorkommt. Dieses chronische Mißtrauen führte bei ihr bisweilen zu einer verzehrenden Phobie. Sie könne sich, so meinte sie, nur im Kreis von Freunden, die ihren strengen Anforderungen und Prüfungen entsprachen, wirklich »sicher« fühlen.

Bei Jean-Claude Brialy hatte Romy das Gefühl absoluter Sicherheit. Ein Grund, warum er bei ihr alle Privilegien genoß. Deshalb löste sie im Anschluß an die Dreharbeiten von *Le Train – Nur ein Hauch von Glück* ein formloses Versprechen ein, das sie ihm gegeben hatte. *Un amour de plui/Sommerliebelei* hieß der Film, der im Juli und August im Club Mediterranée von Vittel gedreht wurde. Sie hatte ihm ihr Wort gegeben, daß sie eines Tages unter seiner Regie spielen würde. Romys exzessive Neigung, an die Worte und Versprechungen anderer zu glauben, machte die ihren unverbrüchlich.

Im Sommer 1973 hatte Brialy die Finanzierung seines Films. Raymond Danon, der Produzent, nahm sich nicht einmal die Mühe, das Drehbuch zu lesen. Seine Erfolgsgarantie hieß Romy Schneider.

Und die hatte ein paar Wochen zuvor entscheidende persönliche Schritte unternommen. In München wird ein Vertrag aufgesetzt, der die vorläufige Trennung, aber keinesfalls – wie man aller Welt versichert – endgültige Scheidung der Ehe mit Harry Meyen festsetzt. Knapp drei Millionen D-Mark werden als »gemeinsames Vermögen« errechnet, das im Bedarfsfall geteilt werden soll. Woher Meyen das Anrecht auf den Hälfte-Anspruch nahm, ist mir bis heute schleierhaft. Angeblich hat er vor der Ehe wesentlich mehr Vermögen besessen als Romy. Nur ihretwegen habe er seine Karriere hintangestellt. Wobei sich da die Frage aufdrängt, warum dann ausgerechnet Romy für jene 200 000 D-Mark aufkommen mußte, die einst an Meyens Ex-Ehefrau Anneliese Römer als Entschädigung für ihre Zustimmung zur Ehescheidung bezahlt werden mußten.

Angeblich saß Romy am Tag nach dieser Trennungsvereinbarung mit einer Freundin an einer Münchner Hotelbar und weinte sich ihren Kummer von der Seele.

Aber als sie tags darauf nach Frankreich zurückkehrte, war sie von einer ganz bemerkenswerten Fröhlichkeit. Die folgenden Dreharbeiten unter Brialy wurden zu einer idyllischen und überaus erholsamen Inszenierung. David war während der Ferien an der Seite seiner Mutter, die jeden Tag schöner wurde. Ihre Liebesgeschichten verwandelten sie in eine Frau, die noch attraktiver und begehrenswerter wurde.

Und da war nicht nur jene mit Trintignant, sondern auch die mit dem Schauspieler Bruno Ganz, einem gebürtigen Schweizer. Freilich war diese Romanze bei weitem nicht so lang und intensiv, wie sie von manchen Zeitungsleuten und der blühenden Phantasie zahlreicher Autoren geschildert wurde. Romy war vor allem fasziniert von der Kunst dieses ausdrucksstarken Mannes, der heute die begehrteste Auszeichnung deutschsprachiger Schauspielkunst trägt – den Iffland-Ring. Romys Bewunderung für Bruno Ganz war auch dann nicht zu Ende, als ihr kurzfristiges Liebesverhältnis längst der Vergangenheit angehörte. Ich erinnere mich noch sehr genau an einen Auftritt von Ganz im Odéon-Theater in Paris. *Prinz Friedrich von Homburg*, das Kleist-Drama, wurde in einem einmaligen Gastspiel in Original-Sprache auf Einladung der deutschen Botschaft aufgeführt. Romy war danach völlig aus dem Häuschen über die eindrucksvolle Darbietung von Hauptdarsteller und Ensemble. Es gab Champagner für alle, den sie per Auto aus dem berühmten Hotel Crillon kommen ließ – mindestens hundert Flaschen, die ein kleines Vermögen kosteten. Wie hoch die Summe tatsächlich war, daran erinnere ich mich nicht mehr so genau, obwohl ich derjenige war, der im Namen von Romy den Auftrag gegeben hatte. Diese scheinbar so nebensächliche Angelegenheit, die ich hier erwähne, ist aber geradezu beispielhaft für ihre grundsätzliche Haltung. Romy gab oft Unsummen aus, wenn ihr Herz voll war – aus Liebe, aus Zuneigung, aus Sympathie oder schlichter menschlicher Wärme. Dabei ist sie mit Geld sonst nie wirklich leichtfertig umgegangen. Nein, unter Verschwendungssucht hat sie nie gelitten. Aber wenn ihr danach war, großzügig zu sein, dann hat sie dieser Großzügigkeit freien Lauf gelassen. Allerdings dürften einige diese liebenswürdige Eigenschaft im Laufe der Jahre erkannt und auf diese Großzügigkeit mit kaltem Kalkül hingearbeitet haben.

Doch zurück zu den Dreharbeiten von *Sommerliebelei* in der Jahresmitte 1973. Ich pendelte zwischen Paris und Vittel, um die Arbeiten in der Rue Berlioz zu überwachen. Wir hatten einen festen Termin vereinbart, an dem die Übersiedlung stattfinden sollte. Im September, wenn Brialy abgedreht hatte, wollte Romy in das neue, eigene Zuhause ziehen.

Unser aller Stimmungsbarometer war ständig auf Schönwetter. David verbrachte die zwei Monate nur zwischen Schwimmbad und seinem Bett. Die Ausnahme war ein einziger Drehtag, an dem ihn seine schöne Mutter vor die Kamera holte. In einer Szene ist sein Blondschopf dann tatsächlich auf der Leinwand zu sehen. Für die heitere Gelassenheit unserer Urlaubsstimmung sorgte auch der Bürgermeister, der die Crew täglich mit Champagner versorgte. Ganz nebenbei wurde auch Tennis gespielt und Tarot, gelegentlich das Casino besucht. Oft fühlte man sich bei der ganzen Sache wie bei einem Familien-Ausflug und nicht wie auf einem Film-Set. Das Ende der Dreharbeiten wurde mit einem rauschenden Fest begangen, bei dem eine strahlende Romy mit jedem Mitglied des Filmteams einen Walzer tanzte.

Es war berührend und geschickt zugleich, wie Romy für den Brialy-Film die Reklametrommel rührte. »Wir wußten beide«, meinte sie zu Journalisten, »daß es nicht eben *Macbeth* war, was wir da drehten. Aber es ist ein sehr hübscher Film, den ich wegen der Feinfühligkeit und der Poesie von Jean-Claude ganz besonders liebe.«

Als der Streifen dann im Frühjahr 1974 tatsächlich auf dem Prüfstand der Kritik stand, kümmerte es allerdings kaum einen, daß sich die große Romy Schneider für die kleine Geschichte flüchtiger Sommer-Affären mit anschließender Rückkehr ins traute Heim so stark gemacht hatte. Von der deutschen bis zur französischen Presse zerzausten alle diesen Sommerfilm. »Da er kein Mozart ist«, schrieb beispielsweise die angesehene Tageszeitung »Le Monde« über das zweite Regie-Werk Brialys, »scheinen seine Sentimentalitäten und gefälligen Bilder furchtbar unnütz. Er reiht kleine Nichtigkeiten aneinander.« Es war also keineswegs verwunderlich, daß dieser Film die Schwelle der Bedeutungslosigkeit nie wirklich überschritten hat.

Aber ich muß gestehen, daß ich Romy bei ihrer Arbeit nie mehr wieder so unbeschwert gesehen habe wie in jenen Sommertagen des Jahres 1973.

Karajan, Jürgens und »Daddy« Blatzheim

Rue Berlioz wurde fristgerecht fertig. Anfang September hatten Maurer, Maler und Teppichleger ihre Arbeiten vollendet. Der endgültige Umzug aus Hamburg, wo Harry Meyen lebte, konnte stattfinden.
Dieser Umzug wäre für Hans Herbert Blatzheim ein später Triumph gewesen. Aber er war schon fünf Jahre vor der endgültigen Trennung von Meyen verstorben. Romys Stiefvater warnte vor dem Ehemann, den Romy in einer Blitz-Zeremonie an der Côte d'Azur geheiratet hatte. Mag sein, daß der eitle Blatzheim gekränkt war, daß ihn der arrogante Meyen nicht einmal offiziell darüber informiert hatte. Blatzheim und Meyen trafen einander nur zweimal – in Berlin und im »Goldenen Hirsch« in Salzburg. Dorthin hatte der Society-Löwe Adi Vogel, der sich gerne »Salzbaron« nennen ließ, eingeladen. Anlaß war eine Premiere im Rahmen der Festspiele, der das Ehepaar Meyen beigewohnt hatte. »Alle Welt glaubt«, meinte Blatzheim danach sinngemäß voller Wut und Verachtung, »daß Harry Meyen, der als sparsam, eitel und eiskalt verschrien ist, es doch nur auf

Romys Vermögen abgesehen hat. Diese Feststellung ist ja nicht auf meinem Mist gewachsen. Viele Freunde von Harry Meyen«, ließ er Romys Mutter Magda wissen, »die ihn schon jahrelang kennen, fragen immer in einem spöttischen Tonfall: Na, hat Harry schon das Geld von Romy in Händen?«

Ich glaube, daß es – nach all den immer wieder zitierten Stellen aus Presse-Archiven, Büchern und Interviews – hoch an der Zeit ist, meine ganz persönliche Meinung über Harry Meyen kundzutun: Harry Meyen war in meinen Augen ein zutiefst verletzter Mensch. Verletzt in allen Dingen, die ihm im Leben wichtig erschienen. Verletzt in seiner Selbstgefälligkeit, seiner Selbstliebe. Verletzt in seinem Intellektualismus. Verletzt in seiner Moral, seiner Arroganz, seinem Stolz und seinen Prinzipien.

Ein Mann, der mit seiner Art zu lieben Romy nichts Gutes tat. Und er hat es bis zuletzt nicht einmal begriffen. Denn höchstwahrscheinlich ist er sogar in dem Gefühl gestorben, Romy aufrichtig und ehrlich geliebt zu haben.

Romy war, als diese Vorwürfe laut wurden, natürlich auf der Seite ihres Ehemannes, der Blatzheim für einen spießigen Emporkömmling hielt und ihn ebenfalls abgrundtief verachtete. Auch er verstieg sich in Mutmaßungen und Verdächtigungen gegen den Ehemann Magda Schneiders. Er revanchierte sich mit gezielten rhetorischen Fragen, was Blatzheim mit dem ihm anvertrauten Romy-Schneider-Vermögen aus den Filmgagen der Fünfziger- und frühen Sechzigerjahre angestellt hatte, das auf Schweizer Konten der Firma Thyrsos geflossen war. Auf diesen Konten verwaltete der Stiefvater die Gagen, und es war deswegen nicht nur einmal zu Auseinandersetzungen gekommen. Als die junge Romy zum ersten Mal in Paris und an der Seite von Alain Delon lebte, forderte sie mehrmals bei Blatzheim ihr Geld ein.

Öffentlich ausgesprochene Anschuldigungen wie jene von Meyen nährten natürlich auch frei erfundene Klatschgeschichten, die von einem Vermögen Romys berichteten, das allein aus den Sissi-Jahren schon jenseits der zehn Millionen D-Mark liegen sollte. Berichte, die ins Reich der Fabel gehörten und die im Endeffekt nur einem Menschen wirklich schadeten – Romy Schneider.

Denn in einem gleichen sich Europas Finanzbehörden, ob sie nun in Deutschland, Österreich oder in Frankreich angesiedelt sind: Zeitungsartikel mit detaillierten Geldangaben gelten als besondere »Leckerbissen« und werden von ihnen fein säuberlich ausgeschnitten und für den Bedarfsfall abgelegt. Es gehört ja zu Romys wirklichem Unglück, daß viel dummes und vor allem unrichtiges Geschwätz über sie nie dementiert wurde und dazu beitrug, im Laufe der Jahre ein völlig falsches Bild von ihr zu zeichnen. Zu allem Überdruß waren die Quellen eines solchen Geredes oft Menschen, die sich in ihrer unmittelbaren Umgebung befanden.

Meyen gehörte auch zu jenem Kreis. In seinem Haß auf Blatzheim erging er sich in dunklen Andeutungen, die zu den wildesten Gerüchten über Stiefvater und Tochter führten. Gerüchte, die so absurd waren wie Romys angebliche Schwärmereien für Curd Jürgens und Herbert von Karajan, die in körperlichen Beziehungen gegipfelt haben sollten.

Romy, die später nicht das geringste Problem damit hatte, über ihre Beziehungen zu Männern – und Frauen – zu erzählen, hat nur müde gelächelt, als ich sie auf diese beiden angeblichen Affären ansprach. Meine persönlichen Begegnungen mit Jürgens und Karajan machten mich vollends sicher.

Niemals hätte Curd Jürgens, ein würdevoller Herr vom Scheitel bis zur Sohle, einen so lächerlich pathetischen Brief an ein junges Mädchen geschrieben, wie es behauptet, aber nie bewiesen wurde. Darin spricht er angeblich von dem vielen sexuellen Schmutz, den er schon miterlebt hätte und vor dem er sie, Romy, nun schützen wollte.

Niemals hätte Karajan ein biertisch-derbes und zungenschnalzend-wissendes »Den Körper kenn' ich« einem Gesprächspartner mitgeteilt, selbst wenn er Romy im gemeinsamen Sommer-Domizil St. Tropez ein oder mehrmals beim Nacktbaden gesehen haben sollte. Romy verband mit beiden Männern, vor allem aber mit Curd Jürgens, eine ehrliche und tiefe Freundschaft. Ihre Schwärmerei galt dem Dirigenten beziehungsweise dem großartigen Schauspieler.

Aber sie fand, daß von älteren Herren keinerlei Erotik ausging. Oft hat sie sich in Gesprächen über Frauen gewundert, die sich zu wesentlich älteren Männern hingezogen fühlten. Deshalb sind auch die Geschichten über Blatzheims angeblich intime Erfahrungen mit Romy die reinsten Schauermärchen. Manche »Aufdecker« wußten ja zu berichten, er hätte sich auf dem Familiensitz Mariengrund ins Schlafzimmer der minderjährigen Stieftochter gedrängt, als ob Romys freies und ungezwungenes Verhältnis zur Sexualität nicht ohnehin genügend einschlägig interessanten Stoff geliefert hätte. »Ich glaube«, hat sie mir gestanden, »daß Blatzheim einmal durch das Schlüsselloch meines Badezimmers geblinzelt hat. Beschwören könnte ich es aber nicht. Sicherheitshalber«, fuhr sie fort und lachte mich dabei augenzwinkernd an, »habe ich danach immer zugesperrt und den Schlüssel innen stecken lassen.«

Wahr dagegen ist, daß Romy – lange bevor sie Harry Meyen kennenlernte – eine tiefe Abneigung gegen den Ehemann ihrer Mutter hatte, der in vielen Publikationen völlig irreführend »Daddy« genannt wurde. »Blatzheim hatte es nie auf meinen Körper abgesehen«, sagte Romy, »dafür aber um so mehr auf mein Geld. Für ihn wäre eine Fortsetzung meiner drei *Sissi*-Filme das höchste Ziel und die größte Erfüllung gewesen.«

»Maquereau« (Makrele) nannte sie ihn deshalb auch voller Verachtung nach seinem Tod – einen Zuhälter, weil sie der Meinung war, daß er alle Menschen, auch die seiner engsten Umgebung, nur ausnützte.

Im Spätsommer 1973 verankerte Romy also endlich alles, was ihr wesentlich war – Sohn, Herz, Körper, Mobiliar –, in Paris. Unter einem Dach, unter dem sie sich wohl fühlte und das ihr gehörte. Das Nomadenleben war zu Ende. Das neue Familiennest, das sie sich so gewünscht hatte, war bereit. Es

war von Michel van Leempoel sehr sparsam möbliert worden. Trotzdem mangelte es nicht an Wärme. Viel Holz gab es, wenige, aber angenehme Farben sowie jede Menge bequeme Sofas und Fauteuils zum Wohlfühlen.
Was noch fehlte, war ein Hund. Es war bei Romy seit ihrer frühesten Kindheit wie ein Tick, daß in eine solche Idylle unbedingt ein Tier gehörte. Also fuhr ich mit dem Wagen nach London, um ein entzückendes Hunde-Baby mit nach Hause zu bringen. »Adonis« war ein wunderschöner Labrador-Rüde, der unser Heim binnen kürzester Zeit auf den Kopf stellte. Romy, die Hunde liebte, hatte sich ein wenig in der Größe geirrt. Um den Hausfrieden und vor allem die Eleganz der Wohnung in der Rue Berlioz zu retten, blieb nichts anderes übrig, als Adonis zu Bekannten aufs Land zu geben.
In diesen Tagen aktivierte ich wieder meine Garçonniere in der Rue Jean Goujon, um mir ein wenig Luft zu verschaffen. Denn das »Gesamtunternehmen Romy Schneider« hatte mich längst schon mit Haut und Haaren vereinnahmt, obwohl mein monatliches Einkommen mit 2500 bis zu 4000 Franc nicht wirklich fürstlich für einen Full-time-Job war.
Romy sah es nicht so gern, wenn ich versuchte, mich ein wenig zurückzuziehen. Sie benötigte mich an ihrer Seite. Kein Wunder, weil ein geradezu chaotischer Terminplan das Haus regierte. Alles passierte nach dem Prinzip Zufall. Vom Kauf fehlenden Mobiliars über diverse Dekorationsgegenstände bis hin zu den Mahlzeiten. Das Paradoxon lag darin,

daß der Mensch Romy Schneider zu einem gemütlichen bürgerlichen Komfort neigte, innerhalb dessen aber das Leben eines Hippies führte. Sie aß, wenn sie hungrig war. Sie trank, wenn sie Durst hatte und sie schlief, wenn sie müde war. Der Rhythmus des Hauses war also weder durch eine Tradition noch durch eine Etikette vorgegeben. Romy lebte an drehfreien Tagen eine gewisse Lässigkeit aus, und es schien, als würde sie Momente der Ruhe als ganz besondere Kraftquelle für ihre Arbeit benötigen. Diese Form von Energie konnte sie nur in ihren eigenen vier Wänden tanken. Dort war sie sicher – vor Beobachtern, Kundschaftern und Störenfrieden.

Meine Anwesenheit war für sie dabei vonnöten. Denn ich war ihr Vermittler zur Außenwelt. Ich brachte die Nachrichten. Ich war Bote und Intrigant im Dienste meiner Herrin. Unzählige Personen mußte ich in ihrem Auftrag anrufen, während sie mit einem Ohr am Hörer klebte und mir Anweisungen gab. Sie zwinkerte zustimmend oder ablehnend mit den Augen, flüsterte mir Worte zu oder schnitt Grimassen. Oft fiel es mir schwer, nicht laut loszulachen. Ich war in diesem Spiel gezwungen, manchmal die Unwahrheit zu sagen. Es war zwischen ihr und mir ausgemacht, daß ich am Telefon alle »bearbeiten« mußte, ehe sie sich entschied, ob sie das Gespräch übernehmen wollte oder nicht. Nur vier Personen blieb diese Prozedur erspart: Michelle de Broca, Claude Sautet, Jean-Louis Livi und – natürlich – Jean-Claude Brialy.

Noch ehe die Dreharbeiten zu *Le mouton enragé/Das wilde*

Schaf begannen, mußte ich ein Familienmitglied versorgen, das – ganz im Gegensatz zu seiner Frau Mama – über gewaltige Energie verfügte: David wurde von mir in die Judo-Schule der Salle Pleyel eingeschrieben. Wir mußten die Kraft des »Wilden« in etwas kontrolliertere Bahnen lenken. Denn er schlug jeden Abend dem Kindermädchen vor, ihm eine Kostprobe seiner Muskelkraft zu geben. Wenn ich dann für die Ärmste einsprang, die durch die chaotische Hausordnung ohnedies schon litt, hatte er noch lange nicht genug. Romy mußte unsere wilden Kämpfe dann mit einem heftigen Händeklatschen beenden.

Wenn ich heute über die Rolle nachdenke, die Romy mir damals innerhalb des Hauses zugedacht hatte, dann muß ich gestehen: Mir war zu diesem Zeitpunkt die Intimität meiner Position ganz und gar unbewußt. Es mag an meiner Jugend gelegen haben, daß mir nicht aufgefallen war, wie sehr ich jene Rolle, die mir ursprünglich zugedacht war, bereits aufgegeben hatte und wie sehr meine Tätigkeit zu einer Art intimer Komplizenschaft umgewandelt worden war.

Was ich empfand, war ein gesteigertes Gefühl der Zugehörigkeit, die sich in einer Haltung offenbarte – in absoluter Loyalität.

Millionen

Der 3. September 1973 sollte ein schicksalhafter Tag für Romy werden. Doch das war ihr damals, als sie ihre Unterschrift unter einen fünfjährigen Vertrag mit der Schweizer Firma Cinecustodia setzte, wirklich nicht bewußt. Sie glaubte eher an das Gegenteil. Sie glaubte, endlich frei zu sein von den unangenehmen und störenden Verpflichtungen, denen sie sich als freischaffende Künstlerin durch das Geldverdienen ausgesetzt sah. Der lästige Kampf um Ausgaben, Einnahmen und Steuern schien mit einemmal für immer beendet zu sein.
Romys Gage lag damals schätzungsweise bei einer Million Franc pro Film. Die Tendenz ihres wahren Wertes war stark steigend, denn Romy war mittlerweile der gefragteste weibliche Filmstar Frankreichs. Die Kinokassiere rieben sich die Hände, wenn ein neuer Film mit ihr herauskam. Trotzdem hielt sie ihren Agenten Jean-Louis Livi dazu an, bei den Verhandlungen nicht die Gunst der Stunde zu nutzen und die Gage im Stile heutiger Hollywood-Größen in astronomische Höhen zu treiben. »Jean-Louis«, sagte sie des öfteren,

»bitte übertreibe es bei der Gage nicht.« Das mag für viele heute völlig unglaubwürdig klingen, aber es ist die reine Wahrheit.

Ihre Beziehung zu Geld war nämlich von einem augenscheinlichen Desinteresse geprägt. In diesem Punkt legte sie eine friedliche Gleichgültigkeit an den Tag, sie hatte nicht die geringste Absicht, sich jemals darum streiten zu wollen. Ohne Liebe, ohne Verachtung. Am ehesten könnte man noch von einem distanzierten Respekt sprechen, der sie dazu brachte, es wenigstens als nützliches Mittel zur Befriedigung ihrer Bequemlichkeit anzusehen. Sie deshalb als Verschwenderin zu bezeichnen, wie es Magda Schneider des öfteren und auch öffentlich tat, ist eine unwahre und vor allem für eine Mutter ziemlich oberflächliche Beurteilung.

Die Zürcher Gesellschaft Cinecustodia, deren Geschäftsführer der Schweizer Anwalt Henrik Kaestlin war, nahm zahlreichen renommierten Künstlern die lästigen Geldgeschäfte ab: Curd Jürgens, Lilli Palmer, Peter van Eyck, Carlos Thompson – diese Namensliste ist weder repräsentativ noch erhebt sie einen Anspruch auf Vollständigkeit. Romy war anfangs jedenfalls tief beeindruckt und voller Vertrauen in diese Gesellschaft. Die Cinecustodia befreite per Vertrag alle Künstler-Klienten von materiellen Aufgaben und kümmerte sich um alle an den Beruf gebundenen Ausgaben: Kleider, Transport, Unterkunft, Repräsentation. Zusätzlich sicherte die Gesellschaft ihren Klienten ein Gehalt zu. Im Fall von Romy, die ihren offiziellen Wohnsitz ab

Herbst 1973 in der Zürcher Segantinistraße 50 hatte, lag es zwölfmal jährlich bei 12 000 Schweizer Franken. Unabhängig davon, ob Romy auch nur einen einzigen Film drehte oder nicht.

1977 etwa, als unsere Tochter Sarah geboren wurde, hat sie ein Jahr lang ohne Gegenleistung ihr monatliches Gehalt ausbezahlt bekommen. Eine Tatsache, die leicht zu einer falschen Einschätzung des Unternehmens führen könnte. Aber ich muß gestehen, daß auch ich anfangs von Cinecustodia begeistert war. So wie Romy hatte ich keine wirklich glückliche Hand für Geld und war geradezu erleichtert, daß es da jemanden gab, der uns diese unangenehmen Dinge abnahm. Erst viel später erkannte ich, daß Cinecustodia mit zu gutmütigen und finanztechnisch unerfahrenen Künstlern ein gefährliches Spiel trieb. Ein Spiel, das im Endeffekt nur jenen Schaden zufügen konnte, die sich mit gutem Gewissen – das nicht vor Strafe schützt – steuerlich optimal versorgt glaubten. Aber Cinecustodia war nie in Gefahr – sicher vor dem Zugriff harter Steuergesetze, sicher durch den Zufluß der Star-Gagen aus dem Ausland. Denn Romys Filmverträge mit französischen oder ausländischen Produzenten unterschrieb fortan nur mehr Cinecustodia. Dadurch wurde auch ihre Gage in voller Höhe nach Zürich geschickt, nachdem die Banque de France – sofern es sich um eine französische Produktion handelte – ihre Zustimmung gegeben hatte. Die Aufteilung der Gage sah dann wie folgt aus: 15 Prozent wurden für die Tätigkeit Kaestlins abgebucht, zehn Prozent bekam der Agent Jean-Louis Livi für seine Arbeit. Es waren also – bei der durchaus realistischen Annahme von einer Million Franc pro Film – bereits 250 000 Franc abzuziehen, nachdem das Geld in Zürich eingetroffen war.

Dazu kamen noch einmal 144 000 Schweizer Franken, also etwa 350 000 Franc jährlich. Das war Romys Gehalt bei Cinecustodia, das auf ihr Konto bei der Credit du Nord zurückfloß. Auf dieses Konto mit der Nummer 462 910-42 hatte nur Romy Zugriff. Ebenso auf das Konto Nummer 457 933-42 beim selben Institut. Dieses Konto gehörte der schon erwähnten Imfra, einer Gesellschaft für Immobilien, die unter der Schirmherrschaft von Henrik Kaestlin im Auftrag von Romy gegründet wurde. Unter diesem Konto liefen alle Anschaffungs- und Erhaltungskosten. Es wurde von Geldern der Cinecustodia gespeist. Über die Imfra lief alles – vom Hauskauf in der Rue Berlioz, der weit über der Millionengrenze lag, bis hin zur Begleichung der Strom- und Gasrechnungen.

Ein drittes Konto bei der Credit du Nord eröffnete Romy 1973 aus eigener Entscheidung. Das Privatkonto 456 147-43 für Ausländer, zu dem sie alleinigen Zugang hatte – bis zum Jahr 1976. In unserem ersten Ehejahr bekam auch ich Zugriff auf dieses eine Konto.

Einerseits hat sich Romy öfter über die 15 Prozent beschwert, die sie an Kaestlin zu zahlen hatte: »Das ist ein sehr, sehr hoher Betrag.« Andererseits sah sie den »sehr, sehr hohen Betrag« als einen Preis an, den sie für ein ruhiges Gewissen zu entrichten hatte: »Ich habe ein gesichertes monatliches Einkommen in einem unsicheren Beruf, und außerdem trägt die Cinecustodia alle Risiken, die sonst ich zu tragen hätte.«

Das glaubte sie. Denn die scheinbare Sicherheit, in der sie sich wiegte, war ein fataler Irrtum. Die französischen Finanzbehörden gaben sich Jahre danach mit den Erklärungen der Cinecustodia keineswegs zufrieden und befanden, daß es sich nur um eine Scheingesellschaft handelte, die Romy erlaubte, ihre steuerlichen Pflichten in Frankreich zu umgehen. Pflichten, die nach langwierigen Verfahren strafweise in dreifacher Höhe eingefordert wurden.

Als das passierte, war längst keine Rede mehr von »Papi Kaestlin«, sondern nur mehr von »Monsieur Altersschwach«. Dessen einfältige Bluffs aus einer längst vergangenen Zeit bestürzten sie noch mehr als ihre Fehler in seiner Einschätzung und ihre Unkenntnis des Gesetzes. Am Telefon schrie sie ihn an: »Ich hoffe, daß Ihnen bewußt ist und es Ihnen wenigstens ein bißchen leid tut, in welche Scheiße Sie mich gebracht haben!«

Beruflicher Ärger

Der Herbst des Jahres 1973 war eine wunderbare Zeit für Romy. Von den Problemen, die ihr die französischen Finanzbehörden von diesem künstlerisch erfüllten Abschnitt ihres Lebens an bis Anfang des Jahres 1980 noch machen sollten, hatten sie nicht einmal den Hauch einer Ahnung.
Ich leider auch nicht. Denn wenn mir bewußt gewesen wäre, welch große Gefahr für Romy, in weiterer Folge aber auch für mich, sich hinter der ganzen Geschichte mit Cinecustodia verbarg – ich hätte meinen stärker gewordenen Einfluß im Haus dazu verwendet, davor zu warnen. Ich wußte zwar von Romys Vertrauen auf Cinecustodia, hatte jedoch selber kein allzu großes Interesse daran und kümmerte mich nicht weiter darum. Es war schließlich Romys Angelegenheit, und die würde schon wissen, was sie da tat. Selbst später, als Romys Angelegenheiten auch die meinen waren, habe ich mich in meiner jugendlichen Unbeschwertheit kaum gekümmert. Ich habe darauf erst reagiert, als die ganze Geschichte für Romy – und im Verlauf

meines weiteren Lebens auch für mich – zu einer existenzbedrohenden Angelegenheit wurde.
In künstlerischen Fragen ließ sie ihr Instinkt damals nur in den seltensten Fällen im Stich. Denn ihre Karriereplanung funktionierte längst nicht mehr nach einer lange vorher ausgeklügelten Strategie. Während sie mit Trintignant *Le Train – Nur ein Hauch von Glück* drehte, wußte sie noch nichts vom nächsten Streifen mit ihrem Kurzzeit-Geliebten, und während ihres Sommerdrehs mit Brialy überlegte sie wochenlang, ob sie die Rolle in *Le trio infernal / Trio Infernal* annehmen sollte. Bis zu ihrem Tod hat sie diese Gewohnheit nicht mehr abgelegt – sich instinktiv auf Drehbuch, Regisseur, Hauptdarsteller und die eigene Rolle einzustellen und mit einem »coup de cœur« zu entscheiden, ob sie mitmachen wollte oder nicht. Sie war extrem wählerisch geworden. Und trotzdem passierten ihr noch manchmal Mißgeschicke, die sie wütend kommentierte: »Ich gebe alles vor der Kamera, und dafür erwarte ich, daß das andere auch tun.« Eine Kritik, die im Jahr 1974 für ihre Erfahrungen mit dem vielgepriesenen Avantgarde-Regisseur Claude Chabrol galt.
Les innocents aux mains sales / Die Unschuldigen mit den schmutzigen Händen war ein mit Vorschußlorbeeren bedachter Film, der zum Rohrkrepierer wurde. Romy empfand das Verhalten des Regisseurs als eine Ungeheuerlichkeit, denn er spielte während der Dreharbeiten – Schach. Angespannt und konzentriert war er nur, wenn er hinter der Kamera seine Dame zog. Seine Schauspieler interessierten

ihn da weit weniger. »Er sagt zu uns immer nur beschwichtigend«, erzählte mir die empörte Romy eines Tages, als ich sie von Dreharbeiten abholte, »ihr wißt ja, wie es geht, ihr macht das schon so, wie wir es besprochen haben.« Romy war fassungslos über diesen »Betrug«, wie sie es nannte.
Über den Betrug, den Andrzej Zulawski – ein ebenso großer wie wichtigtuerischer Regisseur – nach ihrem Tod an ihr beging, wäre ihr wohl nichts mehr eingefallen. Der Mann, der sie mit der Regie von *L'important c'est d'aimer / Nachtblende* zum Gewinn des César geführt hatte, erzählte, daß Romy während der Dreharbeiten lieber bei ihm und seiner Familie im Wohnzimmer übernachtet hätte. In den eigenen vier Wänden, so wollte Zulawski beobachtet haben, mangelte es ihr an Geborgenheit. Das ist absurd und lächerlich – gerade 1974 gehörte zu jenen Jahren, in denen Romy besonders glücklich war. Die Gründe dafür lagen auf der Hand:
– die Trennung von einem Mann, der sie schonungslos unterdrückt hatte,
– das Zusammenleben mit ihrem geliebten Sohn, für den sie endlich einen Lebensmittelpunkt gefunden hatte,
– ihr unaufhaltsamer künstlerischer Aufstieg.
All das gab ihr ein Gefühl von grenzenloser, unbeschwerter Freiheit.
Der Regisseur, ein sehr kluger, aber mindestens ebenso eingebildeter Mann, gab zu allem Überdruß posthum einem alten, widerlichen Gerücht über Romy neue Nahrung. Produktionen mit Romy Schneider, so hieß es, liefen reibungsloser, wenn man ihr einen jungen Mann zur Seite stellte, der

sich – so die primitiv-dreisten Formulierungen – intensiv um ihre persönlichen Wünsche kümmerte. Zulawski entblödete sich nicht, »zuzugeben«, daß er ihr auch eine Affäre bestellt hätte: »Wir alle haben es gewußt«, meinte er nach ihrem Tod weinerlich-pathetisch, »und wir alle haben sie benutzt.« Er habe es immer tief bereut, Romy auf so zynische Art emotional ausgebeutet zu haben. Der arme Mann – mit Zulawski ist wohl die Film-Phantasie durchgegangen. Er konnte Romys Rolle – abgetakelte Schauspielerin rutscht ins Porno-Milieu ab – wohl nicht mehr von der Wirklichkeit unterscheiden. Denn in Wirklichkeit war Romy während der Dreharbeiten zu *Nachtblende* heftig verliebt. In einen jungen Kollegen, der mit ihr vor der Kamera stand, in Frankreich aber als Hitparadenstürmer jedermann ein Begriff war – Jacques Dutronc. So wie sie auch in vielen anderen Filmen Affären mit Kollegen hatte: In *Die Dinge des Lebens* mit Claude Sautet, in *Le Train – Nur ein Hauch von Glück* oder *Das wilde Schaf* mit Trintignant sowie in *Cesar und Rosalie* mit Sami Frey, um nur einige Beispiele zu nennen.

Andrzej Zulawskis geschmacklos-degoutantes Gerede von den jungen Männern, die Romy nach den Dreharbeiten angeblich den Laufpaß gaben und sie in eine neue Welle von Alkohol und Tabletten stürzen ließen, ist das Papier nicht wert, auf dem man es druckt.

Kein Wohnzimmer dieser Welt hätte Romy damals einer Nacht unter dem gemeinsamen Dach mit ihrem geliebten Sohn vorgezogen – schon gar nicht das von Herrn Zulawski.

Wie auch immer – nicht junge Männer, nicht alte Regisseure und schon gar nicht irgendwelche Tabletten waren es, mit denen sie sich in den Siebzigerjahren nach dem Ende von Dreharbeiten belohnt hat.

Romy hatte sehr wohl eine Angewohnheit, mit der sie sich nach den anstrengenden Wochen und Monaten vor einer Filmkamera eine Freude bereitete. Ihr Weg führte sie dabei stets in die Rue Faubourg Saint-Honoré, wo der Juwelier Oxeda seinen kleinen Laden hatte. Seine alten Ringe, Broschen, Halsketten, Uhren und Medaillons zogen Romy magisch an. Ein besonderes Faible hatte sie für alte Goldketten, von denen sie nicht genug kriegen konnte. Sie hatte kein Problem damit, sich einen solchen Schmuck selber zu kaufen. Das war ihr sogar viel lieber, als ihn von einem Mann geschenkt zu bekommen. Der Weg zu Oxeda war für sie ein Ritual. Ein Ritual war es auch, einen wunderbaren Holzring mit drei Steinen alle zwei Monate zu ihm zur Reparatur zu bringen. Das einzigartige Kleinod war ihr das wichtigste Schmuckstück, dessen Zerbrechlichkeit ihr große Sorgen bereitete. Der Ring war ein Geschenk von ihrem verehrten und geliebten Meister Luchino Visconti. Ihre Zuneigung geriet zur Verklärung, wenn sie über Visconti und seinen Einfluß auf sie sprach. Ich glaube aber, daß sie in diesem Fall Wunsch und Wirklichkeit durcheinanderbrachte. Denn Visconti mag in Geschmacksfragen und künstlerischen Belangen eine Art Übervater gewesen sein, in der harten Realität des Alltags war er ihr keine Stütze – Romy möge mir diese Beurteilung verzeihen.

Menschen aber, die Romy so beschrieben wie Zulawski, hatten keine Ahnung von ihr. Mehr noch – es mangelte ihnen an Respekt, Information und tatsächlichem Wissen von ihren Lebensgewohnheiten. Wenn Romy in diesen Tagen Affären hatte, und daran mangelte es ihr in keiner Weise, dann waren das kurzfristige Beziehungen und nie Abenteuer. Mit Männern wie Trintignant, aber nicht, wie behauptet wurde, mit dem Friseur Guerin, mit Claude Sautet, aber nicht mit Granier-Deferre, mit dem italienischen Grafen Giovanni Volpi, aber nicht mit dem Drehbuchautor Jardin, mit Sami Frey, aber nicht mit Andrzej Zulawski.

Da war die gegenseitige Achtung und die Freundschaft mit Michel Piccoli, mit dem sie neben dem unvergeßlichen *Trio Infernal* noch fünf weitere Filme drehte, von einer ganz anderen Kategorie. Ihre Beziehung war sozusagen »unterirdisch«. Sie war mit bloßem Auge nicht erkennbar: Sie riefen einander ganz selten an, trafen einander kaum. Es gab keine gegenseitigen Einladungen. Und trotzdem merkte man in jedem Augenblick, wann und wo die beiden einander wieder begegneten, daß sie ungeheuer starke Gefühle füreinander hegten: ehrlich, zärtlich, respektvoll. »Michel und ich«, sagte mir Romy über diese ungewöhnliche und starke Beziehung, »das ist eine lange Geschichte ohne Geschichte. Er ist ein großer Schauspieler und eine ganz einzigartige Erscheinung von ebensolcher Intelligenz. Und außerdem ist er mein Freund.« Ganz seltsam klangen diese Worte, und ich muß gestehen, sie haben mich ungeheuer beeindruckt. Durch ihre Tiefe und durch ihre Stärke, mit der sie gesprochen wurden. Kurzfristig war mir so, als wünschte ich mir, daß die beiden ein Liebespaar geworden wären.

Sie waren es wohl nicht.

Leider.

Aber die Verbindung zwischen ihnen war sehr wohl eine ganz besondere. So besonders wie die einsilbige Antwort, die Piccoli heute zu geben pflegt, wenn er nach Romy und seiner Beziehung zu ihr gefragt wird: »Sie ist tot…«

Die Geschichte eines Ringes

Es mag sein, daß ich vielleicht indirekt auch selber an dem schmierigen Gerücht beteiligt war, das Romy eine gewisse Schwäche für junge Männer nachsagte. Ein Gerücht, das zu ihren Lebzeiten von solchen Leuten wie Zulawski aber nur hinter vorgehaltener Hand verbreitet werden konnte. Hätte Romy statt mir ein Mädchen engagiert, dann wäre der Job, den ich innehatte, für die Öffentlichkeit kein Problem gewesen. Aber so war meine Stellung im Haus für die Medien eine geradezu verlockende Herausforderung. Man darf nicht vergessen – wir standen damals in den Siebzigerjahren, und die Menschen waren in ihren Urteilen noch viel engstirniger als heute. Alles, was sie weder begreifen noch erfahren konnten, regte ihre Phantasie an. Schließlich war ich kaum vierundzwanzig Jahre alt und bereits eine fixe Größe im Haushalt Romy Schneider.
Ich fand an meinem ausfüllenden Aushilfsjob, der immer mehr zur Vollbeschäftigung wurde, nichts Ungewöhnliches. Außer, daß er gegen Bezahlung ein aufregendes, intensives und interessantes Leben mit einem Blick hinter die Kulissen

der Filmwelt ermöglichte. Natürlich war Romy eine faszinierende Persönlichkeit und eine aufregend schöne Frau, die man als Mann einfach begehrenswert finden mußte. Die Schönheit einer Frau wird auch durch ihren Geist geprägt. Und Frauen, so fand ich, erreichen die Blüte ihrer Schönheit Mitte der Dreißig: Körper, Geist und Erfahrung werden dann zu einer höchst attraktiven Mischung. Eine Überzeugung, von der ich mich übrigens bis heute nicht getrennt habe.

Auch Romy blühte, wie gesagt, in dieser Zeit förmlich auf. Aber da waren vorerst noch einerseits die Freundschaft, der große Respekt und die Achtung, die ich vor meiner Dienstgeberin hatte, andererseits der unbeschwerte Geist meiner Lebensphilosophie, der mir ermöglichte, das Leben so zu nehmen, wie es kam. Es ist schon erstaunlich, daß es gerade meine Leichtigkeit dem Leben gegenüber war, die Romy an mir anziehend fand. Das hat sie mir erstmals zu Beginn des Jahres 1974 gestanden.

Durch manche veröffentlichte Meinung bildet sich sehr schnell die öffentliche Meinung und hält daran fest, auch wenn sie hundertmal falsch ist. Nicht zuletzt deshalb war es für mich in dieser Zeit und den folgenden Jahren so ungeheuer schwer, den richtigen Platz zu finden. Einen Platz, der es mir ermöglichte, auch ohne große Rechtfertigung meine Position zu behaupten. Schon 1973/74 gab es da die ersten Munkeleien, was meine Stellung zur Familie Schneider im allgemeinen und zu Romy im besonderen betraf.

Für Romy war meine Position zum Jahreswechsel klar definiert: Daniel erledigt alles prompt, Daniel ist diskret, Daniel hat eine besondere, selbst auf einen Künstler etwas fremd wirkende Art zu leben, und vor allem ist David verrückt nach Daniel. Was ganz auf Gegenseitigkeit beruhte und mich noch näher in das Epizentrum der Mini-Familie rückte. Ich bemerkte dieses Näherrücken an vielen Kleinigkeiten, mit denen ich in das engere Interessenfeld von Romy gelangte. Was ich sagte, was ich tat, was ich trug – Romy war nichts mehr gleichgültig im Zusammenhang mit meiner Person. Vielmehr glaubte ich, daß sie – penibel wie sie nun in manchen Angelegenheiten einmal war – es nicht ausstehen könnte, wenn man über jemanden spottet, der so eng mit ihr zusammenarbeitete.

Beispielhaft für unsere freundschaftliche Beziehung war da jene kleine Episode, die sich zu Silvester 1974 in der Rue Berlioz zutrug. Romy hatte zum ersten großen Fest in der neuen Wohnung geladen und mir noch vor Weihnachten gesagt: »Es wäre schön, Daniel, wenn du zum Jahreswechsel mit uns anstoßen würdest. Komm vorbei, wann immer du Lust hast. Du bist jederzeit herzlich willkommen.«

Ich sagte zu, kam aber erst nach Mitternacht in die Rue Berlioz. Während draußen auf den Straßen von Paris das neue Jahr noch stürmisch begrüßt wurde, war es in der großen Wohnung ziemlich ruhig, obwohl sich noch etwa ein Dutzend Gäste im Haus der Gastgeberin befanden.

David fehlte – er war bei seinem Vater in Hamburg.

Auch Jean-Claude Brialy fehlte, was sich rein stimmungsmäßig sehr negativ bemerkbar machte.

Pierre Granier-Deferre war da, Michelle de Broca, Alain

Delon, Mireille Darc, Serge Marquand und andere, an die ich mich nicht mehr so genau erinnere. Alles war ein wenig steif, als ich eintrat und jedem einzelnen ein »Prosit Neujahr!« wünschte.

Zur Erheiterung der Anwesenden trug ich schnell bei – mit großer »Unterstützung« von Romy. Ich hatte mir nämlich zu Weihnachten ein Geschenk gemacht und bei »Weston« ein in meinen Augen wunderbares Paar Mokassins gekauft. Ich war ziemlich stolz darauf, weil diese Dinger die Erfüllung eines Jugendtraums von mir bedeuteten. Es war für die Anwesenden nur schwer möglich, nicht zu sehen, daß ich das, was ich an den Füßen trug, für etwas Besonderes hielt. Es dauerte auch nicht lange, bis Romy, die Meisterin aller Details, meine neuen Schuhe entdeckt hatte.

»Nun«, fragte ich sie, »was sagst du zu meinen Schuhen, Romy?« Ich war mir sicher, daß ihr die Mokassins den Atem raubten, zumal ich ihr gleich sagte, welch horrende Summe ich dafür zu bezahlen hatte.

Es hat ihr tatsächlich den Atem geraubt. Aber nicht so, wie ich vermutet hatte. Ihr gekrümmter Zeigefinger war die Aufforderung, einen Schuh abzulegen. Ein wenig spöttisch zog ich ihn aus und drehte ihn zur Seite, damit sie die Naht bewundern konnte. Mit einem geschickten Handgriff nahm sie den Schuh, untersuchte ihn von allen Seiten und lachte dann sarkastisch auf: »Aber das ist doch Krokodilleder.« Dann setzte sie gleich, ohne auf eine Antwort von mir zu warten, in einem Tonfall fort, der keinerlei Widerrede duldete: »Her mit dem anderen!« Etwas verdutzt gehorchte ich und folgte ihr in die Küche. Entschlossenen Schrittes ging sie zum Abfalleimer, öffnete ihn und schleuderte die Schuhe wütend hinein: »Weg mit dem Zeug. Kroko-Schuhe, wie ein richtiger Zuhälter! Mir kommt die Galle hoch, das erinnert mich an meinen Stiefvater.«

Romy waren gewisse Äußerlichkeiten sehr wichtig. Das erkannte ich nicht von allem Anfang an – schließlich war ich ein junger Mann, der sich der Zeit und vor allem seinem Alter entsprechend kleidete: Blue jeans, legere Jacken, Hemden mit langen Krägen, nicht immer nach den ultimativen Kriterien der Eleganz und Farbenlehre kombiniert. Was mir aber gleich bei Romy auffiel, war ihre Garderobe. Klein, aber fein und im diametralen Gegensatz zu ihrem Ruf. Man sprach immer von maßlos großen Kleiderschränken und noch größeren Umkleidezimmern, vollgefüllt mit teuerster Kleidung. Eine solche Maßlosigkeit wäre in der Rue Berlioz und all den anderen Domizilen schon allein an den bescheidenen Ausmaßen der Kleiderschränke gescheitert. Romy legte nur gesteigerten Wert auf eine ständige Erneuerung ihrer Garderobe, nicht aber auf ihren Umfang.

Romy hat lange Zeit Chanel getragen, sie hat Courrèges kurzfristig amüsant gefunden. Aber als sie Mitte der Dreißig und schön wie nie zuvor war, hat sie auch ein neues Selbstbewußtsein entwickelt: »Ich muß meine Eleganz nicht mehr in den Kleidern suchen, vielmehr muß ich«, so lautete ihr Credo, »meine eigene, natürliche Eleganz durch die Kleidung unterstreichen.« Für diesen Akt der Bewußtseinsbildung wählte sie dann vornehmlich einen Couturier –

Yves Saint Laurent. Besonders luxuriöse Kleider, die sie bei offiziellen Anlässen trug, wurden ihr von Yves Saint Laurent kostenlos zur Verfügung gestellt. Es war ein reiner Freundschaftsdienst des Couturiers, aber trotzdem ein exzellenter Deal für den Modeschöpfer.

Unvorstellbar, daß das heute ein Star von Romys Format ohne entsprechendes Auftrittshonorar tun würde. Ebenso unvorstellbar wie jene »kleine« Marotte Romys beim alljährlichen Aussortieren ihrer Garderobe. Da flogen jene Kleidungsstücke, derer sie überdrüssig geworden war, in hohem Bogen durch den Raum – bis sich ein ansehnlicher Haufen an spontan ausgemusterten Kleidern, Röcken, Hosen, Kostümen, Blusen und festlichen Gewändern angesammelt hatte. Glücklich jene Freundinnen, die sich an einem solchen Tag bei Romy einfanden. Großzügig verschenkte Romy dann nach Lust und Sympathie einen Großteil ihrer Garderobe.

Trotzdem hat Romy ihren Kleiderschrank, wie gesagt, immer relativ klein gehalten. Zweimal im Jahr hat sie – nach einem Ausleseverfahren, dessen Kriterien ich nicht verfolgt habe – ausgetauscht und erneuert. Wohin die Kleider kamen, die von ihr ausgemustert und nicht verschenkt wurden, kann ich wirklich nicht sagen. Ich habe mich nie darum gekümmert. Trotzdem hat es mich tief bestürzt, als ich in den Neunzigerjahren von der schon erwähnten großangelegten Auktion in Salzburg erfuhr. Dort hat man, so hieß es, einen ganzen Fundus ihrer Kleider versteigert. Ich kann mir nicht erklären, wie sie überhaupt dorthin gekommen

sind. Ich kann mir auch nicht erklären, wer dieses schäbige Schauspiel veranlaßt hat. Wozu, in welchem Namen und vor allem – zu wessen Vorteil und aus welcher Notwendigkeit heraus hat man hier eine Versteigerung veranstaltet?
Wie und wer auch immer es gewesen sein mag – diese Veranstaltung war eine Beleidigung der Toten, und ich empfand sie als einen Affront gegen Sarah, Romys Tochter.
Ich war stets weit davon entfernt, mich an Reliquien zu hängen. Meine Andenken an Romy sind nicht greifbar. Mit einer Ausnahme – ich trage heute noch den Ring, den sie mir 1975 anstelle eines Eheringes ansteckte. Es ist der Blutsteinring, den sie von ihrem Vater Wolf Albach-Retty bekommen hatte. Von diesem Ring werde ich mich erst bei meinem Tod trennen. Ich will, daß ihn dann Sarah trägt.
Diesen Ring haben Verleumder auf besonders perfide Art dazu benützt, um mich als Juwelen-Defraudanten anzuschwärzen. Natürlich nur gerüchteweise, das versteht sich. Wohl unter dem Motto: Stellen wir nur etwas in den Raum, dann ist unser Zweck schon erfüllt – denn irgend etwas bleibt davon immer hängen. Oberflächlich Interessierte konnten bei diesen hinterlistigen Mutmaßungen annehmen, daß ich bei unserer Trennung im Jahr 1981 Schmuck von Romy mitgenommen hätte. In weiterer Folge reduzierte sich der gerüchteweise, aber öffentlich vorgebrachte Vorwurf auf meinen Ehering. Posthum genierte man sich nicht, Romy zu zitieren, die angeblich und sinngemäß nach unserer Trennung gesagt hätte: »Ich will wenigstens den Ring von meinem Vater zurückhaben.« Dann folgte die Beschrei-

bung des Ringes, die die ganze Geschichte als eine von vielen heuchlerischen Lügen entlarvt, die man nach Romys Tod gegen mich in die Welt gesetzt hat. Sie beschreibt Ring, Stein und Insignien wie folgt: Ihr liebster Schmuck sei der Ring des Vaters, und die drei Großbuchstaben W. A. R. wären darauf kunstvoll eingraviert gewesen. Was ja auch an sich logisch wäre – Wolf Albach-Retty.

Romy hätte so etwas nie gesagt.

Natürlich wußte sie – außer mir – als einzige, was tatsächlich auf dem Ring stand. Schließlich hatte sie ihn mir anstelle eines gewöhnlichen Eheringes im Dezember 1975 in Berlin an den Finger gesteckt. Das Dumme für die Lügner ist nämlich, daß im Gegensatz zu allen Urkunden, Zeugnissen, Theater- und Filmplakaten die Initialen von Romys Vater mit nur zwei besonders schwungvollen Großbuchstaben eingraviert waren: W. A. – Wolf Albach. Zwei weitere Gravuren waren im Auftrag von Romy im Dezember 1975 nachträglich angebracht worden. Ihr Pariser Juwelier fügte in die schwungvoll großen Lettern klein und für das Auge kaum sichtbar unsere Initialen ein: D+R – Daniel und Romy.

Diese Lappalie, mit der man meinen Ruf weiter beschädigen wollte, wäre ja nicht weiter erwähnenswert. Aber sie wirft ein bezeichnendes Licht auf jene, die sich zu Richtern aufgespielt haben und sich anmaßen, der Nachwelt ihr Urteil aufzudrängen – über Romy, ihr Leben und ihr Sterben. Tatsächlich sind mir von Romy drei Dinge geblieben: Sarah, unsere Tochter, der Ring und Millionenschulden.

Senegal

Die Vorbereitungen zu dem Zulawski-Film *Nachtblende* liefen bereits im Januar 1974 an, obwohl *Trio Infernal* noch nicht ganz fertiggestellt war. Romy blieb trotzdem gelassen. Die Arbeit mit Regisseur Francis Girod und Michel Piccoli in *Trio Infernal* war psychisch und physisch enorm anstrengend. Romy wurde bis an die Grenzen ihrer Darstellungskraft getrieben. Szenen, in denen sie sich vor der Kamera selbst befriedigen mußte, wechselten mit Szenen einer Mordkomplizenschaft, bei denen die Opfer im Salzsäurebad zersetzt werden. Die Rolle der Philomena Schmidt, einem deutschen Kindermädchen, das nach dem Ersten Weltkrieg in Marseille lebt, einen Anwalt ehelicht und mit ihm sowie der eigenen Schwester eine Serie von Morden begeht, hat ihr in der prüden Heimat nicht nur Anerkennung gebracht. Auch wenn heute *Trio Infernal* weltweit als einer der großen Kino-Klassiker gilt, so bekam sie damals Droh- und Schmähbriefe, die an Deutlichkeit nicht zu übertreffen waren. »Du Drecksau, bleib doch, wo du bist«, hieß es darin unter anderem. Ganz offensichtlich von kranken Gehirnen produziert, die nicht begreifen wollten, daß eine »liebliche Sissi« die Rolle eines grell geschminkten, nach außen hin harmlosen, Monsters darstellen konnte. Romy versuchte zwar in einem ihrer sehr seltenen, ausschließlich auf beruflichen Fragen basierenden Interview Aufklärung zu schaffen: »Ich bin nicht«, erklärte sie später während der Synchronisationsarbeiten in Berlin, »Philomena Schmidt. Sie ist nur eine Rolle, die ich als Schauspielerin zu bewältigen versuche. Dabei gehe ich an die Grenzen meiner Fähigkeiten.« Geholfen hat ihr diese künstlerische Rechtfertigung nicht.

Romy hatte nach *Trio Infernal* zu ihrer persönlichen Regeneration schon ein verschwiegenes Châlet bei Mégève gemietet. Dort wollte sie das *Nachtblende*-Drehbuch lesen und ihre Rolle erarbeiten. Zwischen dem Drehbeginn und ihrer Rückkehr sollte die Synchronisation des inzwischen fertiggestellten *Trio Infernal* in Deutschland stattfinden. Diese Arbeit ließ sich Romy nie nehmen, darauf freute sie sich immer wieder, und dafür mußte stets etwa eine Woche eingeplant werden.

David blieb nach seiner Rückkehr aus Hamburg in Paris. Er mußte ja wieder zur Schule. Ich hatte zum ersten Mal seit meinem Dienstantritt im Hause Schneider einen längeren Urlaub geplant. Der Senegal und seine Strände am Atlantischen Ozean lockten. Der Senegal war damals, gemessen an heute, ein touristisches Entwicklungsland von unverbrauchter, natürlicher Schönheit, wo es nur einen Club Mediterrannée gab. Also flog ich hin.

Ich wollte faulenzen und nachdenken. Erstmals ließ ich mir in aller Ruhe meine Situation durch den Kopf gehen. Mir wurde bewußt, daß ich eigentlich unfrei geworden war. Mein Privatleben hatte sich auf ein Minimum reduziert. Ohne daß ich es so recht mitbekommen hatte, waren Romy, David und der ganze Haushalt in der Rue Berlioz zu meinem ausschließlichen Lebensmittelpunkt geworden. Ich, der von Planung und regelmäßigen Abläufen nicht wirklich viel hielt, war mit einemmal in die Maschinerie eines Haushalts integriert. Eine Sache, die mir – aus welchem Grund auch immer – plötzlich sehr zu gefallen begann. Ich genoß es, in den Tagesablauf einer kleinen Familie eingebunden zu sein. Zumal David, wild und ausgelassen wie nie zuvor, das Fehlen eines wirklichen Vaters mit allerlei Schabernack daheim und bei geregelten Wochenendausflügen zu meinen Eltern kompensierte. Die behandelten ihn wie einen Enkelsohn und überhäuften ihn mit fürsorglicher Liebe.

Ich weiß, daß es Romy ungeheuer glücklich machte, wenn sie David so unbeschwert und fröhlich sah. Sie genoß es förmlich, David beim ausgelassenen Spielen mit mir zu beobachten. Vor seinem Schweizer Kindermädchen zeigte er keinen allzu großen Respekt. In mir dagegen fand er eine Art männliche Vertrauensperson, zu der er einerseits aufblickte, mit der er andererseits aber die wildesten Dinge unternehmen konnte. Romy war sehr dankbar für die wundersame Verwandlung ihres geliebten Kindes vom stillen, introvertierten Einzelgänger zum aufgeweckten, perfekt französisch sprechenden Buben.

Das alles ging mir durch den Kopf, als ich nach drei Tagen von einer Neuankunft am Strand überrascht wurde – Romy war mir in Begleitung ihrer Garderobiere Fanny nachgereist. Mit einem lustigen Strohhut auf dem Kopf kam sie mir in der Hotelhalle entgegen und sagte lachend: »Höchste Zeit, daß ich einmal gegen meine alpenländischen Wurzeln ankämpfe und mir bewußt mache, was ich wirklich liebe – die Sonne, den heißen Sand und das Meer.« So, als sei es die selbstverständlichste Sache der Welt, hatte sie kurzerhand das Châlet in Mégève storniert und war schnell entschlossen in den Senegal geflogen.

Ich stellte fest, daß ich mich wirklich freute, als ich ihr lachendes Gesicht und die strahlend-schönen Augen wiedersah. Aber das war auch nicht weiter verwunderlich. Schließlich hatte sich unsere Situation längst von einem reinen Dienstgeber/Dienstnehmer-Verhältnis in ein durchaus freundschaftliches verwandelt. Unsere Beziehung geriet immer mehr zu einer augenzwinkernden Komplizenschaft. Romy hatte auch mit scheinbaren Kleinigkeiten diese Verwandlung betrieben. Eines Tages hatte sie mir, als Zeichen ihrer besonderen Wertschätzung, in der Rue Bonaparte das Du angeboten.

Es war ein reizvolles, ja geradezu neckisches Spiel, das wir beide in den folgenden unbeschwerten Tagen im Senegal betrieben. Die Kokospalmen wiegten sich sanft im Wind. Die Wärme der Luft und die Frische des Wassers waren nicht dazu geschaffen, eine ideale Arbeitsatmosphäre zu vermitteln. Romy verteilte ihre Zeit ziemlich ungleichmäßig. Ihre Arbeit kam dabei eindeutig zu kurz. Was dem Film nicht schaden sollte – schließlich gewann sie mit *Nachtblende* ihren ersten César. Aber in diesen Tagen vertiefte sie sich eindeutig weniger in das düstere Drehbuch. Wenn sie sich aber der Lektüre hingegeben hatte, dann konnte ich sie oft leise fluchen hören. »Verdammter Mist«, zischelte sie mehrmals zwischen den Zähnen, »die ganze Last des Films muß ich fast alleine tragen.« Es sollten beinahe prophetische Worte werden, entstanden aus ihrer Professionalität und ihrem Instinkt.

Trotzdem dachte sie in diesen unbeschwerten Tagen nicht daran, mehr Zeit für das Drehbuch zu verwenden. Viel lieber frönte sie dem süßen Müßiggang oder einem fast inquisitorischen Befragen meiner Person. Eines Abends verabredeten wir uns auf der Terrasse des Hotels. Irgendwie war das auch eine Art Premiere. Es war zwar nicht das erste Mal, daß ich mit ihr allein zusammensaß, aber in der Regel beschränkte sich eine solche Begegnung räumlich auf die gemütliche Küche in der Rue Berlioz. Ich war ja dem von ihr so fabelhaft zubereiteten Kartoffelsalat verfallen. Richtiggehend süchtig war ich danach. Manchmal habe ich deswegen an einem Abend zwei Mahlzeiten zu mir genommen. Aber das war Pariser Alltag.

Der Senegal dagegen war die unbeschwerte Freiheit. Ein neutraler Boden, auf dem jeder tun und lassen konnte, was und wie es ihm gefiel. Ohne Verpflichtungen, absolut ungestört, mit Meeresrauschen, weißem Strand und einem unvorstellbar schönen Sonnenuntergang.

Romy bestellte eine Flasche Bordeaux. Nicht zum erstenmal wurde mir in diesem Augenblick so richtig bewußt, mit welcher ungezwungenen Lässigkeit sie die Dinge im Griff haben konnte. Selbst unser schwarzer Kellner war davon beeindruckt. Er dachte gar nicht daran, mich den Wein kosten zu lassen – Madame kostete, schnalzte zum Spaß genüßlich und wenig elegant mit der Zunge: danke, perfekt. Kein Zweifel, Madame war der Boß. Und der Boß war gut gelaunt. Vor allem aber neugierig: »Woher, Daniel«, überraschte sie mich mit ihrer ersten Frage, »nimmst du nur deine größenwahnsinnige Unbekümmertheit?«

Fast schien es mir, als ob Romy, eine Künstlerin, der viele Menschen zu Füßen lagen, ein wenig neidisch auf mich und meine unkonventionelle Art zu leben war. Bitterkeit schwang in ihrer Stimme mit, als sie mir sagte: »Star, wenn ich das schon höre – dieses Wort habe ich aus meinem Vokabular gestrichen.«

»Ja, aber wie dann«, entgegnete ich ihr, »soll man eine außergewöhnliche Künstlerin bezeichnen?«

»Ich finde es«, antwortete sie ärgerlich, »affig und blöd. Es ist ein Beruf wie jeder andere, der ein gewisses Maß an Talent erfordert. Nicht mehr, nicht weniger. Und außerdem – wenn etwas an mir außergewöhnlich ist, dann ist es meine Phobie in der Öffentlichkeit.«

Eine Phobie der großen, geliebten Romy Schneider? Und ausgerechnet in der Öffentlichkeit?

»Ja«, erwiderte sie, »du kannst jetzt darüber lachen, es bezweifeln und kokett finden, aber ich durchleide Höllenqualen. Seit meiner Kindheit habe ich eine gewisse Unbeschwertheit verloren, wenn ich in der Öffentlichkeit im Blickpunkt stehe. Es ist eine Unruhe, die sich fast bis zur Unerträglichkeit steigert. Wenn ich die Blicke anderer, vor allem unbekannter Menschen spüre, dann beginne ich zu zittern. Deshalb ist dieser Urlaub hier für mich wie ein kleiner Ausflug in das große Paradies. Fern von der ganzen entsetzlichen Meute.« Romy bestellte die nächste Flasche Bordeaux. »Also«, fuhr sie dann hartnäckig fort, »woher kommt nun deine unbekümmerte Gelassenheit – daß du nicht buckelst vor großen Namen, daß du dich nicht verstellst, ganz gleich, welchen Rang der Mensch hat, dem du gegenüberstehst. Auch wenn es manchmal den Anschein erweckt, als ob ich auf gewisse Dinge nicht achte – aber das habe ich an dir ganz genau beobachtet.«

Ich glaube, daß ich heute vielleicht ein wenig anders antworten würde als damals. Aber sinngemäß hat sich nicht allzuviel verändert. Also antwortete ich wahrheitsgemäß: »Vielleicht liegt es daran, daß meine Lebensphilosophie immer nur auf den Augenblick ausgerichtet ist. Und noch etwas – das Urteil anderer schert mich wenig.«

Das konnte die große Romy Schneider von sich nicht behaupten. Es war grotesk, aber seit sie dem Haus von Mutter und Stiefvater mehr entflohen, denn entwachsen war, hatten Männer das Selbstbewußtsein dieser großen und seismographisch empfindsamen Künstlerin ständig unterwandert. Von Alain Delon bis hin zu ihrem damaligen Noch-Ehemann Harry Meyen. Während es bei Delon unbewußt-instinktiv erfolgte, war es bei Meyen wohl eher gezielte Absicht. Daraus resultierte auch im Laufe der Zeit eine unglaubliche, für eine Frau ihrer Größe geradezu lächerliche Unsicherheit. Romy hatte eine gewisse Angst, etwas nicht zu kennen, etwas nicht zu wissen, sich zu blamieren oder gar öffentlich als Dummerchen bloßgestellt zu werden, wie es Harry Meyen gerne tat. Deshalb hat sie sich auch so oft zu großen, alten Männern hingezogen gefühlt. Nicht erotisch, aber über den Geist mag schon ein gewisser Magnetismus entstanden sein. Von Willy Brandt, dem deutschen Kanzler, bis hin zu Heinrich Böll. Später dann, als ihr Selbstwertgefühl stärker wurde und sie ihren wahren Wert zu erkennen begann, haben diese Schwärmereien einen Teil ihrer Bedeutung verloren. Die intellektuelle Anziehungskraft solcher Männer reichte dann nicht mehr aus, um Romy ganz in ihren Bann zu ziehen. Zwar beeindruckten sie Klugheit und Wissen nach wie vor, aber der erotische Magnetismus war gänzlich verlorengegangen.

So, wie jener von Willy Brandt auf sie gewirkt haben muß. Romy war diesbezüglich sehr diskret, was ich auf ein gegebenes Versprechen zurückführte. Denn sonst kannte sie ja keinerlei Zurückhaltung, wenn sie über verflossene Beziehungen sprach. Nur wenn sie ein Versprechen gegeben hatte, dann war ihr Wort für alle Zeiten unveräußerlich. Mit einem oft verklärten Lächeln auf den Lippen sprach sie über Brandt: »Ein großartiger Mensch, ein kluger Kopf, ein wunderbarer Mann.« Was immer auch in den Folgejahren über das Verhältnis von Romy und Willy Brandt geschrieben wurde, es fällt in Kategorien wie Mutmaßungen und Fabeln. Nur eines steht unumstößlich fest – Brandt hatte Romy vor allem politisch in seinen Bann gezogen und sie damit gedanklich wie auch künstlerisch geformt.

Die nächste Flasche Bordeaux wurde entkorkt. Sie wurde unter ständigem Zuprosten auf das Wohl von Willy geleert. Der Name Willy Brandt stand für Romy, das erfuhr ich noch in derselben Nacht, in einem sehr engen Zusammenhang mit einem Schuldkomplex, der sie zeit ihres Lebens verfolgt hat. Sie empfand eine kollektive Verantwortung des deutschen Volkes gegenüber dem jüdischen. Demzufolge fühlte auch sie sich schuldig.

Obwohl sie zu Magda Schneider stets um ein gutes Verhältnis bemüht war, nagten die unbefriedigenden Antworten der Mutter in ihrem Inneren. »Ich habe sie oft gefragt«, meinte die 1938 in Wien geborene Romy, »wie es denn kam, daß wir uns ausgerechnet Ende der Dreißigerjahre in Schönau bei Berchtesgaden niedergelassen haben – wobei ich wesentlich mehr Zeit dort bei den Großeltern mütterlicherseits verbrachte. Ihre Antworten waren immer weit hergeholt und völlig nichtssagend.« Vielleicht hat sie es geahnt, aber sich selber nicht eingestehen wollen. Magda Schneider, die selbst in ihren Erinnerungen einen Bogen um die Geschichte des Hauses »Mariengrund« macht, war politisch völlig arglos. Wenn sie Romy vom »Atem der Zeit« erzählte, weswegen sie in die Nähe des berühmt-berüchtigten »Führerquartiers« am Obersalzberg bei Berchtesgaden gezogen waren, trifft das die Wahrheit nur am Rande. In

Wirklichkeit war sie von einer unheilbaren Publicity-Sucht befallen, mit der sie um jeden Preis in den Blickpunkt der Öffentlichkeit gelangen wollte. Dafür war ihr jedes Mittel recht. Ob das nun räumliche Nähe zu Hitler war oder ein peinlicher Fortsetzungsbericht zum Tod ihrer Tochter in einer Tageszeitung mit Millionen-Auflage. Aber ich muß gestehen – ich mochte Magda. Und Romy? Die hat ihre Mutter trotz allem geliebt. »Denn tiefe politische Überzeugungen«, beruhigte sie sich immer wieder, »haben sie nie getrieben. Höchstens die in eigener Sache.«

Ihre eigene Verantwortung der Geschichte gegenüber beschrieb sie folgendermaßen: »Ich denke, daß es eine Art geerbte Erinnerung ist, die ich als denkender und verantwortungsbewußter Mensch tragen muß.« Noch während sie diesen Satz von sich gab, umspielte ein Lächeln ihren Mund, und sie fügte – mit gespielter Sorge – hinzu: »Aber glaub bitte nicht, Daniel, daß ich meinen Mann wegen unklarer Schuldgefühle geheiratet habe.« Harry Meyen hatte jüdisches Blut in seinen Adern.

Ebensowenig hätte ihr Eintreten für die gegenseitige Anerkennung von Israel und Palästina etwas mit ihrer gespannten Situation mit dem Noch-Ehemann zu tun gehabt. Aber da war das mörderische Massaker während der Olympischen Sommerspiele 1972 in München dazwischengekommen. Die grausamen Untaten an jüdischen Menschen, abermals auf deutschem Boden begangen, hatten ihr diesbezügliches Engagement verhindert.

Romys Seelenstrip an diesem Abend war noch lange nicht

zu Ende. Es war schon weit nach Mitternacht, als wir die vierte Flasche Bordeaux bestellten und nur mehr wenig an unseren Gläsern nippten. Ich muß gestehen, daß ich den Wein kaum spürte. Ich war fasziniert von Romy, ihren Erzählungen und ihren Fragen, mit denen sie mich bisweilen in Verlegenheit brachte.

»Was«, fragte sie mich aus heiterem Himmel, »denkst du über mich, Daniel? Was denkst du beispielsweise, wenn ich dich am Morgen anrufe, um mich von einer fremden Adresse abzuholen? Wenn ich mich im Auto oder im Café schnell umziehe?«

Fragen dieser Art trafen mich, ehrlich gestanden, unvorbereitet. Das war auch gut so. Denn Romy hatte einen untrüglichen Instinkt für Lügen, falsche Komplimente und dergleichen. »Ich finde überhaupt nichts dabei«, antwortete ich demzufolge wahrheitsgemäß, »du bist eine eigenständige, ungeheuer starke Persönlichkeit, die sich nicht vorschreiben läßt, was sie zu tun und was sie zu lassen hat. Mich beeindruckt, wie du die Dinge im Griff hast und für die Menschen sorgst, für die du dich verantwortlich fühlst.«

Romy lächelte, meine Antwort hatte ihr gefallen. Sehr sogar. Vielleicht auch deshalb, weil sie zum erstenmal in ihrem Leben – nach eineinhalb Jahren in Paris – die Anerkennung zugesprochen bekam, auf eigenen Beinen zu stehen und auch allein stark genug zu sein. Als Mutter, als Mensch, als Star und Persönlichkeit – über ihre weibliche Attraktivität erlaubte ich mir allerdings kein Urteil.

Dabei hatte Romy erstmals einen Funken gezündet. Obwohl wir einander an diesem Abend nicht einmal mit den Händen berührt hatten, war ich tief in meinem Innersten lichterloh für sie entflammt.

Der erste Kuß

Als wir aus dem Senegal zurückgekehrt waren, nahm alles wieder seinen gewohnten Lauf. Romy widmete sich ihrer Arbeit. David – froh darüber, daß im Haus alles wieder seine gewohnte Ordnung hatte – ging zur Schule, der Haushalt lief, und ich hatte jede Menge zu tun: Post, die sich stapelte, Produktions- und Reisevorbereitungen für Romy, die zwischen Paris, Hamburg und Berlin pendelte. Alles lief so, als ob es unsere unbeschwerten zehn Tage und unsere intensiven Gespräche in Afrika nicmals gegeben hätte.

Das mag auch daran gelegen haben, daß sie sich mit einer unglaublichen Intensität in die Rolle der Nadine hineinversetzte, zumal ja ein gewisser Nachholbedarf bestand. Noch bevor sie dafür mit der höchsten Auszeichnung belohnt wurde, die der europäische Film zu vergeben hat, erklärte sie schon öffentlich, daß *Nachtblende* zu ihren Lieblingsfilmen gehörte. Romy, der man wirklich kein übersteigertes Selbstbewußtsein unterstellen kann, wollte den Erfolg dieses Films mit niemandem teilen. Einen späten Erfolg übri-

gens – denn anfänglich war *Nachtblende* von der Kritik mit großer Zurückhaltung aufgenommen worden. Ich habe sie während der Dreharbeiten zu diesem Film oft bei ihren Selbstgesprächen unfreiwillig belauscht oder gesehen, wie sie sich auf einem ihrer geliebten Schmierzettel die Wut von der Seele schrieb: »Verdammter Film! Verdammte Dreharbeiten! Verdammte Rolle! Verdammter Zulawski!«
Der »verdammte Zulawski« benützte die Gelegenheit, sich in den Vordergrund zu spielen. Er maßte sich an, Romy öffentlich zu beurteilen: »Sie ist«, sagte er, »ein Mensch, der keine Begabung für ein geordnetes Privatleben hat. Ihr ganzes Talent ist ausschließlich auf der Leinwand konzentriert. Außerdem ist sie nicht sonderlich gebildet – mag keine klassische Musik, liest keine große Literatur.« Intellektuelle vom Schlage eines Luchino Visconti, eines Joseph Losey, eines Orson Welles, eines Willy Brandt oder eines Herbert von Karajan haben das offenbar ganz anders gesehen und sehr wohl eine starke intellektuelle Kraft in Romy entdeckt. Zulawski hat wohl unterschätzt, was Romy bereits vor Drehbeginn von *Nachtblende* befürchtet hatte – daß die ganze Last dieses Streifens auf ihren Schultern liegen würde. Dazu kam noch jede Menge Ärger mit dem unzuverlässigen Klaus Kinski und dem völlig überforderten Fabio Testi.
Die Wahrheit über Romys Schwierigkeiten bei den Dreharbeiten von *Nachtblende* ist eine ganz andere und steht diametral zu jenen Ansichten, die Andrzej Zulawski von sich gab. Denn es war etwas Außergewöhnliches passiert. *Nachtblende* beanspruchte Romy wie kein anderer Film in den

Siebzigerjahren. Abend für Abend kam sie von den Dreharbeiten erschöpft und gebrochen in die Rue Berlioz heim. An sich hatte sie ja eine Fähigkeit, die mich ungeheuer beeindruckte: Romy war sonst immer in der Lage, ihre Rolle in der Garderobe abzugeben, an den Haken zu hängen wie ein Kostüm. Jedesmal, nur im Fall von *Nachtblende* nicht. Zulawski war ein überaus fordernder Regisseur, der von seinen Schauspielern das Äußerste verlangte und am Set eine ständige Spannung erzeugte. Die Düsternis, die diesen Film umgab, war bei den Dreharbeiten ununterbrochen spürbar. Das hat auf Romy abgefärbt. Je länger die Dreharbeiten andauerten, desto mehr bemerkte ich, wie zu der ungeheuren psychischen Belastung Romys auch eine große körperliche Müdigkeit hinzukam, die in einer schweren Erschöpfung gipfelte. Die Rolle ließ sie auch in der Nacht nicht los und raubte ihr den kraftspendenden Schlaf. Dabei benötigte sie den bei dieser Arbeit ganz besonders, um Zulawskis künstlerischen Anforderungen zu genügen.

In *Nachtblende* spielt Romy eine erfolglose Schauspielerin, die zwar jede Rolle annimmt, aber in Film und Wirklichkeit trotzdem nicht weiterkommt. Der Film, der nach einem Roman von Christopher Frank entstand, hätte ursprünglich *Die amerikanische Nacht* heißen sollen. Der Titel mußte aber geändert werden: François Truffaut hatte bereits einen gleichnamigen Streifen mit anderem Inhalt gedreht. Auf französisch hieß *Nachtblende* übrigens *Wichtig ist es, zu lieben* – ein Titel, den sowohl Zulawski als auch Romy verabscheuten. »Es wird nicht leicht sein«, sagte Romy schon im

Vorfeld der Dreharbeiten, »der Rolle gerecht zu werden. Aber im Grunde«, sprach sie sich dann wieder Mut zu, »liebe ich ja das Schwierige. Eines Tages wird man mir vielleicht vorwerfen, zuviel gedreht zu haben. Nur einen Vorwurf wird man mir nicht machen können – es mir einfach gemacht zu haben.«

In diesem Fall hatte sie es sich aber eindeutig zu schwer gemacht. Denn eines Morgens läutete in meiner Garçonniere in der Rue Jean Goujon das Telefon – es war Romy, in Tränen aufgelöst. Schluchzend und völlig verzweifelt sagte sie: »Daniel, ich weiß nicht mehr, was ich tun soll. Ich glaube, daß ich mit Zulawski nicht mehr weitermachen kann. Ich habe keine Kraft mehr. Überhaupt keine Kraft mehr.«

Zuerst rief ich Romys Hausarzt an, Dr. Jean-Pierre Segal, und eilte sofort in die Rue Berlioz. Romy lag weiterhin schluchzend auf dem Bett, das Gesicht von einer schlaflosen, durchweinten Nacht gezeichnet. Als Dr. Segal eintraf, beruhigte sie sich kurzfristig. Aber kaum hatte der Arzt mit seiner Untersuchng begonnen, machte sie sich – typisch Romy – schon wieder die nächsten Sorgen. Zwei Dinge beunruhigten sie am meisten:

– die Sorge, daß David sie in diesem Zustand sehen könnte
– und der Gedanke an Albina de Boisrouvray, die Produzentin von *Nachtblende*, der sie sich verpflichtet fühlte.

Ich nahm ihre Hand und beruhigte sie: »Wichtig ist nur, daß du wieder ganz gesund wirst. Und um David brauchst du dir keine Sorgen zu machen. Um den kümmere ich mich.«

Ich ging in die Küche, wo David vom Kindermädchen mit dem Frühstück versorgt wurde. Ich nahm den Jungen in die Arme und erklärte ihm, daß mit seiner Mutter alles in Ordnung sei. Sie sei nur vom vielen Arbeiten unendlich müde. In den folgenden Tagen standen Vergnügungen wie Hamburger, Milk-Shakes, Kinobesuche und Ausflüge in diverse Vergnügungsparks häufiger auf dem Programm als die rein schulischen Verpflichtungen. David hatte die Gelegenheit gleich dazu benutzt, um dem Kindermädchen zu erklären, daß in Abwesenheit seiner Mutter ausschließlich ich das Sagen hätte.
Unmittelbar nach der Untersuchung hatte Dr. Segal im Amerikanischen Krankenhaus ein diskretes Zimmer für Romy bestellt. »Es ist nichts Dramatisches«, hatte uns der Arzt beruhigt, »aber es wäre mir lieber, wenn Romy ihren Erschöpfungszustand im Spital völlig auskurierte.« Mit einer Mütze als Kopfbedeckung und in Decken gehüllt, trug ich sie auf den Armen bis zu meinem Wagen. Ihr Kreislauf spielte ganz offensichtlich verrückt, die Beine versagten ihr immer wieder den Dienst. Unbemerkt fuhr ich sie ins Krankenhaus, unbemerkt verbrachte sie dort einige Tage.
Sie erholte sich schneller, als Dr. Segal vermutet hatte. Das lag sicherlich auch daran, daß sämtliche Untersuchungsergebnisse von einem »allgemeinen physischen Erschöpfungszustand« sprachen, der weder von einer akuten Erkrankung noch von Medikamenten ausgelöst worden war.
Ihre Rückkehr an den *Nachtblende*-Set wurde zu einem kleinen Triumph. Die Techniker in den Studios begrüßten

ihre Hauptdarstellerin mit stehenden Ovationen. Auch Zulawski war nicht mehr wiederzuerkennen, er behandelte Romy mit ausgesuchter Zurückhaltung. Und auch Albina, die Produzentin, um die sich Romy während ihres Zusammenbruchs so gesorgt hatte, zügelte ihr Temperament, das ihr vorher – aus Sorge um die Millionen-Produktion – bisweilen durchgegangen war. Sie bemühte sich darum, daß man Romy mit besonderer Schonung entgegenkam.

Diese Episode hat mein Verhältnis zu Romy entscheidend beeinflußt. Ich war vom guten Freund zu einer absoluten Vertrauensperson für sie geworden. Und ich selber hatte auch entdeckt, daß ich begann, mir Gedanken um Romy zu machen. Im Augenblick ihres Zusammenbruchs hatte ich wirklich Angst um sie empfunden. Von Liebe war allerdings auch jetzt noch keine Rede. Zumal es ohnehin jemanden in Romys Leben gab, der zwar der Öffentlichkeit verborgen blieb, aber zu diesem Zeitpunkt ihr Liebhaber war – ihr Film-Ehemann aus *Nachtblende*, Jacques Dutronc.

Der hatte sich, zur Überraschung des Publikums, als richtig guter Schauspieler entpuppt. Romy hatte sich von allem Anfang an um ihn gekümmert, ihm Mut zugesprochen und ihm geholfen, sein Lampenfieber zu überwinden. So wie sie es schon mehrmals mit jüngeren, unerfahrenen Schauspielern getan hatte. Jane Birkin beispielsweise schwärmte noch Jahre nach ihren Erfahrungen mit Romy während der Dreharbeiten zum *Swimmingpool* von der uneigennützigen und fabelhaften Kollegin Romy Schneider. Und Dutronc sang in Interviews vor der umstrittenen *Nachtblende*-Premiere folgendes Loblied auf seine große Partnerin: »Mit Romy Schneider muß man in die Tiefe gehen. Es ist großartig – bei einer Schauspielerin wie ihr kann man nicht mogeln. Sie strahlt eine solche Persönlichkeit aus, daß ein Schauspieler neben ihr völlig untergehen kann. Man muß sich dabei selbst übertreffen. Sie hat mich zu meiner bisherigen Höchstleistung als Schauspieler getrieben.«

Erstaunlich ist nur ein Satz Zulawskis, der – fast möchte man sagen, natürlich – untergegangen ist. »Ich glaube«, sagte er, »daß Romy ein recht fröhlicher Mensch ist. Seltsamerweise wird das nicht oft erwähnt.« Seltsam ist das allerdings gar nicht. Die große Tragödie verkauft sich doch allemal besser als die kleine Komödie. Erstaunlich, daß das dem großen Regisseur nicht geläufig war.

Es liegt mir persönlich fern, dem Bild zu widersprechen, das jeder einzelne, der Romy begegnet ist, sich von ihr gebildet hat. Romy konnte unmöglich als eine einheitliche Persönlichkeit gesehen werden. Zu viele verschiedene Facetten wies sie auf. Facetten, die sich nach Laune oder Interesse verteilten. Darunter auch das Talent, Menschen mit ihrem Charme zu manipulieren. Wenn Romy an diesem Filmset, auf dem sie kämpferisch und selbstbewußt wie nie zuvor agierte, einen ausließ, dann war es Jacques Dutronc. Romy hatte ihn in dieser Phase ihres Lebens zu ihrem Liebhaber erkoren. Das geschah immer unter anderen, nicht exakt nachvollziehbaren Kriterien. Damals glaubte ich, daß am ehesten eine gewisse Aura vonnöten war. Sonst lief bei Romy nichts.

Schon gar nicht bei jenen, die sie als eine leichtfertige Frau einschätzten. Manche glaubten, in ihren wechselnden Partnerschaften den Hang zur Frivolität zu entdecken. Und übersahen dabei eine ganz persönliche Stärke, die ihr erlaubte, sich das zu nehmen, wonach sie im Grunde ihres Herzens immer suchte – nach einer Kombination aus Stärke, Erotik, Geborgenheit und Zärtlichkeit. Sie war, das ist mir erst später klargeworden, in diesen Dingen immer eine Suchende. Eine Suchende, die bereit war alles zu geben, aber an ihre Partner den gleichen Anspruch hatte.

Marco Ferreri, der berühmte italienische Regisseur des umstrittenen Kult-Filmes *Das große Fressen*, mußte das in diesem Frühjahr zur Kenntnis nehmen. Er verabredete sich mit Romy, um mit ihr ein Filmprojekt durchzusprechen. Aber außer ihrem Partner – er nannte Gérard Depardieu – und dem Titel *Die letzte Frau* hatte er nicht viel anzubieten. Noch während des Abendessens versuchte er sie davon zu überzeugen, daß ein fehlendes Drehbuch doch kein Problem sei. Was Romy an diesem Abend in der »Orangerie« aber weit mehr verblüffte, waren die plumpen Annäherungsversuche Ferreris. Mit flinken Fingern grapschte er herum, als ob er in einer Hafenspelunke zu Gast wäre.

Romy hat bei diesem Abendessen keinen Eklat verursacht. Sie hat ihm nur empört auf die Finger geklopft und ihm im übrigen vorgeschlagen, sich eine andere Hauptdarstellerin zu suchen. Sofern es überhaupt ein Interesse von ihm gab, einen Film zu drehen – woran sie nach dieser Erfahrung ihre Zweifel hatte. Erstaunlicherweise ist ein Film dieses

Titels dann auch tatsächlich gedreht worden. In der Hauptrolle sah man Ornella Muti ...

Es ist für mich grotesk, wenn ich heute höre, für Romy wäre das Jahr 1974 beruflich grandios, privat aber leer gewesen. Manchmal erhärtet sich mein Verdacht, daß in Sachen Romy ein Sensationsautor vom anderen Anleihen genommen hat.

Denn beruflich hat ihr 1974 vieles sehr zugesetzt:

– die erbärmliche Rolle, die Regisseur Claude Chabrol bei *Die Unschuldigen mit den schmutzigen Händen* gespielt hat,

– ihre unsägliche Schufterei in *Nachtblende*, wo sie die Last des gesamten Filmes auf ihren Schulter tragen mußte

– sowie das fatale Mißverständnis eines Publikums, das ihre Rolle in *Trio Infernal* mit dem Menschen Romy Schneider verwechselte. Sissi durfte für Millionen von Kinobesuchern nur anmutig wie eine Märchenprinzessin sein, aber niemals ein kaltes Monster wie Philomena Schmidt.

Privat aber hat sie das ganze Jahr über nicht das geringste Anzeichen von Mißvergnügen gezeigt. Im Gegenteil, sie fühlte sich glücklich und stark.

Glücklich als Mutter.

Stark als Frau, die tun und lassen konnte, was ihr gefiel.

Als der Sommer kam, hatte sie aus dieser Stärke heraus schon wieder geplant. Die Affäre Dutronc war gelaufen und David, wie vorher vereinbart, zu seinem Vater nach Hamburg gefahren. Romy mietete für den ersten Teil ihrer Ferien ein Haus in St. Tropez. Es gehörte Félix, einem Freund. Bis Anfang August wollte sie dort ausspannen, danach sollte es nach Griechenland weitergehen. David war von Hamburg direkt nach Athen gebucht. Mir hatte sie bereits im Juni ihre Telefonnummer in St. Tropez zugesteckt. Als sie erfuhr, daß ich ohnehin nach Südfrankreich kommen würde, sagte sie lächelnd: »Ich gehe davon aus, Daniel, daß du mich gleich nach deiner Ankunft anrufst.«

Zu meiner großen Freude überließen mir meine Eltern die »Danycha«, eine etwa dreißig Fuß lange Motorjacht. Böse Zungen sollten später behaupten, Romy hätte mir dieses Boot gekauft.

Die Danycha, von der es insgesamt vier Versionen gab, hat immer meinen Eltern gehört, was auch schon in Anbetracht des Namens völlig logisch ist: Sie hatten sie Danycha getauft, weil in diesem Wort die Namen ihrer beiden Söhne enthalten sind – Daniel und Charles.

Romy hat Jahre später und nur ein einziges Mal, bei unserem letzten Boot nämlich, darauf bestanden, ein Drittel des Preises zu bezahlen. Sie fühlte sich dazu verpflichtet, weil wir beide mit Abstand die meiste Zeit darauf verbrachten und weil wir sogar Romys Familie, wie ihren Bruder Wolfdieter und dessen Ehefrau, auf Jacht-Urlaube einluden.

Aber davon war noch keine Rede, als ich im Juli 1974 die Danycha auf den Levante-Inseln im Hafen von Porquerolles ins Wasser setzte. Ein paar Tage später – ich hatte in den Marines de Gogolin angelegt – rief ich Romy an. Wir verabredeten uns zum Abendessen in der »Auberge du vieux

Moulin«, die meiner Freundin Picolette gehörte. Im »Escale« wollten wir einander treffen.
Romy war bereits da, als ich das Lokal betrat. Sie war in ein angeregtes Gespräch mit Félix, ihrem Hausherrn, vertieft. Ich hatte Gelegenheit, sie ein paar Augenblicke lang zu betrachten, als sie sich unbeobachtet fühlte – mit einem Sommerdrink in der Hand, einem Tuch auf dem Kopf, ungeschminkt, den Teint mit den entzückenden Sommersprossen innerhalb von zehn Tagen dunkelbraun gebrannt. Kein bißchen Streß war in ihrem Gesicht, alle Spuren der anstrengenden, bewegten letzten Monate wie weggeblasen. Und ihr Blick leuchtete strahlend, strahlender als je zuvor.
Die Wiedersehensfreude war riesengroß. Romy und ich fielen uns mitten im Lokal in die Arme. Erst nach ein paar Augenblicken merkten wir, daß es erstaunte Gesichter im Lokal gab. Wir verließen es schnell in Richtung Picolette.
Picolette war ein Faktotum von St. Tropez. Ihre Figur glich der einer Ringerin. Die Haare stets kurz geschoren und etwas zerzaust, trug sie zum Zeichen ihrer Küchenwürde in ihrem gemütlichen provençalischen Restaurant ein weißes Handtuch um den Hals. Picolette hatte jede Menge Freunde, ihr Herz war aber eindeutig den Frauen zugetan. Es gab eine stürmische Begrüßung von Romy und mir, ehe sie sich wieder – und nur vorübergehend – an den Herd zurückzog, um uns kulinarisch nach allen Regeln der Küchenkunst zu verwöhnen.
Romy und ich hatten uns allein in eine Ecke des gemütli-

chen Lokals zurückgezogen. Sie wollte von mir wissen, wie ich mich denn so als »Seebär« fühlte. Ich erzählte ihr vom Fischfang und dem Chaos auf dem Boot, ließ freiwillig die Erlebnisse von den einsamen Buchten und dem kitschig schönen Sternenhimmel weg.

Dann war Romy an der Reihe. Sie erzählte von ihren Eskapaden mit Brigitte Bardot, die ihr Tür, Tor, Schwimmbad und die »baie des canoubiers« zum Baden im Meer geöffnet hatte. Während sie von der resoluten und witzigen Brigitte schwärmte, fiel Romy plötzlich eine Anekdote ein. Picolette hatte eben die Vorspeise serviert, aber Romy konnte sich minutenlang vor Lachen kaum halten. Diese Geschichte erheiterte sie so sehr, daß ihr die Tränen über die Wangen rannen. Schnippisch nahm Picolette unsere Vorspeisen wieder mit, während ich lächelnd – und unwissend dasaß, denn die lachende Romy hatte noch nicht einen Satz von sich gegeben. Erst als sie sich etwas beruhigte, begann sie, von ständigem Kichern unterbrochen, zu erzählen: Brigitte hatte zu einem Mittagessen geladen. Nur Frauen waren da. Als letzte kam Suzanne, eine enge Freundin von Brigitte, mit einer Kiste Langusten unter dem Arm, die sie frisch auf dem Markt gekauft hatte. Stolz warf sie die Kiste mit den Meerestieren auf den robusten Küchentisch.

»Aber, Suzanne«, ahmte Romy den entschiedenen Tonfall von Brigitte nach, »was ist denn das?«

Die Freundin, vor Freude ein wenig errötend, erwiderte flötend: »Das ist unser Mittagessen, Cherie!«

Daraufhin nahm Brigitte wortlos die Kiste unter den Arm

und eilte zum Steg ihrer Villa »La Madrague«, die direkt am Meer liegt.

»Suzanne«, erzählte Romy amüsiert, »fragte uns Anwesende mit hilflosen Gesten, was da los sei: Wohin geht sie? Was macht sie denn?«

Schließlich eilten alle Damen, es waren sechs an der Zahl, Bribri nach, um zu sehen, was weiter geschah.

Am Ende des Steges angekommen, sahen sie alle eine erzürnte Brigitte, die der letzten von einem Dutzend Langusten das Leben schenkte und sie ins Meer zurückwarf. »Bei mir«, schrie sie wütend, »gibt es so etwas nicht. Merkt euch das.«

Romy bog sich vor Lachen. Mit beiden Händen hielt sie sich an meinem Oberarm fest, als sie zu Ende erzählt hatte. Sie hielt ihn noch immer, als das letzte Lachen aus ihr gewichen war. Dann trafen sich unsere Blicke. Sie lächelte mich an, nahm langsam ihre Hände zurück, ergriff ein Glas Wein und prostete mir zu: »Auf unser Wohl, Daniel!«

Nach dem Essen gesellte sich Picolette zu uns. Bald kam von ihr der Vorschlag, das Lokal zu wechseln. Also gingen wir ins »Yeti«, weil Romy keine große Lust auf eine Disco verspürte. »Ich habe nichts gegen Discos, aber ich persönlich langweile mich dort«, sagte sie, »weil sie stets zum Bersten voll sind und jede Kommunikation zerstören.«

Im Yeti war es herrlich. Es gab jede Menge Möglichkeiten, um ein nettes Mädchen – die dort klar in der Überzahl waren – kennenzulernen, aber auch um ganz einfach zu quatschen, herumzualbern und genüßlich das eine oder andere Glas zu leeren. Romy und ich hatten bereits ziemlich viel Bordeaux konsumiert, als Picolette, die immer wieder ungeduldig auf die Uhr gesehen hatte, »erlöst« wurde. Ihre neue Freundin, ein bildschönes Mädchen aus Brasilien, traf doch noch im Lokal ein. Gegen drei Uhr früh schützten die beiden eine plötzliche Müdigkeit vor, um uns zu verlassen.

Es war knapp nach fünf Uhr früh, als Romy und ich unsere Gläser leerten und beschlossen heimzugehen. Während wir durch St. Tropez schlenderten, das langsam zu erwachen begann, durchzuckte mich eine Idee. »Hast du Lust«, fragte ich Romy spontan, »den Sonnenaufgang am Meer vor Camarat zu erleben?«

Solche Vorschläge mußte man Romy nicht zweimal machen – wie Kinder liefen wir zum Hafen, wo die Danycha in enger Nachbarschaft vor Anker lag. Ich erinnere mich noch genau an die Flüche der Bootsnachbarn, als ich unser Schiff mit blubberndem Motor vorsichtig aus dem Hafen steuerte. Das Meer war wie Öl und die Sicht ganz klar, als ich mit voller Geschwindigkeit gegen Osten steuerte. Ein kurzer Blick zu Romy – mit einem seligen Lächeln saß sie am Heck, mit ihren Gedanken scheinbar im Nirgendwo.

Ich hielt den Kurs und die Geschwindigkeit. Auf einmal hörte ich einen unerwarteten Laut – tief und dumpf. Zuerst dachte ich an einen Motorschaden, an eine gerissene Welle und nahm etwas Geschwindigkeit weg. Der Motor lief aber reibungslos, und ich schrieb das merkwürdige Geräusch einer Sinnestäuschung zu. Ich wollte bei den ersten Sonnen-

strahlen an einem gewissen Punkt sein, um Romy eine Freude zu machen. Romy – ja, wo war sie denn eigentlich? Ich drehte mich um. Aber dort, wo sie zuletzt gesessen hatte, herrschte gähnende Leere. Das Deck war nur zweimal drei Meter groß, aber keine Spur von Romy. Ein eiskalter Schauer lief mir über den Rücken. Ich stellte den Motor ab und schaute in die Kabine unter Deck – nichts zu sehen. Panik erfaßte mich. Schließlich trieben wir bereits gut zwei Kilometer auf offener See. Ich nahm den Feldstecher, suchte damit erfolglos die Wasseroberfläche ab. Ich startete den Motor und drehte mit einer großen Schleife wieder um, jagte mit voller Kraft zurück in Richtung St. Tropez.
Plötzlich sah ich einen kleinen schwarzen Punkt im Wasser. Ich steuerte darauf zu, und – tatsächlich – es war Romy, die da im Wasser mehr trieb als schwamm. Von Aufregung oder gar Hysterie gab es kein Anzeichen. Es war seltsam, sie lachte sogar, als ich auf sie zukam. Und mir wurde mit einemmal bewußt, was es mit dem Geräusch auf sich gehabt hatte.
Als ich auf ihrer Höhe ankam, ließ ich eine Leiter von der Reling und warf ihr Leine. Dabei rief ich ihr zu: »Romy, wie konnte das passieren, daß du aus dem Boot gefallen bist?«
Sie hielt die Leine im Wasser und erwiderte verwundert: »Ich bin nicht hineingefallen, mein lieber Daniel. Ich habe mich hineinplumpsen lassen – die Lust zu baden hat mich plötzlich überkommen, und ich habe ihr nachgegeben.«
Mich packte die Wut: »Was denkst du dir eigentlich? Was, wenn ich nicht darauf geachtet und dich verloren hätte? Du

wärst hilflos ertrunken, und ich hätte jede Menge Probleme gehabt zu erklären, warum ich dich mitten im Meer zurückgelassen habe. Verdammte Scheiße.«

Alptraumgedanken schossen mir durch den Kopf – ein von der Schiffsschraube zerfetztes Bein, ein vom Sturz bei voller Geschwindigkeit gebrochenes Rückgrat. Um sie zu verscheuchen, machte ich selber etwas Verrücktes. Ich sprang, noch in Straßenkleidung, zu Romy ins Wasser.

Der Sprung ins kalte Morgenwasser kühlte meinen Ärger. Ich schwamm auf Romy zu und fragte ein letztes: »Ist wirklich alles in Ordnung?«

Ganz behutsam kam sie mir näher, hängte sich an meine Schultern, umarmte und küßte mich dann.

Und mit jedem Kuß wiederholte sie zärtlich flüsternd: »Es ist alles in Ordnung. Ja, jetzt ist alles in Ordnung.«

Tochter prominenter Eltern

Ich parkte meinen Wagen vor Romys gemietetem Haus. Das war zwar ziemlich spektakulär, fiel aber in diesen Juli-Tagen von St. Tropez erstaunlicherweise niemandem auf. Abgesehen von Hausbesitzer Félix, der sich am Tag nach unserem Bootsabenteuer ziemlich erstaunt gab: »Also gestern abend«, meinte er anerkennend, »hätte ich noch geschworen, daß zwischen euch nichts läuft. Ich muß gestehen, daß ihr beide fabelhafte Schauspieler seid.« Von der Wagentype war Féfé, wie den Restaurantbesitzer alle nannten, offensichtlich nicht beeindruckt. Das störte mich auch nicht besonders. Schließlich hatte ich mir einen Porsche Targa 911E aus persönlicher Liebhaberei gekauft. Für mich war er wunderschön, aber er fiel eher in die Kategorie »optische Täuschung« – zehn Jahre alt, zum Okkasionspreis von 15 000 Franc erstanden. Schon mein Vater, dem ich ihn voller Stolz präsentierte, hatte nur mit einem müden Lächeln gemeint, die Okkasion wäre eher auf seiten des Verkäufers. Nie und nimmer sei dieses Vehikel auch nur 10 000 Franc wert. Aber ich war jung und überzeugt, daß ich es besser wußte als mein alter Herr.

Später, als meine Liaison mit Romy bekannt wurde, flüsterte man hinter vorgehaltener Hand, daß mir Romy diesen Wagen gekauft hätte. Reine Erfindung, wie alle anderen Geschichten von den teuren Autos, die sie mir angeblich geschenkt hatte. Diese Fahrzeuge wurden gekauft und wieder verkauft, entweder von mir allein oder aber, wie es unter Eheleuten üblich ist, gemeinsam – vom maronfarbenen Bentley bis zum geländegängigen Range Rover. Und keines dieser Fahrzeuge hatte je mehr gekostet als 40 000 Franc.

Der Porsche wurde in diesen zehn Tagen nur wenig bewegt. Unser Tagesablauf war vom »laissez vivre« geprägt – und von einer gewissen Monotonie, die uns süchtig machte. Ich kaufte das Frühstück, richtete das Boot her. Dann verbrachten wir den ganzen Tag auf See. Ganz allein im Salzwasser unter der Sonne, verliebt wie Teenager. Hunger befiel uns praktisch nie, obwohl wir uns sehr karg ernährten: Seeigel, Olivenöl, dazu kühler Rosé.

Abends aßen wir bei Picolette. Das waren die wenigen Augenblicke, in denen uns andere zu Gesicht bekamen. Ansonsten genügten wir einander voll und ganz.

In diesen Tagen hörte ich eine Geschichte, die vor mir vielleicht noch nie jemand in dieser Form gehört hatte – Romy erzählte mir ihr Leben. Ihre ganze, unglaubliche Geschichte, die schon in der Wiege mit der anziehenden und doch so verfluchten, mit der herrlichen und doch so gefährlichen Glitzerwelt des Filmgeschäfts zu tun hatte.

Es ist schon erstaunlich – obwohl sich beide Elternteile der kleinen Rosemarie Albach, die am 23. September 1938 in Wien das Licht der Welt erblickte, nicht eben fürsorglich um ihre Kinder bemühten, hing Romy mit einer großen Zuneigung an ihnen. Vor allem die Liebe zum Vater, der kaum für sie da war, erschien mir bemerkenswert. Romy hat ihn geradezu abgöttisch geliebt. Wolf Albach-Retty und Magda Schneider, ihre Mutter, waren ständig wegen Filmarbeiten unabkömmlich. Deshalb verbrachte Romy ihre Kindheit bei den Großeltern mütterlicherseits in Schönau bei Berchtesgaden. Maria und Franz Xaver Schneider zogen das Enkelkind bis zu seinem zehnten Lebensjahr im Haus Mariengrund auf.

1936 war es gekauft und im Jahr darauf fertiggestellt worden. »Sicher«, gab Magda Schneider später zu, »ist es meinen Eltern anfangs nicht leichtgefallen, von Augsburg nach Berchtesgaden zu übersiedeln. Trotzdem blieben sie dann für immer. Sie stellten ganz einfach ihre eigenen Wünsche hintan, um ihrem Kind zu helfen. Das taten sie vor allem, um sich des kleinen Wesens liebevoll anzunehmen, das ich in ihre Obhut gegeben hatte.« Also wuchs Rosemarie Albach in den bayerischen Alpen auf.

Wenn Romy, die, wie ich weiß, trotzdem einen hübschen österreichischen Akzent in ihrem Deutsch hatte, einmal nach Wien kam, dann nahm die Mutter sie gleich zu diversen beruflichen Verpflichtungen mit. So gesehen war es nicht weiter verwunderlich, daß das Mädchen beim Film landete, als es noch kaum vierzehn Jahre alt war.

Damit begann für Romy ein Leben voller Glanz und Glamour. Ein Leben, das stets auf den schwierigen Pfaden zwischen Filmstudios und Vermarktung stattfand. Für Romy gab es zeit ihres Lebens keinen Zweifel, daß es genau das war, was sie wollte. Ob es ein Fluch oder ein Segen war, darüber wage ich nicht einmal heute zu urteilen.
Sicher ist jedenfalls, daß Magda mit ihrer Tochter – der sie in großer mütterlicher Liebe verbunden war und umgekehrt – in Zeitungsserien und Büchern die Reklametrommel rührte. Die Archive sind voll davon, und auch nach Romys Tod schrieb Magda ihr öffentliches »Adieu« von der Tochter in der größten deutschen Tageszeitung. Magda stammte eben aus einer anderen Zeit und hat sich dabei seit Romys frühester Kindheit auch nichts Böses gedacht.
Bezeichnend ist da ein zufälliges Erlebnis des Wiener Medien-Tycoons Hans Dichand. »Ich bin Romy Schneider einmal auf der Mariahilfer Straße in Wien vor dem bekannten Kaufhaus Stafa begegnet«, erinnert sich der Verleger der Wiener »Kronenzeitung«, »sie war damals ein kleines Mädchen von vielleicht acht Jahren. Romy ist auf der Straße gestanden und hat Flugzettel verteilt, die einen dieser – in der Nachkriegszeit sehr beliebten – Bunten Abende ankündigten. Damit haben sich die Schauspieler ihr Geld verdient. Auch die ganz großen – denn die Filmindustrie florierte in der Nachkriegszeit nicht so sehr. Die Leute waren ganz hingerissen von dem lieben Mäderl und ich hab' sie tuscheln gehört, daß das die Tochter von Magda Schneider und Wolf Albach-Retty sei. Die beiden hatten damals ja immer noch

zwei klangvolle Namen. Ich hab' mir ein Programm genommen, und tatsächlich war Magda Schneider als Star des Abends in Riesenlettern angekündigt.«

Noch öfter als ihre Großeltern sah Romy damals ihr Kindermädchen Hedwig. »Deda« nannte sie – in kindlicher Phonetik des Wortes Schwester – jene Frau, die mit Abstand die meiste Zeit mit ihr verbrachte und auch penible Aufzeichnungen für Mutter Magda darüber führte, welche Fortschritte die kleine Rosemarie machte. Sitzen und knien, der erste Zahn – alles war fein säuberlich in wunderschöner Schreibschrift festgehalten worden. Deshalb wußte Romy zeit ihres Lebens auch jenen Tag, an dem sie die ersten Schritte unternommen hatte. Es war der 4. Juli 1939.

Romy wuchs in den ersten zehn Lebensjahren wie ein Mädchen vom Land auf. Wenn, was selten genug vorkam, der Vater einmal allein in Mariengrund vorbeischaute, dann war sie ganz selig vor Glück, und Deda schrieb auf, wie wild es die beiden trieben. Sie tobten durch das Haus, und kein Inventar, kein Mobiliar, nicht einmal die Sommergarderobe der Mama war vor den wilden Eskapaden der beiden sicher. Romy war eigentlich, so hatte sie es zumindest in Erinnerung, ein typisches Mädchen. Sie wollte am liebsten mit Puppen spielen und unter Gleichaltrigen sein. Aber der Zufall wollte es, daß in der Nachbarschaft mehr Buben als Mädchen waren. So blieb ihr nichts anderes übrig, als sich den etwas rauheren Sitten zu fügen und eine, für ein Mädchen, ziemlich ungewöhnliche Durchsetzungskraft zu entwickeln. Auch ihrem Bruder Wolfdieter, genannt Wolfi, gegenüber, der vier Jahre jünger war und von ihr bis aufs Blut gereizt wurde. Zwar hat er sich bisweilen dagegen gewehrt, aber lange Zeit war gegen Romys Tyrannei kein Kraut gewachsen.

Romy und Wolfi waren, so erinnerte sich Magda an die gemeinsame Kindheit der beiden, manchmal wie Hund und Katz', im nächsten Augenblick aber wieder ein Herz und eine Seele. Irgendwie haben sich die beiden in ihrer Berchtesgadener Jugendzeit im wahrsten Sinne des Wortes zusammengerauft und sind schließlich zu einem tief verbundenen Geschwisterpaar geworden. Nur manchmal, so schien es, beschwor Romy die alten Zeiten der Tyrannei.

Ich erinnere mich nur zu genau an eine Geschichte, die uns im Herbst 1975 in die Schlagzeilen der deutschen Zeitungen gebracht hat. Natürlich stand ich als Prügelknabe im Mittelpunkt der Sensationsstory, bei der ich in eine Situation verwickelt wurde, die mich, nicht ganz zu Recht, in ein schiefes Licht brachte: Daniel Biasini, Lebensgefährte von Romy Schneider, wurde bei einem amourösen Abenteuer in Salzburg ertappt – so oder so ähnlich waren die Schlagzeilen gewesen.

Das ist bekannt.

Hier will ich erstmals erzählen, wie es wirklich gewesen ist. Denn diese Geschichte veranschaulicht eindrucksvoll, daß Romy mit ihrem Bruder auch später noch gemacht hat, was ihr gerade in den Sinn kam. Der tiefen, gegenseitigen Zuneigung hat das trotzdem nicht geschadet.

Wir waren also damals bei Magda zu Besuch. Wolfi war ebenfalls mit seiner Frau in Schönau. Eines Tages schlug er vor, daß wir mit meinem Wagen eine Spritztour nach Salzburg und einen, wie er es nannte, »Herrenabend« einlegen sollten. Romy fand das eine lustige Idee und hatte nichts dagegen einzuwenden. Also fuhren wir nach Salzburg, und dort war jede Menge los. Wir starteten in einer Disco und waren sehr schnell sehr gut drauf. Plötzlich hatte Wolfi zwei Mädel im Schlepptau, und aus unserer für Mitternacht vorgesehenen Rückkehr wurde nichts. Der »Herrenabend« endete feuchtfröhlich und frühmorgens sehr abrupt – durch eine Salzburger Polizeistreife. Die Beamten kontrollierten mich und meine Begleiterin, weil wir es uns im Fond meines Wagens gemütlich gemacht hatten. Das Mädchen war kein Kind von Traurigkeit, zog alle Register, um auf die Titelseiten der Sensationspresse zu gelangen.
Nach Schönau am frühen Morgen zurückgekehrt, kam uns Romy schon an der Haustür wütend entgegen. Sie fackelte nicht lange, holte aus und – gab ihrem Bruder eine schallende Ohrfeige.
Damit war für sie der Fall erledigt. Zwei Jahre später, als wir mit Wolfi einen Urlaub am Mittelmeer verbrachten, haben wir gemeinsam darüber gelacht.
Die Kindheitsidylle von Mariengrund war für Romy mit Beendigung der Volksschulzeit vorbei. Nach vier Jahren Volksschule kam sie zuerst in ein Internat bei Gmunden am Traunsee, nur kurze Zeit später – weil es für Magda zu umständlich war – übersiedelte Romy in das Internat auf

Schloß Goldenstein bei Salzburg. Das war der Ableger eines englischen Ordenshauses, das von geistlichen Schwestern geführt wurde. Glücklicherweise hielt sich die Zahl der Schülerinnen in Grenzen, so daß sich die Lehrerinnen jeder einzelnen Schülerin ausgiebig widmen konnten. Das war bei Romy, die als Schülerin keine große Leuchte war, auch im höchsten Maße angebracht. In Mathematik, aber auch in den »Hausfrauenfächern« wie Kochen, Stricken und ähnlichen anderen Handarbeiten gab es immer wieder Ermahnungen, weil sie einfach ein zu unruhiger Geist war. Quecksilbrig und zappelig war sie nur dann nicht, wenn sie etwas faszinierte, wie beispielsweise Geschichte und alle musischen Gegenstände. Magda soll richtiggehend erleichtert gewesen sein, als sich Romys besondere Begabung im Bemalen von Keramik und Holztellern herausstellte. Schon als Kind schuf sie Ornamente, die von ihrer Thematik her an den Orient erinnerten, und auch Muster, die ihre Wurzeln in der oberbayerischen Volkskunst hatten. Aber es waren stets Produkte ihrer eigenen Phantasie: Vasen, Teller, Schalen, die heute in jedem Antiquitätenladen verkauft werden könnten. Magda bewahrte sie alle, soweit es ging, im Haus Mariengrund auf.

Beinahe hätte sie das, so hat mir Romy erzählt, als wir eines Tages auf den Spuren ihrer Kindheit zwischen Bayern und Salzburg wandelten, auch wirklich zu ihrem Beruf gemacht. Wäre es eine schreckliche Vorstellung, wenn Romy die Unbedarftheit ihrer Kindheit ohne die Scheinwelt des Films weiterentwickelt hätte? Wenn sie heute vielleicht irgendwo in diesem ländlichen Raum unbeschwert und ausgeglichen als Keramik- und Holztellermalerin leben würde?

Wer kann das schon sagen.

Ich glaube nur eines zu wissen – die tiefe innere Sehnsucht nach dem einfachen Leben auf dem Land, die bei Romy immer wieder zum Durchbruch kam, hat sie aus dieser scheinbar unbeschwerten Zeit mitgenommen.

Trotzdem wäre es falsch zu behaupten, daß in Romys kindlichem Herzen nicht schon der Wunsch geschlummert hätte, es den Eltern nachzutun und Schauspielerin zu werden. Im Internat und daheim, so erzählte mir Romy, hätte sie nie darüber gesprochen. In Goldenstein hätte das die Präfektin – Mutter Theresa war offensichtlich eine warmherzige, aber strenge Schulleiterin – nicht geduldet, und auf Mariengrund galt es als ungeschriebenes Gesetz. Klar, daß Vater und Mutter bei ihren recht seltenen Besuchen nicht über das Geschäft sprechen wollten. Ich glaube aber auch aus eigenen Beobachtungen schließen zu können, daß das Magda nicht so unrecht war. Vielleicht sah sie – wie jede Diva, die ein wenig in die Jahre kommt – in der talentierten Tochter eine Konkurrentin. Und sei es nur ganz tief in ihrem Unterbewußtsein gewesen.

Talentiert war Romy schon als Kind. An einem Nachmittag unserer ganz jungen Liebe – wir kreuzten weit draußen im Meer – hat sie aus einer plötzlichen Laune Goethes *Faust* deklamiert. Ich war erstaunt, daß sie den vielen Text aus ihrer Jugendzeit noch im Gedächtnis behalten hatte. Im Internat war der Mephisto ihre erste Rolle gewesen, mit der sie öffentlich aufgetreten war. Lange Zeit hatten die Eltern keine Ahnung davon. Denn, wie gesagt, auf Mariengrund war die Schauspielerei ein Thema, über das nicht gesprochen wurde. Auch in den Jahren nach dem Krieg nicht, als sich Magda Schneider von ihrem Ehemann scheiden ließ. Ich glaube, daß Romy mehr unter dieser Scheidung gelitten hat, als es ihrer Mutter bewußt war. Sie meinte, daß ihr zweiter Ehemann Hans Herbert Blatzheim für ihre Kinder »wie ein Felsen in der Brandung und eine Art väterlicher Freund gewesen sei«. Und Magda glaubte auch in ihrer bisweilen fast kindlichen Naivität zu bemerken, daß der wirkliche Vater »ganz allmählich und unmerklich aus dem Leben meiner Kinder verschwand«. Das war – zumindest was Romy betrifft – ein absoluter Trugschluß. Zwar hatte sich Wolf Albach-Retty, wie schon erwähnt, bei seinen Kindern ziemlich rar gemacht, aber allein die Art und Weise, wie Romy über ihren Vater sprach, deutete eher darauf hin, daß sie eigentlich sehr zärtliche Gefühle und großes Verständnis für ihn empfand. Als erwachsene Frau ohnehin, aber auch als Kind. Selbst als ihre Eltern lange Jahre geschieden waren, schrieb sie noch schwärmerische, backfisch-stolze Erinnerungen in ihr Tagebuch, dem sie sogar einen Namen gegeben hatte. Es hieß »Peggy«. Frappierend war, daß sie schon als vierzehnjähriger Teenager diesen seltsamen Stil gepflegt hatte, den sie auch später beibehielt. Sie hatte die Angewohnheit, sich einem leeren Blatt Papier von allen möglichen Seiten zu nähern. Von rechts, von links, von oben und von unten kritzelte sie ein solches Blatt voll. Mit gezeichneten Rahmen, dicken Unterstreichungen, wenn ihr etwas besonders wichtig war, Beifügungen, Ausrufezeichen und verschlungenen Linien nahm sie sich eines Themas an. Darin konnte man genau Freude und Leid, Ärger und Stolz, Liebe und Trauer ablesen.

Auf Wolf Albach-Retty, ihren Vater, war sie – ganz im Gegensatz zu Magda Schneiders öffentlichen Beteuerungen – ziemlich stolz. Fesch war er, das hat sie immer wieder unterstrichen, und lieb war er zu ihr. Kurz vor seinem Tod hat ihn die – erwachsene – Tochter noch einmal besucht. Mit Tränen der Rührung in den Augen und einem sanften Lächeln hat Romy registriert, daß sie ihn erst sehen durfte, nachdem er sich mühsam in seinem Krankenbett das Haar gekämmt und kerzengerade aufrecht gesetzt hatte. »Wenn er ein bißchen älter geworden wäre«, hat sie mir einmal versichert, »ich glaube, dann hätten wir zwei ein ziemlich inniges Verhältnis zueinander gefunden.«

Ganz im Gegensatz dazu stand ihr Stiefvater Hans Herbert Blatzheim, den Magda, nicht aber Romy, am liebsten »Daddy« nannte. Ihn hat sie nicht gemocht, seit er ihr erstmals im Haus Mariengrund begegnet war. Romys Mutter hat das in ihrem tiefsten Inneren zwar wohl gewußt, sich aber nie eingestehen wollen.

Für Hans Herbert Blatzheim mag es vielleicht umgekehrt gewesen sein. Denn der Prototyp des deutschen Wirtschaftswunder-Mannes übernahm ab dem Jahr 1953 die Geschäfte einer »Goldader«, die Magda im losen Gespräch mit einem Filmproduzenten aufgetan hatte. Und diese Goldader hieß

Romy Schneider. Denn Magda Schneider antwortete bei den abschließenden Vertragsverhandlungen auf eine eher beiläufige Frage vor den Dreharbeiten zu *Wenn der weiße Flieder wieder blüht* belustigt: »Ob ich eine Tochter habe? Ich habe sogar zwei Kinder – einen Sohn und eine Tochter.« Filmproduzent und Regisseur wurden neugierig und ließen Romy am 16. Juli 1953 zu Probeaufnahmen nach München kommen. Und die Filmleute, nach den Drehbuchvorgaben noch auf der Suche nach einer geeigneten Filmtochter für Magda Schneider, waren endlich fündig geworden.

Mehr noch – schon nach den Probeaufnahmen war man hellauf begeistert.

Eine ähnliche Begeisterung zeigte auch das Publikum. Der Startschuß zu einer außerordentlich bemerkenswerten deutschen Filmkarriere war gefallen.

Die nächste Rolle ließ nicht lange auf sich warten – ein paar Wochen nach dem *Weißen Flieder* kam ein neues Filmangebot. Bei *Feuerwerk* hatte »Daddy« Blatzheim seine geschickten Managerhände noch nicht im Spiel, aber er zog schon in Gedanken die Fäden im Hintergrund.

Romy machte das wenig zu schaffen, sie war ein ganz unbekümmerter Teenager, den andere Sorgen plagten. Sie machte sich Gedanken um ihren ersten Filmkuß.

Der deutsche Schauspieler Claus Biederstaedt sollte – laut Drehbuch – derjenige sein, mit dem Romy ihren ersten Filmkuß zu tauschen hatte. Den ersten von unzähligen anderen, die danach noch folgen sollten. Ich bin felsenfest davon überzeugt, daß Romy ihre unschuldige, schüchternliebliche Art, die sie in ihren Sissi-Jahren auch auf der Filmleinwand erkennen ließ, ihrem Publikum unauslöschlich vermittelt hat. Und wie das mit Schauspielern und einem einmal erworbenen Image ist, davon wissen viele Publikumslieblinge bis in unsere heutigen Fernsehtage ein Lied zu singen. Insofern waren Teile ihres Publikums später natürlich ratlos, wenn sie Romy in Rollen wie in *Trio Infernal* sahen.

Es ist ein interessanter Vergleich, wenn man Romys geheime Tagebuchaufzeichnungen vor dem ersten Filmkuß liest und ihn mit ihren Überlegungen in den späteren Schaffensperioden vergleicht. »Ich werde nie vergessen«, vertraute sie am 20. Mai 1954 ihrem Tagebuch Peggy an, »daß ich früher immer, wenn ich im Kino saß und auf der Leinwand wurde eine Liebesszene gespielt, daß ich da immer die Augen zugemacht habe, weil es mir peinlich war. Dann habe ich schon mal hingeschaut – später, weil ich neugierig war. Aber irgendwie habe ich immer gedacht: das gehört doch gar nicht dahin. Das ist doch wirklich etwas, was zwei Menschen ganz allein angeht. Nur die beiden, die es betrifft – sonst niemand. Und heute, heute mußte ich nun plötzlich selbst vor der Kamera so tun als ob. Vielleicht, ich weiß nicht, wenn man so zehn Jahre beim Film ist oder noch länger, so wie Marlene Dietrich zum Beispiel und Stewart Granger. Und wenn Stewart Granger Marlene Dietrich dann in den Arm nimmt und richtig küßt oder wenn sie auch nur so tun als ob, dann kann Marlene Dietrich vielleicht hinterher in ihre Garderobe gehen und sich abschminken und in den Wagen setzen, nach Hause fahren und eine Schweinshaxe essen und nicht mehr daran denken. Ich, ich kann das einfach nicht!!!«

Ich behaupte, daß Romy dieses kindliche Denken tief in ihrem Inneren wahrscheinlich nie richtig verarbeitet hat. Freilich, mag man nun einwenden, ein verschämter Backfisch-Filmkuß in den Fünfzigerjahren war gegen die gewagten Szenen, die sie später zu drehen hatte, von einer geradezu lächerlichen Harmlosigkeit. Aber das war ein anderer, ein erwachsener, Mensch, vor allem aber eine andere Künstlerin mit einer sehr heutigen, sehr professionellen Haltung ihrem Beruf gegenüber.

Bei *Trio Infernal* hat sie unüblich lange darüber nachgedacht, ob sie die Rolle der Philomena Schmidt neben ihrem Lieblingspartner Michel Piccoli annehmen sollte. Aber als sie sich dafür entschlossen hatte, hatte sie sich mit allen darstellerischen Konsequenzen dafür entschieden. Es kostete sie große innere Überwindung, die berühmt-berüchtigte Szene, in der sie sich selbst befriedigen muß, zu drehen. Aber sie zog das durch, weil sie eine unerbittliche Professionalität und ein ebensolches Verständnis für ihren Beruf aufgebaut hatte. Deshalb ist in ihren wenigen Interviews in den Siebzigerjahren ein Satz ständig aufgetaucht: »Das Publikum«, wiederholte Romy immer wieder, »muß begreifen, daß keine meiner Rollen, die ich je dargestellt habe, etwas mit der Wirklichkeit des Menschen Romy Schneider zu tun hat.«

Marlene Dietrich

Ihren ersten Filmkuß hat Romy in lebhafter Erinnerung behalten. Schließlich war es ja gleichzeitig ihr erster wirklicher Kuß. Claus Biederstaedt, ihren Filmpartner in *Feuerwerk,* hat die fünfzehnjährige Romy auch außerhalb der Filmstudios sehr sympathisch gefunden. Es war ja keine geringe psychologische Hürde für Romy, die noch ein halbes Kind war, Intimitäten vor der Kamera auszutauschen.
Vor der bewußten Szene war Biederstaedt in Romys Garderobe gekommen, wo gerade der Maskenbildner seine Arbeit verrichtete. Ziemlich aufgeräumt soll Claus gewesen sein und ebenso laut. Das läßt auf eine gewisse Nervosität seinerseits schließen, aber auch auf eine recht gute psychologische Vorbereitung. Er tat so, als ob die kommende Szene nicht wirklich bedeutend wäre: Anna, die Fabrikantentochter, mußte Robert, den Gärtner, laut Drehbuch küssen. Biederstaedt hänselte sie und fragte schelmisch: »Na, Romy, hast du deine Szene gelernt? Und hast du auch ordentlich geübt?« Später gestand sie, daß sie zuerst rot wurde. Das konnte man unter dem Make-up glücklicherweise nicht

sehen. Ihr Lachen über die Witzchen des Partners unterdrückte sie allerdings nicht. Und sie sah die Sache positiv: »Jedenfalls hatte ich gar keine Zeit, das Ganze peinlich zu finden.«

Regisseur Kurt Hoffmann hatte seinen jungen Darsteller, der aber doch um einige Jährchen älter war als seine Partnerin, offensichtlich bis ins Detail vorbereitet. Er selbst ging noch einen Schritt weiter, um ihr das Lampenfieber zu nehmen. »Denn ich konnte mein Herz bis zum Hals hinauf schlagen hören«, erinnerte sich Romy, »so aufgeregt war ich.« Deshalb schlug der Regisseur vor, daß sich die beiden »nur einmal zur Probe« vor der Kamera küssen sollten. Also küßten sie einander. Immer und immer wieder. Und die Leute im Studio feuerten sie dabei lautstark an: »Küssen, küssen!!« So lange, bis der Regisseur rief: »Danke, das reicht uns. Ganz wunderbar, wir haben alles im Kasten.«

Feuerwerk war für Romy das Sprungbrett zur *Sissi*-Trilogie. Aber vorher lagen noch drei andere Filme. Nur ein paar Wochen nach den Dreharbeiten mit Kurt Hoffmann kam das Angebot für ihre erste Hauptrolle. In *Mädchenjahre einer Königin* sollte sie die junge Victoria von England spielen. Der Film wurde in Wien gedreht, und Romy feierte ihren sechzehnten Geburtstag in den berühmten Sieveringer Ateliers. Während der Drehpause hatte Magda Schneider ein Riesenplakat mit Glückwünschen anfertigen lassen. Auf ihr Kommando schwebte es dann plötzlich aus der Dekoration. Auf einem Gabentisch standen viele Geschenke – Anhänger für ihr Bettelarmband, das sie als Mädchen so geliebt hat, eine rubinbesetzte Puderdose und allerlei anderer Schnickschnack. Im Hintergrund drehte sich eine schwarze Scheibe auf dem Plattenteller mit Romys Lieblingsmelodie: das Harry-Lime-Thema aus dem Film *Der dritte Mann*.

Wien war damals ihre ganz große Liebe. Sie mochte die Mentalität der Menschen in ihrem Geburtsort, die so ganz anders war als die deutsche. Sie liebte die Hotels dieser Stadt, vom eleganten »Ambassador« auf der Kärntner Straße bis zum weltberühmten »Hotel Sacher« hinter der Oper. Sie war süchtig nach dem »Demel« mit seinen exquisiten Süßigkeiten, von denen sie nach ihrem Geschmack viel zu wenig naschen durfte – was für sie einem ersten Tribut an das Filmgeschäft gleichkam.

Eine ganz eigene Anziehungskraft übten auf sie die nicht minder berühmten Heurigenlokale in den eleganten Grünbezirken Wiens aus. Dort kam sie eines Abends bei einer Einladung gleich doppelt auf ihre Rechnung. Anton Karas, Heurigenwirt und Künstler, hatte sie eingeladen. Der Komponist und Zitherspieler hatte die Musik zum *Dritten Mann* komponiert. Klar, daß Karas im Lokal live ein verspätetes Dacapo zu ihrem musikalischen Geburtstagsgeschenk geben mußte. Und als Draufgabe erzählte er noch von den Dreharbeiten mit Joseph Cotten und Orson Welles. Wobei Romys Hauptinteresse Orson Welles galt. Diesem genialen Darsteller, den sie schon als halbes Kind ehrfürchtig bewundert hatte und mit dem sie nur sechs Jahre später bereits einen Film drehen sollte – die Kafka-Verfilmung *Le procès/Der Prozeß*.

Orson Welles hat Romy von allem Anfang an als gleichberechtigte Gesprächspartnerin ernst genommen. Das machte sie zuerst sehr stolz, später auch ein wenig unglücklich. Denn die künstlerische Achtung, die ihr der geniale Welles entgegenbrachte, vermißte sie bei den Kritikern und ihrem Publikum. Das *Sissi*-Image haftete lange Zeit an ihr wie Superkleber. »Ich habe mit Orson Welles nicht nur gedreht, sondern er hat mich auch als ernsthaften Partner akzeptiert. Das Publikum will das offensichtlich nicht wahrhaben«, klagte sie immer wieder ärgerlich,« auch zwanzig Jahre nach *Sissi* sprechen mich die Leute nur auf die Filme an, die ich als Teenager gedreht habe.«

Wie ernst Orson Welles die junge Romy genommen hat, beweist eine kleine Anekdote vom Set des *Prozeß*-Films. Dort hatte er sich in den ersten Tagen mit seinen Darstellern von Jeanne Moreau bis zu Anthony Perkins zusammengesetzt und mit ihnen den Text des Drehbuchs gelesen. Nur für die Rolle des Anwalts fehlte Welles, der sich geschworen hatte, nie wieder vor die Kamera zu treten, der entsprechende Schauspieler. Also las er diesen Part vorerst selbst. Ein paar Tage später schlug ihm Romy vor: »Warum noch lange nach einem geeigneten Schauspieler suchen, wenn wir ohnehin den besten dahaben. Spielen Sie diese Rolle doch gleich selbst. Ich wüßte auf der ganzen Welt keinen besseren.«

Zuerst erntete Romy Mißmut für ihren Vorschlag, schließlich aber kam doch die Zustimmung – Orson Welles brach seinen Vorsatz und trat neben seiner Tätigkeit als Regisseur auch wieder vor die Kamera.

Die Moreau und Perkins hatten erstaunt die Augenbrauen hochgezogen, als die damals vierundzwanzigjährige Romy es wagte, dem großen alten Mann in künstlerischen Angelegenheiten Ratschläge zu geben. Aber wahrscheinlich hatte Romy durch ihre erste Begegnung mit dem Altmeister in dem Pariser Künstlerlokal »Elysées Matignon« – noch vor Beginn der Dreharbeiten – jegliche Scheu verloren. Orson Welles hatte mit Marlene Dietrich das Lokal betreten und war von Romy vom ersten Augenblick an fasziniert. Immer wieder blickte er von seinem Tisch zu ihr hinüber, die dort mit Alain Delon und Freunden saß. Obwohl Romy wußte, daß es sich um ihr Idol handelte, war der Blickkontakt an diesem Abend die einzige Begegnung der beiden. »Ich hielt es einfach für unhöflich«, meinte sie später, »zu ihm hinzugehen und ihn zu stören. Schließlich war er ja ganz privat.«

Unsinnig sind die Behauptungen, Marlene Dietrich sei darüber ungehalten gewesen, daß Orson Welles nur Augen für die junge Romy Schneider gehabt hätte. Im Gegenteil, ich weiß, daß die Dietrich und Romy einander sehr gemocht haben, wenngleich sich die Begegnungen der beiden in Grenzen hielten. Aber die Dietrich war ja in ihrem Pariser Exil bereits auf dem Weg zur selbstgewählten Isolation, die später ihren Mythos noch geheimnisvoller und unergründlicher machen sollte. Trotzdem hatte ich einmal die Gelegenheit, ein Treffen der beiden mitzuerleben.

Es war Mitte der Siebzigerjahre, und es war sehr seltsam. Ich hatte mit Romy in der »Orangerie« zu Abend gegessen, und wir waren sehr vergnügt. Plötzlich betrat Marlene Dietrich den Raum. Ihr Auftritt, ihre Kleidung, die etwas geheimnisvolle Aufmachung – alles erinnerte ein wenig an Gloria Swansons großartige Rolle in Billy Wilders Meisterwerk *Sunset Boulevard*. Die beiden Damen, die Orson Welles noch während der *Prozeß*-Dreharbeiten bekannt gemacht hatte, begrüßten einander stumm, aber freundlich mit einem angedeuteten Kopfnicken.

Als sich die Dietrich der Bedienung zuwandte, hob Romy an unserem Tisch zu einer Laudatio auf den deutschstämmigen Hollywood-Star an. In verklärten Worten lobte sie ihre große Schauspielkunst. Als sie geendet hatte, nahm sie spontan eine ihrer neugekauften Goldketten vom Hals und steckte sie in ein Kuvert. Romy liebte Goldketten, trug sie am liebsten gleich im halben Dutzend um den Hals. Einem rasch herbeigeeilten Kellner gab sie das Kuvert – auf das sie noch ein paar Worte geschrieben hatte – mit dem Auftrag, es an den Nebentisch zu Marlene Dietrich zu bringen. Mit einem Nicken bedankte sie sich und lud uns ein, an ihrem Tisch Platz zu nehmen. Die beiden Frauen unterhielten sich etwa zwei Stunden lang, als ob niemand anderer anwesend wäre. Dann verabschiedete sich Marlene Dietrich und bat mich bei der Gelegenheit, sie zu ihrer Wohnung zu begleiten. Sie hätte etwas für Romy, das ich ihr noch am selben Abend bringen müßte. Also folgte ich ihr in die Avenue Montaigne. Dort angekommen, bot sie mir einen Sherry an und gab mir, fein säuberlich in ein Etui verpackt, die Goldkette mit, die ihr Romy geschenkt hatte. »Es gehört sich nicht«, sagte sie, »daß ich ein Geschenk von ihr annehme. Vielmehr müssen Sie ihr ein Geschenk von mir mitbringen.« Sprach's und verpackte in einem zweiten Etui eine andere Goldkette für Romy.

Etwas konsterniert verabschiedete ich mich und fuhr zurück in die »Orangerie«. Romy lächelte nur und nahm beide Goldketten an sich. Soviel ich weiß, hat sie die beiden Schmuckstücke stets bei sich getragen. Mehr habe ich über das doch etwas rätselhafte Verhalten der beiden Frauen nie herausbekommen. Ich glaube aber nicht, daß es darauf schließen läßt, daß zwischen Romy Schneider und Marlene Dietrich mehr gewesen wäre als gegenseitige Hochachtung und künstlerische Verehrung. Denn abseits von allen schmierigen Andeutungen und Spekulationen, die in nahezu allen Romy-Werken nachzulesen sind (wahrscheinlich, weil einer vom anderen abgeschrieben hat), hatte sie als erfolgreiche Schauspielerin mit Sicherheit keine Frauen-Affären.

»Ich habe es zweimal mit Frauen ausprobiert«, hat sie mir einmal gestanden, »das war aber schon in ganz jungen Jahren und eigentlich nur aus reiner Neugierde. Rein erotisch hat es mich nie wirklich gereizt.« Von Simone Signoret, um nur eine von jenen zu nennen, die immer wieder in Andeutungen zu diesem Thema vorkommen, war Romy in Wahrheit nur künstlerisch fasziniert.

Es ist schon erstaunlich, wie sehr Romy bereits als Sechzehnjährige bedeutende Film- und Theaterleute weit über ihren *Sissi*-Erfolg hinaus faszinierte. Es war da ein eigener

Magnetismus, der auch auf große Künstler seine Wirkung nicht verfehlte. Der deutsche Schauspieler, Regisseur und Theaterintendant Gustaf Gründgens beispielsweise hatte sich im November 1954 in Taormina auf Sizilien einen Nachmittag für sie Zeit genommen und mit der jungen Schauspielerin Bühnenprojekte erörtert. Aus einem gewissen Gefühl heraus, daß da ein künstlerisches Kleinod mit ungeheurem Charisma heranwachse. Ähnlich muß wohl der große Luis Buñuel empfunden haben, der Romy – zwei Jahre nach ihrem Treffen mit Gründgens – ein Angebot machte, obwohl er sie nur von der Filmleinwand her kannte. Er bot ihr für den Film *Der Tod in diesem Garten* eine wichtige Rolle neben Simone Signoret und Charles Vanel an. Schweren Herzens mußte Romy aus Termingründen absagen.

Der nicht minder bedeutende Fritz Kortner war dann vier Jahre später erfolgreicher. Er verpflichtete Romy für eine antike Komödie – die TV-Fassung der *Lysistrata* des Aristophanes fand aber wenig Beachtung. Zu Recht, wie Kortner und Romy später unisono den etwas verunglückten Einstieg bestätigten. Und daß der große Luchino Visconti Romy als seine geistige Ziehtochter betrachtete, habe ich ja schon an anderer Stelle beschrieben. Als unsere Tochter Sarah in einem ähnlichen Alter war wie Romy während ihrer *Sissi*-Dreharbeiten in Wien, bin ich mit ihr in die österreichische Metropole an der Donau gefahren. Ich habe mit Sarah jene Orte besucht, die ihre Mutter in dieser Stadt so geliebt hat.

Dieser einwöchige Urlaub wurde übrigens auch fotografisch festgehalten. Die Bilder davon wurden weltweit verkauft. Wie schon ein paar andere Reportagen zuvor. Zynisch hatte man, wie schon so oft, wieder einmal gemunkelt, daß »der Biasini nicht einmal davor zurückschreckt, die eigene Tochter zu vermarkten«.

Das ist jetzt die passende Gelegenheit, ein für allemal festzuhalten, warum Sarah und ich das tatsächlich getan haben.

Als Sarah sieben Jahre alt war, kam sie eines Tages weinend von der Schule nach Hause. Was war geschehen? Paparazzi-Fotografen hatten ihr vor der Schule aufgelauert und sie gezwungen, für diverse Motive zu posieren – mit Schultasche, ohne Schultasche, mit ihren Schulheften vor der Schule, ohne Schulhefte an einer Blume riechend und ähnliches mehr. Ich habe damals sofort einen Anwalt beauftragt, mit Klagen vorzugehen. Aber der Jurist, ein kluger Kopf, hat mich – gegen seine Interessen – gewarnt: »Sie werden recht bekommen, Herr Biasini, das steht außer Zweifel. Aber Sie werden damit nicht das Problem lösen. Die Paparazzi werden immer wieder kommen, weil das ihr Geschäft und die Preise für Fotos von Sarah Biasini noch mehr anheizt. Also wäre es doch klüger, anders vorzugehen und denen ihr Geschäft zu vermasseln.«

Ich begriff schnell, und wir entwickelten einen Plan. Seither habe ich eine Fotostory pro Jahr an ein Magazin – zumeist »Paris Match« – oder eine Agentur vergeben, die uns ein einmaliges Honorar bezahlten und dafür die Wiederverwertungsrechte bekamen. Nebenbei sind wir dadurch kostenlos an die schönsten Urlaubsplätze dieser Welt gekommen, und ich habe die Honorare für Sarah auf ein Sperrkonto legen lassen. Damit habe ich zweierlei erreicht: Sarah wird mit vierundzwanzig über ein stolzes Guthaben verfügen, das sie auch benötigen wird. Ihr Erbteil von Romy sind Erinnerungen. Sonst hat ihr die Mutter nichts hinterlassen. Außerdem sind Sarah und ich seither von Paparazzi-Aktionen verschont geblieben. Denn die alljährlichen Foto-Shootings von Sarah, die für alle Medien jederzeit erhältlich sind, machen natürlich Paparazzi-Fotos praktisch wertlos.

Doch zurück zu Romy. Geld hatte sie Mitte der Fünfzigerjahre noch immer keines gesehen. Ich meine wirkliches Geld, wie man es angesichts der nun schon dritten bedeutenden Filmrolle hätte annehmen können. Es war geradezu rührend, was Romy zu diesem Zeitpunkt in ihr Tagebuch eintrug: »Ich glaube, daß ich Mammi um mehr Taschengeld bitten sollte.«

Delon und Visconti

Es ist erstaunlich, daß sich Romy bereits mit achtzehn Jahren künstlerisch zu wehren begann. Sie wollte keinen zweiten Teil von *Sissi* drehen. Aber »Daddy« Blatzheim hatte schon genügend Einfluß nach innen und nach außen, um sich über ihre Wünsche hinwegzusetzen. Diese Machtposition nützte er bis in die Sechzigerjahre, bis er im vierten *Sissi*-Anlauf ein für allemal scheiterte. Romy ließ sich nicht einmal durch die eine Million D-Mark, die er ihr als Fixum zusicherte, beeindrucken. Wahrscheinlich hat ihr schon allein beim Gedanken an *Sissi 4* gegraut.

Zum Geld hatte sie auch in diesen Tagen keine besondere Einstellung, sieht man einmal davon ab, daß ihr Alain Delon während ihrer spektakulären, intensiven sechsjährigen Beziehung ein beträchtliches Mißtrauen gegen den ungeliebten Stiefvater eingeflößt haben muß.

Mehr als für ihr Geld hat sich die Achtzehnjährige langsam, aber sicher für junge Männer zu interessieren begonnen. Wobei es auch da gilt, zwischen Erfundenem und Tatsächlichem zu unterscheiden.

Wahr ist, daß es zwischen Romy und ihrem jungen Kaiser aus den *Sissi*-Verfilmungen, also Karlheinz Böhm, nie eine Affäre geschweige denn eine Romanze gegeben hat. Im Gegensatz zu diversen öffentlichen Beteuerungen anderer hatte Romy keine sehr hohe Meinung von ihrem Filmpartner, der ihr auch als Mann nicht besonders gefallen hat.

Unwahr ist, daß es zwischen Romy und dem dreifachen Ski-Olympiasieger Toni Sailer eine heiße Romanze gegeben hatte, wie es im Fasching 1956 von diversen Zeitungen und Zeitschriften kolportiert wurde. Sie hat Sailer zweimal getroffen, und beide Begegnungen mit dem Goldmedaillengewinner aus Kitzbühel waren so nett und harmlos wie der damals etwas unsichere Naturbursche selbst – wenn man davon absieht, daß bei beiden Gelegenheiten Pressefotografen anwesend waren, die aus einer Mücke einen Elefanten machten. Fast fühlt man sich ja in heutige Zeiten versetzt. Oder würde sich eine Schlagzeile »Olympia-Sieger wegen Filmstar auf der Verliererstraße« nicht gut verkaufen?

Wahr ist dagegen Romys Love-Story mit einem jungen Kollegen, die nie so recht an das Licht der Öffentlichkeit gelangte. In Horst Buchholz war sie erstmals richtig schwer verliebt. Und mit einiger Sicherheit war ihr blutjunger Filmpartner aus *Robinson soll nicht sterben* und *Monpti* der erste Mann in Romys Leben.

Aber die Rebellion kam erst ein Jahr danach – in Begleitung einer Rolle, einer typischen Romy-Rolle. Schnitzlers *Liebelei* stand in einer französisch-deutschen Co-Produktion zur

Neuverfilmung an. Und neben dem süßen Wiener Mädel, das dem Film auch seinen Titel *Christine* gab, stand ein junger, fabelhaft aussehender Rebell an ihrer Seite: Alain Delon, ein noch wenig bekannter französischer Schauspieler, für den die schmucke k. u. k.-Leutnantsuniform im wahrsten Sinne des Wortes bloße Verkleidung war. Denn in Wirklichkeit war der schwarzhaarige Bursche ein Revoluzzer, der sich durch nichts und niemanden beeinflussen lassen wollte. Einer, der am liebsten in Blue jeans und Sporthemd zum Set kam. Einer also, der so ziemlich das Gegenteil von dem war, was Romy als behütete und verwöhnte Tochter aus gutbürgerlichem Milieu darstellte.

Als Wolf im Schafspelz hatte Romy ihn zum erstenmal auf dem Flughafen von Paris-Orly getroffen. Dort war sie – züchtig von der Mama begleitet – zum ersten Promotion-Auftritt für *Christine* angekommen. Delon erschien wohlfrisiert, mit Krawatte, modisch-elegantem Anzug und einem riesengroßen Strauß Rosen in Händen.

Den Abend verbrachten Romy und Magda im Lieblingslokal der Mutter, im »Lido«. Gastgeber der beiden waren Jean-Claude Brialy und Alain Delon. Während ausgiebig getafelt wurde, stieß Brialy seinen Kumpel Delon mit dem Ellbogen in die Seite: »Denkst du auch daran, daß wir das alles bezahlen müssen? Das ist wieder typisch – du lädst zwei Stars groß ein und hast kein Geld bei dir.« Delon winkte nur lässig ab. »Laß das nur meine Sorge sein.« Delon hatte aber keineswegs einen großartigen Plan parat – im Gegenteil. Als die Rechnung präsentiert wurde, schob er sie nonchalant

quer über den Tisch den beiden Damen zu. Das rief zwei gegensätzliche Reaktionen hervor. Während Romy, anfangs vielleicht noch ein wenig unbewußt, das Verhalten von Delon »rebellisch und imponierend« fand, war Magda entsetzt über Romys künftigen Filmpartner.
Alain und Romy, das war keine Liebe auf den ersten Blick. Sie haben einander gleich auf Anhieb nicht gemocht. Behaupteten die beiden. Dagegen steht freilich die ganz gegensätzliche Theorie, daß sie einander auf Anhieb sehr wohl sehr attraktiv fanden, aber sich so verhielten, weil sie auf Grund der Sprachbarriere ohnehin keine Chance sahen, einander wirklich näherzukommen.
Wie auch immer – sie fand ihn also geschmacklos und uninteressant. Er dagegen hatte keine spezifischen Aversionen. Er fand sie, wie Delon Romy später einmal zuflüsterte, gleich vom ersten Augenblick an »zum Kotzen«. Ein verwöhntes, neunmalkluges Mädchen, mit dem er sich nicht einmal unterhalten konnte. In seinen Erinnerungen hat er das folgendermaßen auf den Punkt gebracht: »Sie stammte aus einer Gesellschaftsschicht, die ich auf der ganzen Welt am meisten verabscheute. Sie konnte nichts dafür, aber sie war unglücklicherweise von ihr geprägt worden. In fünf Jahren konnte ich das nicht auslöschen, was ihr zwanzig Jahre lang eingetrichtert worden war. Es gab immer zwei Romy Schneider. Die eine liebte ich mehr als alles auf der Welt, die andere Romy verabscheute ich.«
Romy sprach damals noch kein Französisch, und Delon, was sich bis zum heutigen Tag kaum geändert hat, konnte

kein Englisch. Klar, daß aus dem Kauderwelsch der beiden vorerst nichts entstehen konnte. Vielmehr funktionierte es zwischen Jean-Claude Brialy – er hatte auch eine Rolle in *Christine* – und Romy auf Anhieb. Was daran lag, daß sich Brialy mit ihr gleich auf deutsch unterhielt.

Für Alain entflammte Romy erst ein paar Wochen später, als sie zu den Dreharbeiten an die Seine übersiedelte. Dort entpuppte sich der seltsame, scheinbar stinklangweilige Rosenkavalier als junger Wilder, der sich mit einemmal über alle Regeln des Anstands hinwegsetzte. Er kam unpünktlich ins Studio, legte keinen Wert auf sein Äußeres und ignorierte Romy außerhalb der Szenen. Er gab sich nicht die geringste Mühe, mit ihr ins Gespräch zu kommen. Romy, die damals mühsam ihre ersten Brocken Französisch lernte, verstand nicht einmal im Ansatz, was ihrem Filmpartner ständig über die Lippen kam. Delon sprach so schnell, daß ihn niemand, der nicht Französisch als Muttersprache hatte, verstehen konnte. Es war die reinste Provokation, die Delon betrieb. Kein Wunder, daß es ständig zu Reibereien kam und sich Romy und Alain in den ersten Tagen der Dreharbeiten in einer Art Kriegszustand miteinander befanden.

Der plötzliche und für jedermann unerwartete Frieden zwischen den beiden vollzog sich in der belgischen Hauptstadt. Der Internationale Filmball in Brüssel, damals ein europäischer cineastisch-gesellschaftlicher Höhepunkt, hatte auch das *Christine*-Filmpaar als Stargäste geladen. Und Magda Schneider, die gegenüber Delon nach wie vor ein starkes

Unbehagen empfand, hatte einen entscheidenden Fehler gemacht. Sie ließ Romy allein mit Delon reisen. Mit dem Zug fuhren die beiden von Paris nach Brüssel, und Magda Schneider will es schon bemerkt haben, als Romy und Alain am Brüsseler Hauptbahnhof aus dem Zug stiegen. »Oje«, erinnerte sie sich, »die Romy hat's erwischt.«

Dabei hat Romy während der Fahrt nicht, wie ihre Mutter immer behauptet hat, auf »Teufel komm raus« mit Delon geflirtet. Das wäre ja auch völlig widersinnig gewesen, nach all den Tagen des ständigen Beflegelns. Vielmehr haben die beiden erstmals versucht miteinander zu kommunizieren – ohne Floskeln, ohne übertriebenes Macho-Gehabe. Aus dem sprachlichen Durcheinander, in dem sich die beiden während der vierstündigen Reise verständigten, konnte offenbar ein jeder über den anderen schließen: »Nicht übel, was er (sie) da so von sich gibt.«

Delon hat auf dieser Reise ganz offensichtlich eine Zelle unbequemen Geistes in Romys Kopf implantiert.

Auf dem Filmball gehörte das tanzende Paar zu den großen Attraktionen für die Fotografen. Als Alain seine Partnerin zum Tisch zurückführte, wo sie mit Mutter und Stiefvater inmitten der deutschen Delegation saß, bedeutete er ihr: »Komm doch rüber zu mir an unseren Tisch.« Diese Aufforderung hätte beinahe zum Eklat geführt. Denn Romy ließ sich nur von dem empörten, mühsam unterdrückten Gezischel Magda Schneiders und »Daddy« Blatzheims dazu bewegen, dort sitzen zu bleiben, wo sie war. Sie rümpften die Nase und sprachen von »unschicklich« und »ordinär«. Noch einmal ließ sich Romy kleinkriegen. Aber ihre Revolte gegen die Familie war nur noch eine Frage von kurzer Zeit.

Am Ende der Dreharbeiten standen die Außenaufnahmen an den Schnitzlerschen »Originalschauplätzen« in Wien auf dem Programm. Romy und ihre Mama waren im Hotel Sacher gebucht. Als Magda Schneider erfuhr, daß auch Alain Delon im Sacher reserviert hatte, wollte sie umdisponieren, ins »Ambassador« oder ins »Imperial« übersiedeln. Der nächste Streit war programmiert. Schließlich setzte sich Romy durch. Man blieb im Sacher und Romy auch außerhalb der Filmverpflichtungen in der Nähe von Alain.

Nachdem man in den Praterauen abgedreht hatte, flog Delon nach Paris zurück. Es dauerte genau drei Tage, dann war Romy von Sehnsucht endgültig überwältigt. Sie wollte nicht mehr nach Hause zu den Eltern in Deutschland. Auch wenn Magda Schneider im Sacher noch so zeterte und »Stief-Daddy« Blatzheim am Telefon noch so drohte. Romy buchte einfach Wien – Paris. In Orly angekommen, überraschte sie Delon am Telefon: »Hallo, Alain, hier ist Romy – ich bin in Paris, hol mich doch bitte ab.«

Es war ein ungeheuer mutiger Schritt, den die wohlbehütete zwanzigjährige junge Frau damals tat. »Auf dem Weg nach Paris«, erzählte Romy später, »habe ich nicht eine Sekunde darüber nachgedacht, was mich da getrieben hatte. Ich wollte nur ausbrechen aus der bürgerlichen, scheinbar wohlgeordneten und stockkonservativen Welt, in der ich mich befand. Und ich wollte vor allem Alain.«

Alain Delon aber bedeutete das exakte Gegenteil von dem, was sie hinter sich ließ. Alain, das war Kunst und Theater, das war aber auch eine Welt, in der man sich nicht so sehr um Geld scherte, sondern wo man einen manchmal sehr schmalen, abenteuerlichen Grat beschreiten mußte. Wie stark Romys Liebe zu Alain in dieser Zeit gewesen sein muß, kann man daran erkennen, daß sie ihr auch half, die Angst zu besiegen. Und die Angstzustände, die Romy in ihren ersten Monaten in Paris durchmachte, führten sie bisweilen an den Rand eines Nervenzusammenbruchs. In unzähligen Telefonaten und Briefen forderten sie Mutter und Stiefvater auf, wieder zu ihnen zurückzukommen, feuerten Breitseiten gegen den »Entführer« Delon und seine angebliche Verdorbenheit ab.

Deshalb zerstörte Delon ein halbes Jahr nach Romys Paris-Flucht auch jenen sorgsam ausgeklügelten Plan von Blatzheim, bei dem es kurzfristig zu einer allgemeinen Versöhnung kommen sollte. Der Stiefvater hatte im März 1959 eine Verlobungsfeier in Morcote am Luganer See organisiert. In diesem Zusammenhang lud er zu einer internationalen Pressekonferenz. Delon machte vorerst gute Miene zu dem seiner Meinung nach bösen Spiel. Denn für ihn stand fest, daß Blatzheim sich ausschließlich für die »Goldader« Romy interessierte, aber kaum für den Menschen, die Tochter seiner Ehefrau. Er sah in Romys selbstgewähltem künstlerischen Pariser Exil in der Avenue Messine allerhöchste Gefahr für die Filmprojekte, die er noch im Vorfeld dieser Romanze eingefädelt hatte. Die Verträge zu *Katja – die un-*

gekrönte Kaiserin, *Die schöne Lügnerin* und *Ein Engel auf Erden* waren bereits unterschrieben, und Blatzheim drohten verlockende Summen durch die Lappen zu gehen. Allein *Katja* versprach eine garantierte Gage von 750 000 D-Mark. Ein horrender Betrag zu dieser Zeit. Blatzheim sah das alles in Gefahr, zumal Romy bei einem längeren Paris-Aufenthalt im Schatten Delons zu verschwinden drohte.

Die Stimmung beim »Verlobungsfest« in Morcote war durchwachsen. Delon, zur Überraschung vieler an den Luganer See gereist, ließ nichts aus, um den verachteten Stiefvater seiner Geliebten vor den Kopf zu stoßen. Zum offiziellen Verlobungsfoto erschien er, wie es die jungen Wilden damals gerne hatten, ohne Anzug, ohne Krawatte. Ja, nicht einmal ein Hemd hatte er an. Statt dessen trug er einen Pullover mit Rundausschnitt, während Magda und ihr Ehemann feierlich herausgeputzt waren.

Es war also keineswegs überraschend, daß die beiden zur Feier des Verlobungstages nur Sätze wie »An Heirat denken wir vorläufig nicht – die Kinder sollen sich erst einmal richtig kennenlernen« widerwillig herauspreßten. Und als Blatzheims Wut nach der mißglückten Pressekonferenz anderntags fast schon verraucht war, setzte Alain noch eins drauf. Er borgte sich Blatzheims Motorboot aus und fuhr es fast zu Schrott. Hämische Presseberichte machten sich über den Vorfall lustig und berichteten, daß Blatzheim weiß vor Wut geworden sei, als er das PS-starke Boot mit zertrümmertem Bug und einem riesengroßen Leck zurückbekam. Delon soll sich danach halb schiefgelacht haben. Er hatte Rache genommen, ganz wie es damals seiner Art entsprach.

Die künstlerische Metamorphose der Romy Schneider begann eigentlich in einer scheinbar ausweglosen Situation. In Paris, an der Seite von Alain Delon, war sie bald »zickig« geworden. Eine Entwicklung, die für Beobachter nicht ganz unverständlich war. Künstlerisch war die einst umjubelte Sissi-Darstellerin innerhalb kurzer Zeit an der Seine in Bedeutungslosigkeit versunken, und, menschlich nur allzu menschlich, plagte sie die Eifersucht.

Objekt ihrer negativen Emotionen war Luchino Visconti, womit es aber keineswegs um billige Mutmaßungen über Viscontis Beziehung zu Delon ging. Denn die Anziehungskraft, die Alain auf den Meister ausübte, war vor allem in dem großen künstlerischen Potential begründet, das Visconti in dem jungen französischen Darsteller sah. Eine Anziehungskraft, die auf Gegenseitigkeit beruhte.

Als Romy ihren Geliebten auf Ischia besuchte, sprach Delon fast den ganzen Tag über nur von einer Person – Luchino Visconti. Bis Romy der Kragen platzte – wütend reiste sie allein nach Paris zurück.

Schon ein paar Tage danach rief Delon aus Rom an. Er hatte abgedreht und wollte, daß Romy nach Rom kam. Romy, hin- und hergerissen von ihren Gefühlen, ließ sich schließlich umstimmen. Zwei Wochen nach dem ersten großen Krach mit Alain reiste sie wieder nach Italien. Alain holte sie vom Flughafen ab.

Schon am ersten Abend waren die beiden Gast in Viscontis Traumvilla in der Via Salaria. Romy erzählte später, daß bereits auf der Fahrt zu Luchino die Wut auf ihn in ihr hochkochte. Aber sie nahm sich fest vor, sich nichts anmerken zu lassen. Dafür machte Visconti keinen Hehl aus seiner offensichtlichen Zurückhaltung. Alain hatte die beiden allein gelassen, und Visconti saß breitbeinig da, in seiner gewaltigen Wohnhalle, den Körper im bequemen Sofa weit zurückgelehnt, und sprach ein wenig herablassend und scheinbar gelangweilt mit Romy. Sie fühlte sich einerseits herausgefordert, andererseits erkannte sie instinktiv, was für ein außergewöhnlicher Künstler ihr da gegenübersaß. Visconti machte aber nicht die geringsten Anstalten, seine Haltung gegenüber Romy zu ändern. Im Gegenteil. »Ich hatte das Gefühl«, erzählte Romy später, »daß er in allem, was er sagte und tat, immer wieder eine Art Besitzanspruch auf Alain herausstreichen wollte.«

Eine ganze Woche blieben Alain und Romy in Rom. Fast jeden Abend waren sie bei Visconti zu Gast. Und – so grotesk das auch klingen mag – mit jedem Mal kamen Romy und Luchino einander näher. Schließlich gab er seine Zurückhaltung ihr gegenüber gänzlich auf. Ja, es begann sogar die gegenseitige Liebe füreinander aufzukeimen, die zu ihren Lebzeiten zu einer der stärksten Verbindungen in Romys Leben führen sollte. Die Initialzündung dazu war ein Vorschlag Viscontis, der Romy und ihren Geliebten gleichermaßen überraschte. Visconti hatte mit Delon in Paris das Drama einer Geschwisterliebe aus der Zeit Elisabeths I. geplant: John Fords *Schade, daß sie eine Dirne ist.* Ihm fehlte aber noch die Partnerin Delons in der weiblichen Hauptrolle. »In meinen Augen«, schlug Visconti unvermittelt vor, »wäre Romina die ideale Besetzung.« Englischer Autor, französisches Theater, italienischer Regisseur – Romy mußte herzlich lachen bei der Vorstellung, daß sie als Deutsche, die der französischen Sprache keineswegs in Bühnenreife gewachsen war, in diesem Potpourri eine so wesentliche Rolle spielen sollte. Aber Visconti wurde fast wütend, als er Romys Zweifel bemerkte. Er geriet darüber so sehr in Wallung, daß Romy noch am selben Abend einwilligte.

Abgesehen von Viscontis persönlicher Überzeugung, in Romy ein außergewöhnliches Schauspiel-Talent vor sich zu haben, mag vielleicht auch in der kaufmännischen Direktion des Theaters ein anderes Kalkül überlegt worden sein: Das öffentlichkeitswirksame Paar Romy Schneider/Alain Delon garantierte schon vor dem ersten Vorhang einen Publikumserfolg.

Aber ehe es soweit kommen sollte, hatte Romy noch eine Menge Hürden zu überwinden. Da war einmal der immer schwächer werdende Einfluß ihrer Mutter. Denn trotz des leicht gestörten Verhältnisses, das Romy seit ihrer Flucht nach Paris zu Magda hatte, verzichtete sie nicht auf den Kontakt zur Mutter. Zwei- bis dreimal wöchentlich telefonierte sie mit ihr, auch wenn manche Telefonate im Streit endeten. Meinungsverschiedenheiten gab es auch in der Frage des Theaterdebüts von Romy. Nicht, daß Magda Schneider grundsätzlich etwas gegen einen Bühnenauftritt ihrer Tochter gehabt hätte – sie selbst hatte Romy schon früher dazu ermuntert –, ihre Vorstellung davon war allerdings eine etwas andere: Mit einer leichten Rolle in der deutschsprachigen Provinz – so versicherte sie einem Millionenpublikum in ihren Memoiren – hatte sie sich das Theaterdebüt ihrer Tochter ausgemalt. Ihr verschlug es kurzfristig die Sprache, als ihr Romy eröffnete, wo und womit sie ihre Premiere feiern wollte. »Ich hab' mir damals gedacht«, gestand sie, »jetzt ist die Romy endgültig übergeschnappt.«

Ein Glück, daß sich Romy von den düsteren Prophezeiungen der Mama nicht einschüchtern ließ – denn ihr Auftritt bei Viscontis Pariser Theaterinszenierung war der Start zur ganz großen Karriere als Schauspielerin. Auch wenn dem Stück kein überwältigender Erfolg beschieden war.

Aber der Reihe nach. Als Romy nach Paris zurückgekehrt war, nahm sie sofort intensiven Unterricht in Bühnensprache und Dialog bei Raymond Jerôme. Täglich trafen die beiden einander im Büro von Delons Agenten, Georges Beaume, am Quai Voltaire in Paris. Die Fabeln von La Fontaine, die sie später oft gut gelaunt ihren Kindern vortrug, hatte sie seit diesen Tagen im Gedächtnis. An arbeitsintensiven Tagen kam sie auf zwölf bis vierzehn Stunden beinharten Sprachtrainings. In den vier Wochen, die ihr damals bis zu den ersten Proben im Théâtre de Paris blieben, kristallisierte sich schon das heraus, was die vielen großen Regisseure, mit denen Romy später arbeiten sollte, immer hervorhoben – daß sie eine Schauspielerin war, die mit unglaublicher Besessenheit in ihrem Beruf arbeitete. Deshalb war es auch nicht weiter verwunderlich, daß die sprachlichen Fortschritte geradezu unglaublich waren. Romy sprach, wie schon erwähnt, ein fließendes, fehlerfreies Französisch. Trotzdem ermunterte sie auch später noch ihren Sohn David, sie zu verbessern, wenn ihm etwas an ihrer Aussprache, an ihrem Akzent auffiel. Es ist eine der Lieblingsszenen in der Erinnerung der Menschen, die ihr damals nahestanden, wenn sie sich heute die beiden ins Gedächtnis rufen: Romy und David beim richtigen Aussprechen diverser Französisch-Vokabeln.

Die Proben im Théâtre de Paris begannen gut drei Monate vor der Premiere. »Anfangs war es fürchterlich«, erzählte Romy, »ich machte so ziemlich jeden Fehler, den man von mir erwartete: Wir kamen zu spät zu den Proben, ich war – trotz der vielen Stunden Sprachtraining – völlig indisponiert und betonte jedes zweite Wort falsch.« Die dreizehn Kollegen, die mit ihr unter der Anleitung von Luchino Visconti probten, zogen ein wenig erstaunt und auch herablassend die Augenbrauen hoch. Besonders deutlich zeigte Pierre Asso, ein herausragender Pariser Bühnendarsteller, seine Verachtung. Allerdings war er auch der allererste, der Romy in sein Herz schloß, als er ihr wahres Talent entdeckte. Mit kleinen Zettelchen begann er sie nach zwei Wochen zu ermuntern. Er kritzelte »gut« und »weiter so« auf ein Papier und schob es ihr zu. Er nahm Ermunterung in kleinen Dosen vor.

Mit jedem Tag wuchs Romys Selbstvertrauen. Das war in diesen Tagen fast mehr Assos Verdienst, als es die Früchte der Arbeit mit Visconti waren. Pierre Asso gehörte später zu ihrem engeren Freundeskreis in Paris. Entstanden war diese Freundschaft in den schweren Probentagen. Viele andere Schauspielerinnen wären wohl unter diesen Bedingungen aus der Produktion ausgestiegen. Denn Viscontis Arbeit mit Romy geriet bisweilen zur grausamen Folter. Oft schrie er sie an und drohte ihr, sie aus dem Stück zu entlassen. Nur Romys fanatische Haltung, ihre fast selbstzerstörerische Kraft, die sie in ihre Berufsauffassung legte, rettete sie vor einem blamablen Ausstieg.

Als aber Romy merkte, daß die Rolle auf sie übergesprungen war, spürte sie mit einemmal auch das Vertrauen Viscontis. »Das stärkte mich ungemein«, erzählte sie, »obwohl die ersten öffentlichen Aufführungen nicht besonders toll gelaufen waren.« Bevor es zur ersten großen Gala kam, gab es drei öffentliche Proben. Nach der letzten, der Generalprobe, wurde es dramatisch. Nicht auf der Bühne, sondern im wirklichen Leben. Böse Zungen haben das sofort als »taktische Erkrankung« kommentiert. Tatsächlich aber war Romy in einer Notoperation der Blinddarm entfernt worden. Sie war in Lebensgefahr, der Blinddarm stand kurz vor einem Durchbruch.

Während dem Theater ein – vorläufiger – Schaden von umgerechnet etwa 150 000 D-Mark entstanden war, profitierte Romy von der unfreiwilligen Pause. Nach zwei Wochen feierte sie eine glänzende Premiere. Neben unzähligen Genesungswünschen und einem Blumenmeer sandte Jean Cocteau eine Zeichnung, die heute fast ebensoviel wert ist, wie der Ausfall das Theater gekostet hatte. Unter den 1350 Pre-

mierengästen waren so prominente Namen wie Ingrid Bergman, Anna Magnani, Jean Marais, Jean Cocteau, Curd Jürgens und Magda Schneider, die Romy vor der Aufführung nicht sehen durfte. Sie hätte Romy zu nervös gemacht. Nachher war alles anders – sogar Visconti bekam vom Premierenpublikum sein Fett weg. Bei fast allen mischten sich Buhrufe in den Höflichkeitsapplaus. Nur bei Romy nicht. Als sie sich verbeugte, schwoll der Jubel zum Orkan an. Auch Alain Delon war überglücklich, obwohl auch er nicht eben mit Beifallsstürmen überhäuft wurde. Die Emotion übermannte ihn so sehr, daß er sogar Magda Schneider in der Garderobe stürmisch umarmte.
Am nächsten Tag setzte sich die Vernichtung des Stücks und der Inszenierung in schriftlicher Form weiter fort. Die Pariser Kritiker, allen voran Jean-Jacques Gauthier, schrieben negative Rezensionen. Nur Romy blieb die Ausnahme. Über sie hieß es unter anderem: »Lediglich Romy Schneider mit ihrem aparten österreichischen Akzent gelingt es, uns die geradezu groteske Leere der Phrasen vergessen zu lassen. Sie ist zierlich, sie ist bleich, aber in ihren Adern pocht frisches Blut. Ihre helle Stimme hat mehr Ausdruck als der Text, den sie sprechen muß. Sie ist eine ausgezeichnete Schauspielerin.«
Und es kam so, wie es oft nach solchen Verrissen passiert. Das Stück mußte nicht nach zwei, drei oder vier Wochen abgesetzt werden. Nein, 120mal mußten sich Romy und Alain vor ausverkauftem Haus en suite verbeugen. Romy hat in diesem Zusammenhang oft lachend ihren alten

Freund Curd Jürgens zitiert: »Was die Leute über mich schreiben, ist doch völlig egal. Wichtig ist doch nur, daß sie meinen Namen richtig schreiben.« Ob sie das nur Alain zum Trost oder sich selber zur Erbauung sagte, weiß man nicht. Sicher weiß man nur – am 29. März 1961 wurde in Paris der Weltstar Romy Schneider geboren.

Romy Schneider hat übrigens ein ganz besondere Form der Erinnerung an ihr Pariser Theaterdebüt: Von ihrem ersten Bühnenauftritt mit Alain Delon gab es einen ambitioniert gemachten Amateurfilm auf acht Millimeter in Schwarzweiß. Viele Jahre später, sie war bereits eine gefeierte Charakterdarstellerin, holte sie das »Theaterdokument« aus ihrem ganz persönlichen Fundus und sah sich das Stück in voller Länge an. Selten hat man sie je wieder so lauthals über ein Stück ihrer Vergangenheit lachen gehört wie bei *Schade, daß sie eine Dirne ist*. Zwei Lieblingssequenzen Romys waren jener Abschnitt, in dem sie mit schriller Stimme versuchte, den großen Theatersaal auszufüllen, und jene Auftritte mit Alain Delon, in denen er mit Pathos – und in Strumpfhosen – wild mit seinem Degen auf der Bühne herumfuchtelte. »Mein Gott, waren wir schlecht«, rief sie, und vor lauter Lachen rannen ihr Tränen über die Wangen.

Ein Brief an Kortner

Luchino Visconti blieb von nun an zeit seines Lebens eine Art Gottvater für Romy. Die beiden waren einander so zugetan, wie einander nur Mann und Frau zugeneigt sein können, die ihr Verhältnis nicht auf körperliche, sondern auf geistige Art und Weise aufbauen. Romy und Visconti waren schwer verliebt ineinander – ganz ohne jede Erotik. Trotzdem flogen zwischen den beiden manchmal die Fetzen. Visconti hatte Romy unmittelbar nach ihrem Pariser Bühnenerfolg für die weibliche Hauptrolle der Episode »Il lavoro/Der Job« in der italienisch-französischen Co-Produktion *Boccaccio '70* verpflichtet. Ihre Partner waren Tomas Milian, Paolo Stoppa und Romolo Valli. Bei den Dreharbeiten kam es zwischen Romy und Visconti zum Eklat. Der Grund war unwichtig, und es stand zu vermuten, daß Visconti ihn mutwillig vom Zaun gebrochen hat. Die wahrscheinlichste aller Thesen lautete: Der künstlerisch unbestrittene Meister wollte im Triangel-Spiel Delon/Schneider/Visconti derjenige sein, der jederzeit alles im Griff hatte. Und das hatte er gerade nach Romys bei den Kritikern so glanzvoll aufgenommenen Theaterpremiere für sein Ego nötig – und sei es nur aus prinzipiellen Überlegungen. Naturgemäß sah Romy das ein wenig anders. Trotz aller künstlerischen Verehrung war sie aber nicht bereit, klein beizugeben und alles hinzunehmen, wenn sie sich ungerecht behandelt fühlte. Jedenfalls kam es bei den *Boccaccio '70*-Dreharbeiten in Rom zum Zusammenstoß. Ausgerechnet an jenem Tag, an dem Produzent Carlo Ponti und Alain Delon am Set anwesend waren. Delon war von Dreharbeiten mit Antonioni in Rom auf Besuch gekommen, als Visconti Romy wegen einer Nichtigkeit anbrüllte: »Mach gefälligst das, was ich dir sage und spiel hier nicht den Star!« Und während Romy sich zur Kamera wandte, sah Visconti zu Delon hinüber, als wollte er sagen: »Siehst du, wie man sie behandeln muß?«

Romy, die von einer besonderen Feinfühligkeit war, hat das alles mitbekommen. Eine Woche lang hat sie nur das Notwendigste mit Visconti gesprochen. Und als Delon nach Paris abreiste, lud sie der Meister zu sich zum Abendessen. Ohne den Vorfall anzusprechen, ohne eine Entschuldigung überreichte er ihr den schon erwähnten wertvollen Holzring. Dann umarmten sie einander stumm. Romy hat dieses Geschenk fast immer getragen.

Seit ihrem Erfolg mit *Schade, daß sie eine Dirne ist* war Romy, geradezu süchtig nach der Bühne. Leider hat es keiner der Regisseure, die vom Theater kamen und später mit Romy arbeiteten, geschafft, ihre diesbezüglichen herausragenden Fähigkeiten zu nutzen. Nicht Clouzot, nicht Preminger und auch nicht das Genie Orson Welles. Vielleicht wäre einer dazu in der Lage gewesen, aber von dem hatte sie sich durch ihren Lebensmittelpunkt Paris doch schon zu sehr entfernt: Fritz Kortner, der große deutsche Theatermann, hatte mit der TV-*Lysistrata* zwar einen Mißerfolg mit Romy verzeichnet, sie danach aber immer wieder beschworen: »Kommen Sie an eine deutschsprachige Bühne, Sie werden hier am Theater Triumphe feiern.« Diese Vorstellung Kortners war einleuchtend. Von Paris aus, wo sie ja anfangs eine vorher nie gekannte berufliche Durststrecke durchgemacht hatte, sollte sie an Bühnen in München, Hamburg, Berlin oder Wien arbeiten. Kortners Kalkül: Die Begabung der »Schneiderin«, wie er sie nannte, würde um so mehr zur Geltung kommen, je mehr sie sich in Paris künstlerisch verlassen fühlte. Aber nichts veranschaulicht die nachlassende magische Wirkung Kortners auf Romy mehr als das Datum eines Briefes, den sie an den Regisseur schickte. Erst zwei Monate nach ihrer Pariser Premiere beantwortete sie ein Telegramm Kortners. Die Kopie des Briefes befand sich in Romys Nachlaß. Er war in sehr herzlichen Worten gehalten, voll tiefer Verehrung, und trotzdem kann man daraus bereits eine erste Entfremdung Romys von der deutschen Szene erkennen. Dieser Brief ist ein interessantes Dokument. Beweist er doch in den Anfangszeilen, daß alle, die Romys Leben als eine Art griechische Tragödie gesehen haben, völlig falsch liegen. Ob das nur aus mangelnder Kenntnis geschah oder aber aus der Überlegung heraus, daß nur »schlechte Nachrichten gute Nachrichten« sind, ist heute ja völlig nebensächlich. Tatsache aber ist, daß Romy hier als erwachsene Person zweierlei schriftlich festgehalten hat: ihre grundsätzlich optimistische Lebenseinstellung und ihre fanatische Beziehung zum Beruf.

Diese besondere Auffassung von Professionalität war auch schuld daran, daß sich Romy – für die sich langsam, aber sicher auch Hollywood zu interessieren begann – im Jahr nach ihrem Theatererfolg in Paris auf ein ganz anderes, wenngleich noch heikleres Unterfangen einließ. Mit Tschechows schwierigem Stück *Die Möwe* unter der Regie von Sacha Pitoëff ging sie auf Theater-Tournee. Von Paris nach Lyon, von Bordeaux ins württembergische Baden-Baden. Keine glorreiche Idee, Romy in einem schwermütigen russischen Stück in französischer Sprache auf deutschem Boden als Bühnenschauspielerin debütieren zu lassen. Klar, daß die spitzen und hämischen Kommentare – nicht künstlerisch, sondern rein privat – überwogen. Und als Romy dann in Avignon einen Zusammenbruch erlitt, weil sie sich beim Reiten übernommen hatte, stellte vor allem die deutsche Boulevard-Presse Mutmaßungen über sie an. Von einer Fehlgeburt der Schauspielerin, die von ihrem deutschen Publikum nichts mehr wissen wolle, war da die Rede. Tatsache war, daß Romys Schwächeanfall von einer unangenehmen Unterleibsgeschichte ausgelöst worden war – aber keine Rede von einer Schwangerschaft oder ähnlichem.

Wie so oft im Leben hatte dieses negative Ereignis auch seine positiven Seiten. Im Krankenhaus von Nizza bekam Romy Besuch. Der Mann an ihrem Krankenbett war der schwierige und hochangesehene Henri Clouzot. Der Star-Regisseur unterbreitete Romy eine Palette von Angeboten, unter denen sie wählen konnte. Eines davon hat sie gleich von vornherein abgelehnt: Als Clouzot sie zu sich in eine gemietete Hotel-Suite lud, in der es an rotem Plüsch und verspiegelten Decken nicht mangelte, brach sie das künstlerische Gespräch gleich ab. Jedenfalls dauerte es wesentlich kürzer, als es sich der Regisseur vorgestellt hatte. 1964 entschied sie sich aber dann doch für Clouzot. Sie übernahm die Hauptrolle in *L'enfer* mit Serge Reggiani als Partner. Die Rolle kam zum idealen Zeitpunkt. Denn hinter Romy lagen zwei traumatische Erlebnisse – zwei Jahre Hollywood und ihre Trennung von Alain Delon. Der Film wurde zwar nie fertiggestellt, aber er erfüllte seinen wichtigsten Zweck – er lenkte Romy ab.

Extreme

Die sechs Jahre mit Alain Delon haben Romy wohl am meisten geprägt. Es war eine Zeit, in der sie auf der Skala der Gefühle durch alle Extreme gegangen ist. Wilde, romantische Emotionen wechselten ab mit völliger Verzweiflung und Niedergeschlagenheit. Einmal war sie von ihrem Glücksgefühl so überwältigt, daß sie ihrem Drang, Menschen durch Geschenke zu beglücken, nicht widerstehen konnte und einen Millionen-Betrag von »Daddy« Blatzheim einforderte. Er sollte das Geld aus der Schweiz überweisen.
In der Nähe von Paris, in Fancron, besaß Alain einen Landsitz. Dort wollte er sich, um gänzlich ungestört arbeiten zu können, einen Turm bauen. Und Romy war begeistert von dieser Idee, erklärte sich dazu bereit, ihm diesen Turm zu finanzieren. Wenn ihr Herz voll war, war sie geradezu überschwenglich in ihrem Trieb, andere beschenken zu müssen. Ganz egal, ob es sich um Lebenspartner, Freunde, verehrte Kollegen oder ihre Mutter handelte.
Romy hat das Geld nach einigem Hin und Her erhalten. Aber Delon hat den Turm nie gebaut. Was Romy mit der halben Million D-Mark angefangen hat, ist ihr Geheim-

nis geblieben. Das Geld, das ihr Blatzheim aus der Schweiz überweisen ließ, machte etwa 75 Prozent ihres gesamten damaligen Vermögens aus. Ein Umstand, der schon ein wenig zu denken gibt.

Lau war ihre Liaison mit Delon jedenfalls nie. Wobei bis heute nicht wirklich klar ist, ob ihre Eifersucht bei Männern wie Visconti oder bei Frauen wie der attraktiven Nathalie Barthélemy überwog, die später Frau Delon wurde. Fest steht nur: So stark, wie Romys sechs Jahre dauernde Liebesbeziehung zu Delon war auch ihre spätere freundschaftliche Beziehung zu ihm. Ob Freundschaft oder Liebe – die Verbindung mit Alain Delon war zu jeder Zeit stark genug für eine lebenslange Beziehung.

Die Geschichte zwischen Romy und Alain eskalierte zum Skandal, als Romy in Hollywood mit Jack Lemmon und Edward G. Robinson den Klamauk *Good Neighbour Sam/ Leih mir deinen Mann* drehte. Beim ersten Mal, als Klatschgeschichten von Delon-Affären in Madrid berichteten (er drehte dort), machte er sich noch die Mühe, den Riß zu kitten. Anstelle einer Entschuldigung stand er plötzlich und unvermutet in ihrem Zimmer im »Beverly Hills Hotel«. Die Überraschung war ihm perfekt gelungen – und Romy glücklich und beruhigt.

Den Jahreswechsel von 1963 auf 1964 feierten die beiden in Europa. Ausgerechnet in Rom waren Romy und Alain das letzte Mal als Liebespaar gemeinsam. So, als ob nichts ihre Beziehung trüben könnte, verbrachten sie vergnügte Tage in Italien.

Als Romy nach Hollywood zurückkehrte, dachte sie anfangs nur an ein törichtes, altes Gerücht, als über eine Verlobung von Alain mit Nathalie Barthélemy geflüstert wurde. Erst als sie ein paar schnippische Briefe schrieb und Alain nicht mehr antwortete, schöpfte sie Verdacht. Gewißheit bekam sie, als ein paar Tage später ihr gemeinsamer Freund und Manager Georges Beaume mit Delon telefonierte und das Gespräch nicht an Romy weiterleitete. Romy war wie vom Blitz getroffen.

Als sie nach Paris zurückkehrte, fand sie in der gemeinsamen Wohnung in der Avenue de Messine nur noch einen wunderschönen großen Blumenstrauß auf dem Tisch. In den kunstvoll zusammengefügten roten Rosen steckte ein kleines weißes Kuvert. Darin ein paar Zeilen, die ihr Alain geschrieben hatte. Worte des Abschieds, denn Delon wollte nicht mehr in die Beziehung mit Romy zurückkehren.

Ihre Affäre mit Delon war ohne ein klärendes Gespräch zu Ende gegangen. Diesen Schmerz hat sie in späteren Jahren verwunden, aber nie vergessen.

Der große Alain Delon hatte sich wie ein Dieb aus der Beziehung geschlichen.

Harry Meyen

Romy war stets auf der Suche nach absoluter Perfektion – im Berufs- wie auch im Privatleben. Selbst wenn ihr eines Tages bewußt geworden wäre, daß sie niemals zu erreichen sein würde, sie hätte trotzdem nicht aufgegeben sie anzustreben. Oft hat sie sich etwas vorgemacht. Wahrscheinlich auch im Frühjahr 1965, ein Jahr nach ihrer Trennung von Alain Delon, als sie in Berlin zufällig auf jenen Mann traf, der wenig später ihr erster Ehemann werden sollte: Harry Meyen.
Hans Herbert Blatzheim hatte am 1. April 1965 zur Eröffnung mehrerer Restaurants im neuen Europacenter geladen, und Romy, die damals eine enorme Aufmerksamkeit der deutschen Presse hatte und damit perfekte Öffentlichkeitsarbeit garantierte, flog aus Paris ein. Sie tat das nur ihrer Mutter zuliebe, denn mit Blatzheim hatte sie innerlich abgeschlossen. Bis zu ihrem Tod war sie davon überzeugt, daß er sie um viel Geld gebracht hatte. Ob wissentlich oder unwissentlich, schien ihr letzten Endes egal. Es war für sie natürlich auch kein Trost, daß Blatzheim, als er

drei Jahre später starb, nahezu sein ganzes Vermögen verloren hatte.

Sein Auftritt in Berlin sollte eines seiner letzten spektakulären Finanz-Abenteuer werden. Mehrere Restaurants, eine Konzentration internationaler Gaststätten und Imbißstuben, hatte er in dem gewaltigen Areal neben der Gedächtniskirche eingerichtet. Und Romy half ihm, diese Gastronomie-Kette mit einem Schlag bekannt zu machen. Mehr noch, ganz ungewollt richtete sie die Aufmerksamkeit sämtlicher deutschen Boulevardblätter nach Berlin.

Zu dieser spektakulären Eröffnung war ein Mann gekommen, der damals in Berlin bekannt und beliebt war: Harry Meyen führte Regie im Theater am Kurfürstendamm (*Barfuß im Park*), und er inszenierte in der daneben liegenden Komödie *Tausend Clowns*. Im zweiten Stück hatte er sich auch selber besetzt. Er wurde umjubelt, und nachdem damals relativ wenige Menschen die Gelegenheit hatten, nach New York zu jetten, fiel es auch kaum jemandem auf, daß der »geniale Regisseur« eher ein mehr oder weniger genialer Kopierer war, der sich viele Ideen vom Broadway holte. Einem großen Theatermann wie Fritz Kortner fiel natürlich – ohne daß er in New York gewesen war – auf, daß es sich bei Meyen viel mehr um Schein als um Sein handelte. Also reagierte Meyen intelligent und folgerichtig: Er brach einen Streit mit dem großen Theatermann vom Zaun. Mit Erfolg, denn eine solche Kontroverse machte auch ihn größer und garantierte ihm jede Menge Schlagzeilen. Auch wenn Meyen von seinem künstlerischen Anspruch und Erfolg her dem großen Kortner nicht das Wasser reichen konnte – Romy imponierte Meyens Gehabe. Seine spitzen Bemerkungen, seine arrogante Überheblichkeit, sein selbstgefälliges Schweigen, sie hielt das alles für eine gewaltige intellektuelle Überlegenheit. Damit konnte man bei ihr Eindruck schinden, obwohl sie selbst nicht den geringsten Grund hatte, sich minderwertig zu fühlen. Denn sie war jung, attraktiv, sie sprach – im Gegensatz zu Meyen – vier Sprachen so perfekt, daß sie jeder Diskussion gewachsen war. Und ihr Umgang in Paris – von dem genialen Jean Cocteau bis hin zu der eigenwilligen Ästhetin Coco Chanel – hatte ihren Geschmack und ihren Geist geprägt.

Trotzdem trübte ihre Liebe auf den ersten Blick die klare Sicht auf Harry Meyen. Denn er hat sie, von der ersten Sekunde ihrer Begegnung an, zu unterdrücken versucht. Vor allem wies er sie immer wieder darauf hin, wie überlegen er sich ihr gegenüber geistig fühlte. Romy hat sehr viel Zeit gebraucht, um zu begreifen, daß dieses Verhalten seinem eigenen Selbstschutz diente. Denn in Wirklichkeit war sie ihrem späteren Ehemann weit überlegen – an Wissen, an künstlerischem Intellekt, an Herzensbildung sowieso.

Schon die erste Nacht nach ihrer Begegnung verbrachten die beiden in Romys Hotel, dem »Kempinski«, gemeinsam. Der vierzehn Jahre ältere Schauspieler-Regisseur ging ganz offensichtlich mit Kalkül und kaltem Herzen vor. Romy behandelte er gleich von Anfang an von oben herab, und an seine Noch-Ehefrau Anneliese Römer verschwendete er nicht einen Gedanken mehr. Selbst als sich die Scheidungsverhandlungen nicht so einfach gestalteten, wie es sich Meyen ausgemalt hatte, mußte Romy herhalten. Finanziell natürlich. Denn, wie schon bei Delon, wenn Romys Herz voll war, gab sie ihr Geld mit vollen Händen aus. Und Romys Herz war zu Beginn ihrer Beziehung zu Harry Meyen übervoll. Die Scheidungsabfindung an Anneliese Römer zahlte also Romy.

Romy war in diesen Tagen, psychologisch gesehen, eine ziemlich schutzlose junge Frau. Siebenundzwanzig Jahre jung und beruflich schon so erfolgreich. Noch dazu auf zwei völlig verschiedenen Ebenen – der im deutschsprachigen Raum, wo sie eine Art »Sissi-Mania« ausgelöst hatte, und im internationalen Bereich, wo selbst die anspruchsvollsten Film- und Theaterleute ihr außergewöhnliches Talent erkannt hatten. Diese erfolgreiche, beneidete junge Frau war öffentlich sitzengelassen worden. Alain Delon, damals einer der bestaussehenden Männer der Welt, hatte ihr zu verstehen gegeben, daß er an der Frau Romy Schneider nicht mehr interessiert sei. Und sie hatte, weil sie immer wieder in plumpe Reporterfallen tappte, vor aller Welt ihre Verzweiflung und Niedergeschlagenheit eingestanden. Sie hatte eine fatale Gabe, ihr Innerstes, ohne daß sie es wollte, öffentlich preiszugeben.

Es ist fraglich, ob es zu diesem Zeitpunkt auf der Welt überhaupt einen Mann gegeben hätte, der für Romy der Richtige gewesen wäre. Aber Harry Meyen war mit Sicherheit der Falsche. Nicht nur, weil sein Einfluß dazu führte, daß Romy nicht mit Kortner weiterarbeitete, obwohl ihr der große

Theatermann ein tolles Angebot gemacht hatte. Er wollte mit ihr in der Titelrolle *Fräulein Julie* von August Strindberg inszenieren. Meyen sagte nein, und Romy gehorchte. Später wurde ihr schmerzlich bewußt, daß diese Absage ein schwerwiegender Fehler gewesen war! Künstlerisch hat sie es ohnehin bereut, und rein von der Form her war es ihr unangenehm. Denn sie hat – ihrem damaligen Herrn und Meister Meyen gehorchend, der sich ja anmaßte, mit Kortner verfeindet zu sein – nicht einmal die Höflichkeit besessen, dem Regisseur abzusagen. Sie hat diese Angelegenheit auf menschlicher Ebene später wieder in Ordnung gebracht. Im Wiener Nobelhotel Sacher kam es Jahre später zur Versöhnung zwischen Romy und Kortner.

Während Meyen Romy heruntermachte, wo es nur ging, war sie anfänglich fast ausschließlich in Sachen Harry Meyen unterwegs. Mit ihren Beziehungen zu allerhöchsten Kulturkreisen war das ein leichtes. So intervenierte sie bei ihrem Freund und Förderer Herbert von Karajan, mit dem sie 1956/57 in London Prokofjews *Peter und der Wolf* für die Columbia auf Schallplatte aufgenommen hatte. Nach einem Konzert im Frühjahr 1965 in Paris sprach sie ihn an. Karajan, der ein besonders intensives, aber rein freundschaftliches Verhältnis zu ihr hatte, ließ für Romy seinen Einfluß spielen. Bei den Salzburger Festspielen, dem absoluten Mittelpunkt der europäischen Hochkultur, bestellte er hinter den Kulissen Harry Meyen als Regisseur. Romy hatte ihn als hochintellektuellen, ebenso progressiven wie sensiblen Theatermacher beschrieben. Also schlug ihn Karajan, der damals Salzburg fest in seiner Hand hatte, als Regisseur eines Stückes vor, das vom Europa-Studio im Landestheater herausgebracht wurde. Es war die Uraufführung von Robin Hawdons *Monde und Sonnen*.

Gewohnt haben Romy und Meyen im noblen »Fondachhof« in Salzburg-Parsch, einer schloßähnlichen Villa mit großem Prunk und einem – wie Romy zu sagen pflegte – »Salettl«. Dorthin zogen sich die beiden nach mehr oder weniger ausgedehnten Spaziergängen zurück. Dort hat ihm Romy Geschenke gemacht, um den entrückten Künstler bei Laune zu halten – zum Beispiel eine Uhr von Audemar Piguet, aus Gold und extraflach, ein wertvolles Stück. Ob Meyen das alles wirklich zu schätzen wußte?

Im Sommer 1966 war Romy von Meyen schwanger.

In St. Tropez hatte sie eine Villa gemietet – Kostenpunkt etwa 20 000 Mark im Monat. Die Aufgaben und die Rollen waren klar verteilt. Während Meyen sich mit intellektuellen Dingen beschäftigte, kümmerte sich Romy um das Haus und die gesellschaftlichen Ereignisse. Bei den meisten Anlässen zog sich Meyen scheinbar diskret zurück. Erst viel später, ganz bestimmt aber nicht in diesem Sommer, stellte Romy fest, daß er nicht wirklich viel zu sagen hatte.

Nur bei Karajan, dem er ja seine Salzburger Auftritte zu verdanken hatte, verhielt Meyen sich anders. Da nahm er jede Gelegenheit wahr, sich in seiner Gesellschaft in Szene zu setzen. Bei Einladungen in Restaurants oder auf dem berühmten Karajan-Schiff war er stets dabei. Vorerst. Denn Karajan war der erste aus Romys engstem Kreis, der Meyen durch-

Die liebevolle Gärtnerin Romy auf unserem südfranzösischen Besitz Ramatuelle, 1977

Blick aus der Pariser Wohnung in der Rue Berlioz, 1976

David und seine Mama ...

Paris 1976

... guter Hoffnung, Paris 1976

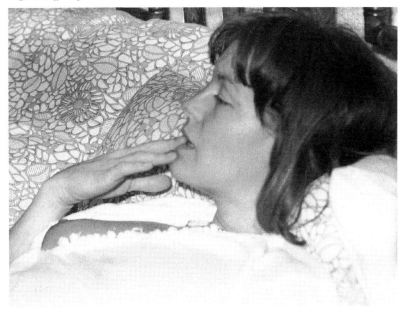

*Jetzt sind wir zu viert:
Romy, Daniel und David
mit der kleinen Sarah,
Ramatuelle 1977*

*Die stolzen Eltern mit ihrer
Tochter, Paris 1977*

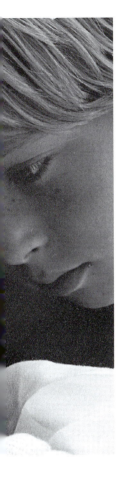

Weihnachten 1977 in Paris

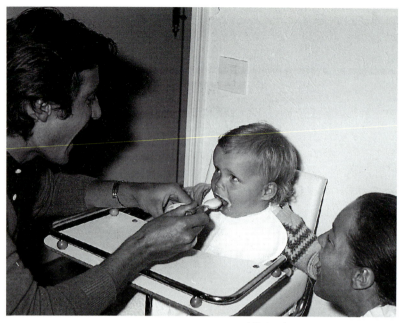

Mit Sarah, Ramatuelle 1978

Rechts: Davids 11. Geburtstag wird 1978 in Ramatuelle gefeiert – offiziell (oben) und privat (unten)

Die Geschwister David und Sarah, Ramatuelle 1978

Die dreijährige Romy (oben) und die zweijährige Sarah (unten). Auf die Rückseite ihres eigenen Kinderfotos schrieb Romy:

Für meine geliebte Monique Schwiegervater Bernard meine <u>geliebten Schwiegereltern</u>

Hier ist Eure Romy, als sie noch nicht Schauspielerin war! – – Wie schnell das Leben vergeht – Mit all meiner <u>Zärtlichkeit und Liebe</u> bleibe ich Eure Romy – ob gut, ob böse – glaubt mir!

◁ *Linke Seite: Mutter und Sohn, 1978*

Am Set von »Eine einfache Geschichte«, 1978

Mama Romy mit David und Sarah, Ramatuelle 1978

◁ *Linke Seite: Mit David bei den Dreharbeiten zu
»Eine einfache Geschichte«, 1978*

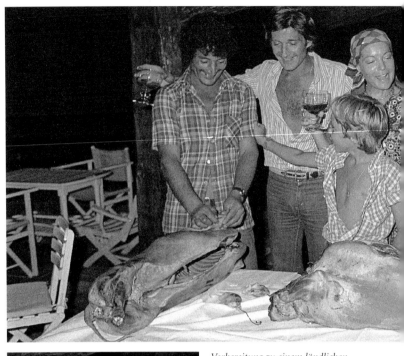

Vorbereitung zu einem ländlichen Sommerfest ...

... in Ramatuelle, 1978

Papa Daniel ...

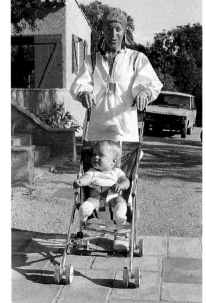

Folgende Doppelseite ▷▷
Weinernte, Ramatuelle 1978

... und Mama Romy mit Sarah, Ramatuelle 1978

Romy mit meinem Bruder Charly ...

Rechte Seite ▷
Buddha Romy, Ramatuelle 1979

... sowie mit Ehemann und Tochter, Ramatuelle 1978

Wasserspiele, Ramatuelle 1979

*Rechte Seite ▷
Erfrischt vom Bad im Swimmingpool,
Ramatuelle 1979*

Zwiesprache zu dritt

Sarah mit ihrer Mama ...

Rechte Seite ▷
Sommer auf dem Lande, 1979

... und die ganze Familie, Ramatuelle 1979

In Ramatuelle und Paris, 1979

Schnappschuß 1979

Vor einem Widmungsfoto des verehrten und geliebten Luchino Visconti von den Dreharbeiten zu »Ludwig II.«, Paris 1980

schaute. Später strafte ihn der Maestro mit völliger Verachtung. Kränkungen, die Romy alle büßen mußte.

Am 15. Juli 1966 wurden Harry und Romy Madame und Monsieur Haubenstock. Der Standesbeamte auf der kleinen Côte-d'Azur-Halbinsel St. Jean-Cap Ferrat, zwischen Nizza und Monte Carlo gelegen, hatte außer dem Brautpaar nur die beiden Trauzeugen vor sich: Bruder Wolfi und ihre langjährige Sekretärin Sandra Jurmann. Kurz nach der Zeremonie wechselte das Paar in das Nobelrestaurant »Les Hirondelles«. Von dort aus riefen sie Magda Schneider an, für deren Fernbleiben Harry Meyen gesorgt hatte. Denn die ungeliebte Schwiegermutter hatte nicht aufgehört, den – ihrer Meinung nach – arrogant-näselnden, offenbar unvermeidlichen Schwiegersohn bei der Tochter ein ums andere Mal in Frage zu stellen. Erfolglos! Ihre Einwände blieben auch zu jenem neuralgischen Zeitpunkt im Frühjahr 1966 erfolglos, als sich Anneliese Römer weigerte, sich scheiden zu lassen. Romys Mutter: »Das war alles nur ein Manöver, um meine Tochter noch mehr an Meyen zu fesseln.«

Anneliese Römer ließ sich dann schließlich doch scheiden, als ihr Harry Meyen eine sechsstellige Summe in Aussicht stellte. Dieses Geld kam, wie Magda Schneider immer wieder betonte, von Romy. Vorher hat er sie systematisch »weich« gemacht. Romy befand sich in einem ständigen Wechselbad der Gefühle. Mal lief sie schluchzend zur Mutter, um sich auszuweinen: »Ich glaube, ich bekomm' auch den Harry nicht.« Mal war sie in einem Überschwang der Gefühle sogar soweit, persönliche Ambitionen hintanzustellen. In einem Interview wurde sie diesbezüglich sogar öffentlich: »Die Ehe und die Mutterschaft«, versicherte sie nach der Geburt ihres ersten Kindes, »können mich nur reifer machen. Bevor ich geheiratet habe, bevor ich Mutter geworden bin, war ich nur ein junges Mädchen, das das Glück gesucht hat. Heute habe ich es gefunden. Ich bin eine rundum glückliche Frau. Bis jetzt ist meine Ehe der größte Erfolg meines Lebens. Für mich ist es wichtiger Mutter als Schauspielerin zu sein. Wenn man spielt, nützt man sich ab und verliert den Blick für die Wirklichkeit und die wahren Werte.«

Gefilmt hat sie – trotz Schwangerschaft – in dieser Zeit auch noch. *Triple Cross/Spion zwischen zwei Fronten* mit Christopher Plummer, Yul Brynner, Trevor Howard und Gert Fröbe. Und Meyen, der Mann, der sie ständig als »kleines Filmdummchen« nach Belieben heruntermachte, bekam auch noch eine Nebenrolle darin. So groß waren ihr Einfluß und ihre Bedeutung im Filmgeschäft außerhalb dieser ungewöhnlichen Beziehung zu Harry Meyen. Romy, der große Star, war sich nicht einmal zu schade gewesen, bei kleineren Parties im Hause ihres Ehemanns zu servieren. Obwohl sie, wie in ihrer zweiten Schwangerschaft mit Sarah auch, kräftig zugenommen hatte und ihre Arme und Beine angeschwollen waren.

Nachdem Romys Mutter einmal lautstark kritisiert hatte, daß ihre Tochter keine Servierkraft sei, belegte sie der Schwiegersohn mit einer Art Hausverbot. Deshalb war sie auch nicht beim werdenden Vater daheim, als David am

3. Dezember 1966 in Berlin zur Welt kam: 4000 Gramm schwer, stattliche 53 Zentimeter groß. Um in den Stunden der bevorstehenden Niederkunft Ruhe vor den Reportern zu haben, war Romy zwei Tage zuvor unter dem Namen »Madame Bossy« in ein Sonderklasse-Zimmer auf Station 9a des Rudolf-Virchow-Krankenhauses übersiedelt. Als David da war, schockierte Meyen Großmutter Magda auf ein neues. Er rief sie in ihrem Berliner Hotel an und sagte seinen Spruch auf: »Ich wollte dir nur mitteilen: Romy hat vor zwei Stunden einem gesunden Jungen das Leben geschenkt.«

Magda hat diesen Satz nie vergessen. Er hat sich ihr förmlich ins Gedächtnis gebrannt. Immer wieder sprach sie davon und schilderte die »unvergeßliche« Situation im Krankenhaus. Als sie zu Romy erstmals ans Wochenbett kam, um ihrer glücklichen Tochter zu gratulieren, waren der Vater Harry Meyen und Paul Hubschmid, ein enger Freund der Familie, anwesend. Beide Herren hatten Champagnergläser in der Hand, mit denen sie auf das freudige Ereignis anstießen. Meyen dachte offensichtlich nicht im Traum daran, Magda auch ein Glas anzubieten. Hubschmid beendete die peinliche Situation, indem er Meyens Ungezogenheit überging. Er sprang für den rüpelhaften Schwiegersohn ein, füllte ein Champagnerglas, reichte es Magda und stieß mit ihr auf den neuen Erdenbürger an.

Dabei war Magda ohne die persona non grata, Romys Stiefvater Hans Herbert Blatzheim, nach Berlin gereist. Dem hatte Meyen – angeblich sogar schriftlich – die Leviten gelesen: »Ich will nicht von Ihrem Geltungsbedürfnis sprechen, das in den Sissi-Jahren volle Befriedigung fand, sondern nur über die unglaubliche Tatsache, in welcher Weise Sie die Karriere Ihrer Stieftochter zu Ihrem finanziellen Vorteil ausgenutzt haben. Sie wußten natürlich genau, daß jeder neutrale Finanzberater verhindert hätte, daß Sie die Gagen Ihrer Stieftochter in die Firma Thyrsos einfließen ließen, anstatt sie, wie es selbstverständlich gewesen wäre, bei einer Bank mündelsicher anzulegen.«

Eine Anschuldigung, die Blatzheim natürlich erbost hat. Aber es dürfte sich wohl eher um den Ärger eines Menschen gehandelt haben, der sich ertappt fühlte. Nach dem Tod Blatzheims listeten die Nachlaß-Verwalter eine Summe von knapp 1,3 Millionen Franken auf, die die Schweizer Firma Thyrsos Romy schuldete. Ein – selbst für damalige Zeiten – geradezu läppischer Betrag, wenn man bedenkt, daß Romy bis zu diesem Zeitpunkt bereits dreißig Filme gedreht hatte. Nach allen Erbschaftsstreitigkeiten blieben ihr am Ende knapp 60 Prozent der Summe. Was aus dem Rest geworden ist, wurde nie aufgeklärt.

Die Antipathie Meyens gegenüber Romys Familie trieb auch später ungeahnte Blüten. Sie schlug sich oft in einem Verhalten nieder, das man bestenfalls als spätpubertär bezeichnen konnte. So weigerte sich Meyen nach einer Auslandsreise einmal, seine Berliner Wohnung zu betreten. Der Grund: Schwiegermutter Magda befand sich noch im Haus. Und er soll tatsächlich erst eingetreten sein, nachdem sie ihre Sachen gepackt hatte und in ein Hotel übersiedelt war.

Aber Davids Geburt war für Magda trotzdem ein stiller Triumph, den sie erst später so recht genießen konnte. Denn mit jedem Tag, den David heranwuchs, verringerte sich Meyens Einfluß auf Romy. Er war, was ihm zunächst überhaupt nicht bewußt wurde, an diesem 3. Dezember 1966 von seiner unumschränkten Machtposition verdrängt worden.

Mit einem Schlag war er nicht mehr der wichtigste Mensch in Romys Leben. Und langsam begann eine Metamorphose, in der sich Romy offensichtlich zu erinnern begann, daß ihre blinde Liebe zum Ehemann bisweilen mit Demütigungen und öffentlichen Herabsetzungen erwidert worden war.

Interessant sind in diesem Zusammenhang jene Beobachtungen, die der Bestseller-Autor Ephraim Kishon machte, der Romy von einer seiner vielen Deutschland-Aufenthalte kannte. Bei einer dieser Promotion-Reisen – Kishon brachte jährlich ein Buch auf den Markt – lud er sie ein, ihn doch einmal in Tel Aviv zu besuchen. Zu Israel und seinen Menschen fühlte sich Romy allein schon aus historischen Gründen ganz besonders hingezogen. Das ging so weit, daß sie Ende 1969 den – übrigens mäßig erfolgreichen – Film *Bloomfield* dort drehte. Während der Dreharbeiten hatte sie eine heftige Affäre mit ihrem Filmpartner Richard Harris – hier Regisseur, Hauptdarsteller und Geliebter von Romy, die damals noch mit Harry Meyen verheiratet war. Aber Meyens Stern war schon im Sinken, als die beiden 1967 Kishon ihre Aufwartung machten. Vor wirklichen Persönlichkeiten, das wurde Romy immer klarer, versiegte sein kultivierter Witz, und es mußte nicht einmal die Sprachbarriere sein, an der Meyen scheiterte.

Es genügte eben auch ein Mann vom Kaliber eines Ephraim Kishon, der selbstverständlich in der Lage war, sich auf deutsch zu unterhalten. Bei den häufigen Besuchen im Hause Kishon in Afeka, dem eleganten Villenviertel Tel Avivs, konnten auch Außenstehende erkennen, daß sich die Ehe dem Ende zuneigte. Kishon erinnert sich heute noch sehr genau an ihre Besuche. Dabei hat sich sehr deutlich abgezeichnet, wie stark Romy in der Ehe die Oberhand gewonnen hatte. »Man konnte spüren«, so Kishon, »daß da noch ein paar winzige Versuche von Meyen stattfanden, Romy zu beherrschen – aber für einen aufmerksamen Beobachter war deutlich zu erkennen, daß sie ihm bereits turmhoch überlegen war und das Sagen übernommen hatte.«

Kishon hat in diesen Tagen ihres ersten Israel-Besuches ein sehr klares Bild von Romy gewonnen. Zum einen fand er sie eine »fotogeniale« Frau, die sich auf bewegten und stehenden Bildern so in Szene setzen konnte, daß ihre Schönheit geradezu unwirklich wurde. Zum anderen entdeckte er eine Suchende: Romy hatte sich – anfangs vielleicht auch nur in ihrem Unterbewußtsein – von Harry Meyen abgenabelt, fühlte sich zu starken, klugen, erfolgreichen und charismatischen Männern hingezogen. Ein solcher Mann war der damalige israelische Verteidigungsminister Moshe Dayan. Von ihm war Romy höchst beeindruckt. Umgekehrt war es ebenso. Als Dayan erfahren hatte, daß sich Romy Schneider in Israel aufhielt, zeigte er großes Interesse, sie zu treffen. Dayan eilte ja, nicht zu Unrecht, der Ruf eines Frauenfreundes voraus. Gastgeber Kishon spielte gerne den Vermittler. Und so wurde Romy eines Tages von einem Regierungsauto mit Chauffeur und Bodyguards abgeholt und allein nach Jerusalem gebracht. Erst am späten Abend kehrte sie nach Tel Aviv zurück. Als sie Kishon anderntags traf, konnte der Schriftsteller seine Neugier nicht bezähmen und fragte sie, wie denn ihr Treffen mit dem Mann mit der berühmten Augenklappe verlaufen wäre. Romy formulierte nur knapp, sehr präzise und mit einem Wort: »Enttäuschend.«

Kishon fragte nicht mehr nach. Es lag nahe, daß der starke, aber doch sehr erdverbundene, leicht bäuerlich wirkende Dayan nicht dem entsprochen hatte, was sich Romy in ihrer Sehnsucht nach Intellektuell-Philosophischem vielleicht vorgestellt hatte.

Kishon hat sie auf dieses Treffen nie mehr angesprochen. Dafür fragte er, bei einer seiner vielen Deutschland-Reisen etliche Jahre später, den Ex-Ehemann von Romy. Meyen, ganz offensichtlich schon krank in der Seele, antwortete nur: »Romy? Die war mein Ruin.« Vielleicht lag darin sogar ein Fünkchen Wahrheit, wenngleich Romy in diesem Fall frei von jeder Schuld war.

Für Meyen gab es aus dieser Situation kein Entrinnen mehr. Die Unterstützung, die ihm Romy – die beiden waren mittlerweile nach Hamburg übersiedelt – zuteil werden ließ, war oft mehr eine Bürde für ihn als tatsächliche Hilfestellung.

Zudem hatte er sich mit seinem Verhalten auch einige mächtige Feinde unter Romys Freunden eingehandelt, die sich zu ihr und ihrem großen künstlerischen Talent hingezogen fühlten, Meyen und seine etwas seltsame Art aber verachteten. Herbert von Karajan war, wie schon erwähnt, ein solcher Freund Romys. Ihm hatte es nicht gefallen, wie Meyen seine Ehefrau behandelte. Der große Dirigent hatte diesbezüglich ein Gedächtnis wie ein indischer Elefant. Unter diesem Gesichtspunkt muß man wohl einen Anruf seines Privatsekretärs André von Mattoni betrachten, der sich bei Magda Schneider in der Berchtesgadener Schönau nach einer *Tannhäuser*-Premiere in der Hamburgischen Staatsoper gemeldet hatte. Er ließ es sich förmlich auf der Zunge zergehen, die Inszenierung von Harry Meyen zu vernichten. Romy hatte in Hamburg ihre Beziehungen zu Rolf Liebermann spielen und dem Ehemann zwei Operninszenierungen zukommen lassen. Den *Barbier von Sevilla* und besagten *Tannhäuser*. Beide gerieten zu kapitalen Publikums- und Kritiker-Flops.

Die Bühne war eine der letzten Bastionen der angeblichen intellektuellen Überlegenheit von Harry Meyen gewesen. Aber er scheiterte ein ums andere Mal. Selbst sein Hamburger Professor Higgins in *My Fair Lady* – eine Rolle, die ihm eigentlich hätte liegen müssen – wurde kein Erfolg. So verlor seine ständige Kritik an Romy plötzlich die elektrisierende und zerstörende Wirkung von früher.

Den letzten Rest in puncto Selbstbewußtsein gaben ihm die von Romy immer mehr forcierten Ausflüge nach Paris.

Wenn sie dann in einer Künstlerrunde in den einschlägigen Lokalen mit bedeutenden Köpfen wie Françoise Sagan, Jean Cocteau, Michel Piccoli, Juliette Greco oder Yves Montand zusammensaß, wirkte Meyen daneben wie ein Fremdkörper. Es wurde gelacht, ironisiert und über Gott und die Welt gerichtet. Nur Romys Ehemann saß schweigend daneben und verstand kaum ein Wort von dem, was Thema war. Und je lebhafter die Unterhaltungen wurden, desto mehr vergaß Romy ihre Rolle als Übersetzerin. Seine Rolle als stummer Gast und Beisitzer führte bald zu einem Spitznamen, der wie heißer Stahl auf seiner Seele gebrannt haben muß – »Monsieur Schneider« wurde Harry Meyen bald von allen genannt.

Mitten in diese Phase fiel der plötzliche Tod von Wolf Albach-Retty. Romys leiblicher Vater starb drei Wochen, nachdem ihn seine Tochter in Wien besucht und vier Tage an seinem Krankenbett verbracht hatte. Denn es mag zwar eine räumliche Distanz zwischen Romy und Magdas Ex-Ehemann gegeben haben, in Wirklichkeit hat Romy immer eine fast manische Verbindung zu ihrem leiblichen Vater gespürt. Und sie empfand es als eines der wenigen Positiva ihres Lebens, daß es ihr gelungen war, diese Beziehung zu ihrer Zufriedenheit zu Ende gebracht zu haben. In diesen vier Tagen von Wien hat sie am Bett des sterbenskranken Vaters wohl mit ihm gemeinsam fast ein ganzes Leben aufgearbeitet und sprach auch später immer voller Zärtlichkeit über ihn. Über ihre letzten Besuche bei ihm, über seine enorme Disziplin. Am Akademietheater hatte er in künstlerischer Pflichterfüllung beim ersten Herzinfarkt das Stück zu Ende gespielt und war dann erst ins Krankenhaus gefahren. Und als sich Romy nach seinem zweiten Infarkt bei ihm am Krankenbett ankündigte, hat sie immer mit Rührung und einem Lächeln das Szenario geschildert: »Ich durfte nicht gleich zu ihm. Als man mich angekündigt hatte, wusch und kämmte er sich, zog sich einen frischen Schlafanzug an und empfing mich in aufrechter Haltung im Krankenzimmer. Als ich ihn da so im Bett sitzen sah, wußte ich nicht, ob ich über ihn lachen oder weinen sollte.«

Wenig später war er tot. Und als Romy zu seinem Begräbnis mit Harry Meyen anreiste, war der Andrang der Medien so groß, daß sie einen Schock fürs Leben bekam. Als zwölf Jahre später ihre Großmutter, die Wiener Burgschauspielerin Rosa Albach-Retty, im biblischen Alter von 105 Jahren starb, wich sie dem Begräbnis aus. Allein und inkognito reiste sie wenig später nach Wien und erwies ihr so die letzte Ehre.

Dann kam der Sommer 1968, und die Medien überschlugen sich. Denn Romy begegnete ihrer großen Liebe wieder: Alain Delon. Die beiden standen in dem Film *Der Swimmingpool* gemeinsam vor der Kamera.

Parallel zum Filmstart lief eine Tragödie an. Die Tragödie des Harry Meyen. Denn er begann zu trinken. In Kombination mit Tabletten führte das zum Ende. Zuerst zum Ende seiner Ehe, später zum Ende seines Lebens.

»Der Swimmingpool«

Es mag ganz gewiß nur ein dummer Zufall sein, aber die Leiche am Ende jenes Films, mit dem Romy in Frankreich wieder für künstlerisches Aufsehen sorgte, hieß Harry. Es ist nicht nachvollziehbar, ob Delon selber für eine makabre Änderung im Drehbuch des *Swimmingpool* gesorgt hat. Fest steht nur eines – ursprünglich war Monica Vitti als weibliche Hauptdarstellerin neben Delon vorgesehen. Im letzten Augenblick machte der männliche Star des Films seinen Einfluß geltend und plädierte für Romy an seiner Seite vor der Kamera. Zuvor hatte er sie in Berlin angerufen.
Delon mußte sie nicht lange überreden. Als Romy aufgelegt hatte, stieß sie vor lauter Freude einen langen, schrillen Schrei aus, so daß David – damals knappe zwei Jahre alt – ganz erschrocken zu seiner Mami gelaufen war, um nachzusehen, ob mit ihr denn auch noch alles in Ordnung sei. Es war alles in Ordnung – nicht so sehr wegen des Mannes, von dem Außenstehende glaubten, er würde »auf Romy noch immer eine geradezu elektrisierende Wirkung haben«, sondern weil sie instinktiv erkannte, daß ihr diese Kombination

zu einem gewaltigen künstlerischen Sprung verhelfen würde. Und genauso kam es ja dann schließlich auch.

Man hatte allerlei Gründe dafür gefunden, warum Romys Ehemann am Set des *Swimmingpool* praktisch nicht zu sehen war. Bis auf einige wenige Tage, an denen Meyen mit David nach Südfrankreich gekommen war, blieb Romy in jenen Spätsommertagen von St. Tropez allein – oder besser gesagt, solo. Zu diesem Zeitpunkt genoß sie das ganz besonders. Denn Romy war im Begriff – um ein etwas kindisches Wortspiel zu gebrauchen – sich im *Swimmingpool* freizuschwimmen. Rein gefühlsmäßig spielte Alain Delon da nur mehr eine zweitrangige Rolle. Denn ihr absolutes, wild-verrücktes Verlangen nach ihrem einstigen Lebenspartner gehörte der Vergangenheit an. Es war einem Gefühl gewichen, das auf einer gemeinsamen Stärke und unerschütterlichen Freundschaft aufbaute. Langsam erst, aber in späteren Jahren immer stärker werdend bis hin zu ihrem Tod, wurde Delon zu einer Stütze in ihrem Leben.

Rückblickend hat sie über die *Swimmingpool*-Dreharbeiten immer folgendermaßen geurteilt: »Ich bin Alain so viel schuldig, seit wir wieder miteinander in Südfrankreich gedreht haben. Ihm verdanke ich meine Rückkehr zum Film – eine Tatsache, für die ich ihm unendlich dankbar bin. Nach der Geburt von David schien ja niemand mehr an mir interessiert zu sein. Meine Karriere wäre zu Ende gewesen, wenn Alain nicht gewesen wäre und sich an mich erinnert hätte. Durch ihn hat meine neue Karriere begonnen.«

Vordergründig hatten die Medien ihr gefundenes Fressen,

als die Dreharbeiten begannen und Alain Delon »seine« Romy am Flughafen von Nizza abholte. Natürlich vor einer gewaltigen Schar von Fotografen und Journalisten, die tags darauf dem Film schon die entsprechende Aufmerksamkeit bescherten, noch ehe die erste Klappe gefallen war. Dafür hatte Alain gesorgt, der Romy mit einer öffentlichen Umarmung empfing, als ob die schönen Tage zwischen ihnen nie zu Ende gegangen wären. Aber das konnte ja allen nur recht sein.

Der Swimmingpool wurde ein Riesenerfolg, vor allem für Romy, die mit ihrem Noch-Ehemann zur Vorstellung des Films in Paris erschienen war. Wohl mehr aus Gründen des persönlichen Schutzes, um nicht zuviel Nähe zum männlichen Hauptdarsteller zu demonstrieren. Denn innerlich hatte sie sich längst von Meyen losgesagt, selbst wenn sie das auch in ihrem allerengsten Freundeskreis noch nicht ganz eingestehen wollte.

Nach dem Premierenjubel war sie mit einemmal für die französischen Wochenmagazine cover-fähig. Ihre Winterferien, die sie »en famille« im schweizerischen St. Moritz verbrachte, waren unterbrochen von einigen Foto-Shootings, mit denen sie sich auf Seite eins der großen Illustrierten wie »Jour de France« bis hin zu »Paris Match« hievte.

Da störte es sie auch nicht mehr, daß Regisseur Jacques Deray weiterhin das Sagen hatte und sich jedweden Schnitt oder etwaige Kürzungen – auch für den Export des Films in die USA – verbeten hatte. Eine Entscheidung, die Romy übrigens für grundfalsch hielt. Obwohl *Der Swimmingpool* und seine hymnischen Kritiken für sie in Frankreich eine Art Neubeginn bedeuteten, änderte es nichts an ihrer Meinung: »Der Film«, war sie auch noch Jahre später überzeugt, »ist eine gute Viertelstunde zu lang.«

Da es sich beim *Swimmingpool* um einen Schlüsselfilm für Romy handelt, sollen hier ausnahmsweise der Regisseur Jacques Deray zu Wort kommen und einige wichtige Pressestimmen für sich sprechen:

> Mein Ausgangspunkt war Alain, erst danach habe ich die Frau für ihn gesucht. Sie mußte ihn ein wenig beherrschen, in moralischer Hinsicht die Reifere sein. Er bezaubert sie, sie analysiert ihn ... Ich sprach mit Alain, und plötzlich, als ob man bisher benebelt war, kam als einzige, mit der er das geforderte Paar bilden konnte, Romy Schneider in Frage. Ich konnte von ihrer gemeinsamen Vergangenheit profitieren. Ihre »Komplizenschaft« würde natürlich sein. Ich will ein echtes Paar, einen Mann und eine Frau, die einander genau kennen, bei denen jeder weiß, wozu der andere fähig ist...
>
> *Jacques Deray*

Hier und da blitzt bei ihr auf, was sie künftig darstellen wird: die junge moderne Frau des täglichen Lebens mit viel Poesie.

Ciné Monde, 1968

Romy Schneider erscheint im Triumph ihres Sommers in doppeltem Sinne souverän.
Télé-7-Jours, 1968

Am Rande eines Swimmingpools in St. Tropez, auf einem luxuriösen Grundstück, belauern sich vier Leute, sie versetzen sich Seitenhiebe und bereiten einander Schmerzen: enden wird das Ganze in einem Mord. Romy Schneider ist groß in Form und feiert eine beachtenswerte Wiederkehr. Mit Leichtigkeit beherrscht sie die beiden männlichen Partner, die indes von gleicher Güte sind, handelt es sich doch um Alain Delon, düsterer denn je, und Maurice Ronet, der sich in seiner Bissigkeit voll entfaltet.

Les Lettres Françaises vom 5. 2. 1969

Bilder wieder – zum Schlecken. Romy Schneider und Alain Delon tauchen, kabbeln, spielen erotische Spiele am und im azurblauen Wasser. Romy Schneider ist eine Schauspielerin von erstaunlichen Fähigkeiten. Sie ist schön anzusehen, davon profitiert sie gewiß. Aber sie kann sich auch mitteilen, spricht ein reizvoll zärtliches Französisch und ist darstellerisch in Dezenz und Nuancenreichtum geübt. Da staunt man. Kitsch, wieder präsentiert auf höchster Ebene des Geschmacks. Dieser ausgebuffte, leuchtend schöne Taschentuchfilm von Jacques Deray macht in Paris, hört man, sensationelle Kassen. Man wundert sich nicht.

Die Welt vom 10. 5. 1969

Claude Sautet

Zu den wirklich wichtigen Begegnungen im Zuge der völligen Erneuerung ihres Lebens zählte für Romy die Begegnung mit dem Regisseur Claude Sautet. Mit ihm hinter der Kamera und ihrem Lieblingspartner Michel Piccoli davor drehte sie 1969 einen der schönsten und berührendsten Filme, die sie je gemacht hat: *Die Dinge des Lebens*, ein kleines Kunstwerk nach dem Roman von Paul Guimard, nicht schwer verständlich, eher simpel, aber trotzdem voll philosophischer Tiefe.

Der Film kam gerade recht, denn zuvor hatte sie – ebenfalls 1969 – mit dem Film *My Lover, My Son / Inzest*, der in England gedreht wurde, einen gewaltigen Flop gelandet. Wobei man selbst an diesem Mißerfolg erkennen konnte, daß sie als Schauspielerin von der französischen Kritik bereits fast anbetungswürdig verehrt wurde. In allen Verrissen wurden Romy und ihre einmalige charismatische Erscheinung ausgespart. Auch Claude Sautet hatte das längst erkannt, und die Beziehung der beiden sollte weit über das berufliche Maß hinausgehen.

Sautet liebte Romy wie eine Schwester, und es tut mir auch heute noch in der Seele weh, daß die Beziehung der beiden ausgerechnet durch mich einen kleinen Riß bekommen sollte. Das war gegen Ende der Siebzigerjahre, und es handelte sich um ein Filmdrehbuch, das ich verfaßt hatte. Es gefiel Sautet und es gefiel auch Romy, die – um mir zu helfen – eine Rolle darin spielen wollte. Aber das Drehbuch hatte keinen Part, der zu ihr gepaßt hätte. Und Claude war ein viel zu aufrichtiger Freund Romys, als daß er sie in eine solche Geschichte hineingehetzt hätte. Es folgte eine Reihe von Mißverständnissen. Was am Ende blieb, war eine gröbere Verstimmung zwischen Romy und Claude, die sich nur sehr langsam wieder legte.

Die Dinge des Lebens waren geradezu richtungweisend für Romy. Darin spielt sie die Geliebte eines Architekten, dessen Lebensfilm nach einem schweren Verkehrsunfall in den letzten Minuten seines Daseins vor seinen Augen abläuft. In seinem sich überschlagenden Alfa sieht er vor sich, was in seinem Leben tatsächlich wichtig und was Blendwerk gewesen war. Ein großartiger Film mit zwei großartigen Darstellern, und ich glaube, daß er auch das Denken von Romy später ein wenig beeinflußt hat. »Egal, wie reich ein Mensch ist oder wie arm«, so lautete ihr Credo, »wie berühmt er ist oder wie unbekannt – in den wirklich wichtigen Dingen des Lebens befinden sich alle Menschen auf einer gemeinsamen Ebene. Empfinden die gleiche Freude, das gleiche Leid. Genießen Schönes und verabscheuen Häßliches mit gleicher Intensität.«

Es mag sein, daß ihr diese Erkenntnisse während ihrer ersten Arbeit mit Sautet so richtig bewußt wurden. Es liegt auf der Hand, daß es sich dabei um den Ausfluß nächtelanger Diskussionen handelte, die weit über den Drehschluß hinausgingen und auch weit über das vorhandene Skript. Es gefiel Romy, daß er nicht nur ein Freund der Schauspieler war und sich nicht, wie so mancher andere seiner Berufskollegen, mit einer breiten Schleimspur anbiederte – aus welchem Grund auch immer. Für ihn war am Set ohnehin alles Familie – von der Maske bis hin zu den Kulissen-Schiebern, von der Regie-Assistenz bis hin zu den Elektrikern. Kein Wunder, daß bei Sautet-Filmen – vier gemeinsame mit Romy sollten noch folgen – immer eine besonders angenehme Atmosphäre am Set herrschte.

In einem Interview, das sie im Vorfeld zu diesem Film gab, sagte Romy: »Claude Sautet und ich, wir haben zueinander absolutes Vertrauen, und seit *Die Dinge des Lebens* mögen wir uns immer mehr. Ich habe mit sehr berühmten Regisseuren gedreht, doch am tiefsten empfand ich das Vertrauen zu ihm und den Dingen des Lebens, die man miteinander teilt. Ich möchte, daß unsere Freundschaft so bleibt, daß sie nicht anders wird und daß auch ich nicht anders werde. Er hat mich die wahren Dinge des Lebens gelehrt – er hat mir etwas über mich selbst beigebracht.«

Romy hat danach drei andere Filme gedreht, ehe sie wieder zu Claude Sautet zurückfand. Filme, die nicht sonderlich erwähnenswert sind, wie *Qui?/Die Geliebte des anderen*, *Bloomfield* und *La Califfa*. Wobei die beiden letzteren Filme von turbulenten Affären mit den Regisseuren Richard Harris – wie schon erwähnt – und Alberto Bevilacqua begleitet waren.

Die Turbulenzen in diesen Monaten waren in Wirklichkeit nur mehr ein wildes, vielleicht auch ein wenig verzweifeltes Suchen nach einem sicheren Hafen. *Max et les ferrailleurs/ Das Mädchen und der Kommissar* (Regie: Claude Sautet) und der Trotzki-Film von Joseph Losey in Mexiko mit Alain Delon (*L'assassinat de Trotsky/Das Mädchen und der Mörder*) waren somit die letzten Stationen auf dem Weg dorthin.

Es war kein Zufall, daß Romy Paris als endgültiges Zuhause für David und sich selbst auswählte. In ihrem bisherigen Leben hatte keine andere Stadt sie so fasziniert wie Paris – das lag zum Teil an den privaten Erinnerungen, die sich im Optimismus der Vergangenheitsbetrachtung ohnehin verklärten – und es lag auch am teilweise unbeschwerten Leben, das sie hier führen konnte. Jedenfalls war es ein unbeschwerteres und liberaleres Leben, als sie es in irgendeinem deutschsprachigen Land je hätte führen können. Das war der Zeitpunkt, als sich der Weg von Romy und der meinige erstmals kreuzten. Bereits in den ersten Tagen meiner Tätigkeit in der ebenerdigen Mietwohnung von Neuilly bekam ich mit, daß sich Romy vom Vater ihres Sohnes bereits endgültig gelöst hatte. Sie hatte den Kontakt zu ihm aber nicht gänzlich abgebrochen. Dafür war sie zu sehr liebende Mutter. Sie wollte unter allen Umständen verhindern, daß David – der durch die Trennung ohnedies verunsichert sein mußte – noch weiteren Schaden nahm. Deshalb führte sie mit

Meyen kurze, ausschließlich David betreffende Gespräche, verhinderte nie, daß er zu seinem Vater nach Hamburg kommen konnte oder ermöglichte es sogar, daß Meyen nach Paris kam, um seinen Sohn zu treffen.

Romy konnte diesbezüglich sehr kühl sein. Die näheren Umstände dafür wurden mir erst in den Folgejahren nach und nach bewußt.

Es waren teilweise ungeheuerliche Dinge, die mir Romy in unseren ersten Nächten als Liebespaar in St. Tropez erzählte. Noch ungeheuerlicher als all die Anschuldigungen, die ich mir später im Zusammenhang mit Romy anhören mußte. Aber im Gegensatz zu jenen – ob sie zu Recht oder zu Unrecht im Zwielicht stehen, mögen andere entscheiden –, die tatsächlich finanzielle Vorteile daraus gezogen haben, bin ich aufgrund der von ihr hinterlassenen Millionenschulden seit ihrem Tod dazu gezwungen, ein Leben an der Peripherie der menschlichen Gesellschaft zu führen.

Warum ich trotzdem kein verbitterter und verzweifelter Mensch geworden bin, hat einen Grund. Und dieser Grund hat einen Namen: Sarah. Unsere Tochter Sarah, die in der normalen, beschützten Umgebung ihrer Großeltern aufwuchs, hat bisher das Glück gehabt, öffentlich unversehrt geblieben zu sein. Heute ist sie eine hübsche und völlig normale junge Frau. Rein äußerlich ein Ebenbild ihrer Mutter, die eine Freude an ihr hätte – vor allem an der völligen Unbeschwertheit ihres jungen Lebens.

Der Mann an Romys Seite

In den drei Wochen, die auf unsere erste Nacht in St. Tropez, in der wir zum Liebespaar geworden waren, folgte, hatte Romy ihr ganzes bisheriges Leben vor mir ausgebreitet. Ich glaube nicht, daß sie das bei jeder Affäre getan hatte – bei mir machte sie wohl eine Ausnahme. Schließlich war ich ja gewohnt, an ihrem und auch an Davids ganz normalem Alltag teilzunehmen, die kleineren und die vielleicht auch etwas größeren Sorgen mit den beiden zu teilen.
David war in diesen Julitagen in Hamburg bei seinem Vater. Romy hat mir wohl auch deshalb so viel von sich aus der Vergangenheit erzählt, weil es in der Gegenwart kaum Geheimnisse zwischen uns gab.
Die Tage verliefen jedenfalls in der schönsten gleichförmigen Harmonie. Wir frühstückten immer spät und wenig. Dann schlenderten wir zum Hafen, ich machte das Boot los, und wir brausten davon. Unterwegs badeten wir oder lagen nur faul in der Sonne, aßen wenig oder gar nichts. Trotzdem kann ich mich nicht erinnern, damals auch nur einmal den leisesten Anflug von Hunger verspürt zu haben.

Abends kamen wir nur zum Duschen ins Haus, zogen uns um – leichte, lässige Sommerkleidung – und kehrten dann bei Picolette ein, die uns immer den diskretesten Tisch im Lokal reserviert hatte. Wir gingen – für die Jet-Set-Verhältnisse von St. Tropez – früh nach Hause und schliefen trotzdem bis weit in den Vormittag hinein. Drei Wochen lang. Ohne große Fragen, was denn später, nach der Leichtigkeit des Sommerurlaubs, aus unserer Beziehung werden sollte, gaben wir uns einfach unseren Gefühlen hin.

Als ich am Ende der drei gemeinsamen Wochen Romy zum Flughafen nach Nizza brachte, tat ich das in der sicheren Überzeugung, daß nun eine schöne Zeit zu Ende gegangen war. Ich hatte keine Hoffnung, daß sich unsere schöne Romanze in Paris fortsetzen würde. Jedenfalls verloren weder Romy und schon gar nicht ich auch nur ein Sterbenswörtchen über den Tag unseres Wiedersehens. Romy flog nach Griechenland, wo sie David bei ihrer deutschen Freundin Christiane Höllger wiedertreffen und mit ihnen den ganzen August auf der anderen Seite des Mittelmeers verbringen wollte.

Ich verspürte ein wenig Wehmut, als sie das Flugzeug bestieg. Auf der Rückfahrt nach St. Tropez redete ich mir immer wieder ein, daß die schönen Tage nun eben vorüber seien. Ich sah keine gemeinsame Zukunft für uns. Unabhängig davon, daß ich mir damals als gerade Vierundzwanzigjähriger ohnehin keine großen, vorausschauenden Gedanken gemacht habe, dafür waren die drei Wochen von St. Tropez zu schnell, zu unerwartet über mich gekommen. Mir war keine Zeit geblieben, die ganze Sache auch nur einmal aus der Distanz in Ruhe durchzudenken.

Ich war nicht reifer als Gleichaltrige. Meine fast zweijährige Tätigkeit im Hause von Romy Schneider hatte lediglich bewirkt, daß ich ein paar Dinge mehr gesehen und erlebt hatte, als man gewöhnlich in diesem Alter gesehen und erlebt hat. Die vergangenen drei Wochen waren eine Art persönliche Versicherung, daß ich in Zukunft noch mehr ins Haus Schneider integriert werden würde. Dieser Gedanke beruhigte mich ein wenig. Ich spürte ja – nicht zuletzt auch wegen David – eine starke freundschaftliche Verantwortung diesem Haushalt gegenüber, dem eine so attraktive und allseits bewunderte Frau vorstand.

Ich schwöre jedenfalls, keine Sekunde mehr an eine Fortsetzung unserer Liebesbeziehung gedacht zu haben, als ich nach St. Tropez zurückkehrte. Ich war aus dem Haus, das Romy gemietet hatte, ausgezogen und überredete meine Eltern, mir die Danycha noch ein wenig länger zur Verfügung zu stellen. Bevor ich gegen Ende August wieder nach Paris zurückkehrte, verbrachte ich die meiste Zeit auf unserem Boot auf dem Wasser. Mag sein, daß da ein kleines, sehnsüchtiges Ziehen in meiner Brust war, wenn ich an Romy dachte – an unsere drei Wochen und an unser Wiedersehen im September, von dem ich keinerlei Vorstellungen hatte, wie es sich gestalten würde.

Ich war zeitgerecht nach Paris zurückgekehrt, hatte die Post und andere Kleinigkeiten erledigt. Romy hatte mich aus

Griechenland ihre exakte Ankunftszeit wissen lassen. Als sie ankam, war ich am Flughafen Orly. Sie war allein. David hatte noch einen kleinen Umweg über Deutschland genommen. Er sollte erst zwei Tage später nach Paris zurückkehren.
Unser Wiedersehen gestaltete sich sehr fröhlich und freundschaftlich. Als wir in der Rue Berlioz angekommen waren, begann Romy mit feiner Ironie die Erinnerungen an unsere schönen Tage von St. Tropez aufzufrischen. Und mir war plötzlich klar, daß sie ganz offensichtlich eine ähnliche, zart schmerzende Sehnsucht in ihrem Innersten verspürt haben mußte wie ich. Mit kleinen, sehr diskreten Andeutungen – oft nur ein Wort – schien sie die Erinnerung an die schönen Stunden wachzuküssen. Ich dagegen begann jedes einzelne Detail, das mir an ihr so gefiel, neu zu entdecken und mich aufs neue darin zu verlieben: ihre strahlenden Augen, ihr dunkler Teint, der schöne Mund, ihr Lachen, ihr entzückender Akzent. Ich habe nur stumm genickt, als sie mich fragte, ob ich sie zum Abendessen begleiten wollte. Dann habe ich sie bei der Hand genommen und mit ihr gemeinsam das Haus verlassen.
Wir speisten in der Orangerie. Niemandem, nicht einmal dem hochsensiblen und aufmerksamen Jean-Claude Brialy fiel auf, daß Romy und ich ein Paar waren.
Wir aßen. Wir zahlten. Wir fuhren heim. Dann verbrachten wir die Nacht gemeinsam in der Rue Berlioz.
Obwohl wir nun endgültig ein Liebespaar waren, spielten wir nach außen hin die Situation weiter, die seit nahezu zwei

Jahren zwischen uns bestand. Romy war der Star und ich ihr Privatsekretär, der von Flugtickets bis hin zu Davids Schulangelegenheiten alles regelte. Ich schlief aber größtenteils weiterhin in meiner Kleinwohnung. Niemand merkte, daß wir zusammen waren – es war auch einigermaßen schwer zu erkennen, denn durch meine Tätigkeit für Romy war ja eine gewisse Nähe zu ihr geradezu notwendig geworden. Und näher kamen wir einander ja – zumindest öffentlich – nicht.

Ich glaube, ich hätte mit der Situation durchaus noch einige Zeit klarkommen können – aber erstaunlicherweise war es Romy, die nach zwei Monaten der Heimlichtuerei die Nase voll hatte. Für eine Kino-Premiere, zu der sich viel Prominenz angesagt hatte, bestellte sie zwei Karten. »Wenn du willst«, sagte sie mir, »dann gehen wir beide dorthin. Wen kümmert das schon, ob unsere Beziehung weiterhin heimlich bleibt oder bekannt wird?«

Ich dachte kurz nach, dann erwiderte ich langsam: »Du hast recht – und selbst wenn es jemanden kümmert, uns kann das doch ganz egal sein.«

Also sagten wir zu.

Für den Film und seine Gala-Premiere, ich glaube, es handelte sich um eine Hollywood-Dokumentation, bestand plötzlich Rieseninteresse – im nachhinein, nachdem man erfuhr, wer Romy an diesem Abend offiziell begleitet hatte.

Als ich am Premierentag mit Romy das Haus verließ, konnte ich aus den Augenwinkeln David beobachten, wie er uns beim Weggehen betrachtete. Er lächelte nur still in sich hinein. Ich muß gestehen, daß mir dieser Augenblick für immer im Gedächtnis haften bleiben wird.

Im Anschluß an die Premiere überboten sich die internationalen Gazetten in den Spekulationen über meine Person. Wobei es in manchen Fällen zu wirklich extremen Auffassungsunterschieden kam. Die veröffentlichte Meinung differierte stark zur öffentlichen Meinung. Vor allem dann, wenn es um jene ging, die zu unserem engeren Freundeskreis gehörten. Die meisten warteten ab, was denn nun aus dieser Geschichte zwischen Romy und Daniel wohl werden würde. David war der einzige, der wohl etwas ahnte, aber weder von Romy noch von mir eingeweiht worden war. Wir taten in der Rue Berlioz vor ihm noch immer ein wenig heimlich, weil sich Romy nicht ganz sicher war, wie David darauf reagieren würde. Schließlich sah er ja in mehr oder weniger festen Abständen auch noch seinen leiblichen Vater in Hamburg. Und ich verbrachte die meisten Nächte noch immer in der Rue Bugeaud – aus Rücksicht auf David. Wenn ich aber bei Romy schlief, dann sperrten wir stets das Schlafzimmer von innen ab.

Eines Tages hatten wir das vergessen. Es war sehr spät gewesen, als ich Romy heimgebracht hatte. Also schlief ich gleich bei ihr. Frühmorgens, kurz vor der Schule, klopfte es an der Tür, und schon war David im Zimmer. Bevor er sich auf den Schulweg machte, wollte er noch seine Mutter zum Abschied küssen. Plötzlich sah er im Halbdunkel des Raumes jemanden an der Seite von Romy liegen. Er stutzte kurz, dann hob er die Decke, sah mein Gesicht und lächelte zu-

frieden. Er sagte nur: »Ach so, du bist es, Daniel.« Dann küßte er auch mich und ging.
Von diesem Augenblick an hat er nie wieder gefragt, hat nie darüber diskutiert, warum ich der neue Mann an der Seite seiner Mutter war. Er hat es zur Kenntnis genommen, und ich glaube, daß ich heute sagen darf, er hat es mit großer Freude zur Kenntnis genommen. Für ein Kind, ganz besonders für ein solches wie David, ist es in allererster Linie wichtig, daß seine Mutter glücklich ist. Und als David sah, daß Romy glücklich war, bestand für ihn nicht die geringste Notwendigkeit zu hinterfragen, warum das wohl so sei. Für uns herrschte kein Erklärungsnotstand.
Wir haben jeden Tag genossen. Wir haben keine großen Pläne geschmiedet. Wir haben nicht einmal darüber nachgedacht, wie es mit uns am nächsten Tag, in der nächsten Woche weitergehen sollte.
Im Herbst dieses Jahres hat sich Romy sehr wohl gefühlt. So wohl, daß sie etwas tat, was sie sonst vermied wie der Teufel das Weihwasser – sie wurde öffentlich und trat in Deutschland in einer dieser modern gewordenen Talkshows auf. Bei Dietmar Schönherr, einem Schauspieler und TV-Moderator, den sie ganz offensichtlich sehr schätzte. Als Pendant zu Romy hatte Schönherr einen Mann eingeladen, der als Bankräuber in Deutschland für Furore gesorgt hatte. Sein Name: Burkhard Driest. Sein eigentlicher Beruf: Schauspieler und Regisseur. Er hatte im Gefängnis einen Roman geschrieben, der seinen Widerstand gegen Gesellschaft und Establishment erklären sollte. Ein Thema, das Romy nicht kühl las-

sen konnte. Nun saß er da mit seinem lässigen Outfit: Jeans, T-Shirt, Lederjacke. Und diese unkonventionelle Lässigkeit – in einem an sich völlig unlässigen Land mit dementsprechendem Fernsehen – war es, was Romy gefiel und weshalb sie sich weiter vorwagte als gewöhnlich.

In Medienangelegenheiten, es sei denn, es handelte sich um Reklametrommeln für einen bevorstehenden Film, war Romy gewöhnlich ja verschlossen wie eine Auster. Ihr Lob für den provokanten Ausbrecher aus den konservativen Reihen mobilisierte anderntags die Boulevardpresse und deren Phantasie. Romys Lob für den Ex-Knacki (»Sie gefallen mir sogar sehr!«) wurde als klare Aufforderung angesehen, und man erging sich in Spekulationen, die in Schlagzeilen wie »Der Bankräuber und der Star« gegossen wurden.

In Wirklichkeit war der Abend nach der Show höchst trivial zu Ende gegangen. Romy übernachtete allein in einem Düsseldorfer Luxushotel. Driest verbrachte die Nacht in einer anderen Stadt, weit von Düsseldorf entfernt.

»Ich will ein Kind«

In der Folge lebten wir in einem unbeschwerten Zustand: Romy war glücklich. David war glücklich. Ich war glücklich. Wir verschwendeten keinen Gedanken an irgendwelche Pläne für die Zukunft. Die Tage vergingen, ohne daß jemand darüber nachgedacht hätte, wie es mit uns dreien weitergehen würde. Niemand sprach von Heirat, niemand sprach von Kindern.

Alles war eitel Wonne. Nur beruflichen Ärger gab es. Romy drehte mit einem Regisseur, der ursprünglich ganz oben auf ihrer Wunschliste gestanden hatte und den sie – unbekannterweise – sehr verehrte: Claude Chabrol. Aber die Dreharbeiten zu dem Film *Die Unschuldigen mit den schmutzigen Händen* empfand sie als Fiasko. Romy, die hinter der Kamera einen Mann benötigte, der die Zügel fest im Griff hatte, fand einen, wie sie meinte, »desinteressierten und nachlässigen Regisseur« vor. Bei den Dreharbeiten mit Rod Steiger, Paolo Giusti, Jean Rochefort und dem deutschen Schauspieler Hans Christian Blech war von Chabrol kaum etwas zu bemerken – er hatte den Akteuren ja vor den Dreharbeiten bereits seine Vorstellungen präzisiert. Er ging davon aus, daß sie ihre Texte konnten und im übrigen nachvollzogen, was er ihnen skizziert hatte. Chabrol hatte sich ein Schachbrett zu den Dreharbeiten mitgenommen und war am Spiel hinter der Kamera ganz offensichtlich mehr interessiert als an dem davor. Romy war stinksauer darüber. Wenn ich sie von den Dreharbeiten mit ihrem Mini Cooper abholte – der Porsche hatte seinen Geist aufgegeben, und ich hatte ihn gleich aus Wut in der Mechanikerwerkstatt stehengelassen –, ärgerte sie sich jedesmal grün und blau. Dazu kam, daß sie zu Hollywood-Star Rod Steiger keinen richtigen Draht fand. Ihr war das ganze Spektakel, das er um seine Person inszenierte, zutiefst zuwider.

Nach Abschluß der Dreharbeiten verrauchte ihr Ärger in einem schönen Weihnachtsfest. Wir verbrachten es bei Romys Mutter in Berchtesgaden. Zu Silvester 1974 herrschte die perfekte Harmonie.

Offiziell war ich auch im Jahr 1975 Romys Angestellter, und mein Salär war spärlich. Im März standen die Dreharbeiten für *Le vieux fusil/Das alte Gewehr* auf Romys Terminkalender. Sie war gewöhnlich ein Musterbeispiel an Pünktlichkeit, Disziplin und Zuverlässigkeit. Aber an diesem 1. März war sie auch eine Viertelstunde nach dem vereinbarten Termin noch immer nicht am Drehort. Das machte den Filmstab einigermaßen nervös. Ich hatte in der Rue Bugeaud geschlafen, um Romys Konzentration am Abend vor dem Drehbeginn nicht unnötig zu irritieren. Denn der erste Tag war für sie stets der härteste.

Man hatte ihr einen Wagen der Produktion in die Rue Berlioz geschickt, den sie zum vereinbarten Zeitpunkt auch bestieg. Alle Welt fragte mich, wo denn Romy sei – Philippe Noiret, der männliche Hauptdarsteller, Regisseur Robert Enrico, Kameraleute und Produktion.

Aber ich hatte keine Ahnung.

Mit zwei Stunden Verspätung traf sie am Set ein. Seelenruhig begrüßte sie jeden mit besonders großer Freundlichkeit, dachte aber offensichtlich nicht im geringsten daran, über ihre Verspätung Aufklärung zu geben.

Nur bei ihrem Partner Philippe Noiret, den sie sehr schätzte und der wegen der scheinbar unbegründeten Verspätung vorerst ziemlich verstimmt war, entschuldigte sie sich später – sie brachte ihm an einem der folgenden Drehtage ein kleines Geschenk mit.

Unmittelbar nach ihrer verspäteten Ankunft holte mich Romy in ihre Garderobe. Sie sperrte ab und lächelte gelassen. Sie wollte zuerst einmal abwarten, was ich ihr zu sagen hätte. Und als ich mich der allgemeinen Frage, wo sie denn gewesen sei, anschloß, antwortete sie in drei knappen Sätzen: »Ich war beim Arzt. Ich habe mich entschieden. Ich will ein Kind.«

So einfach war das, kurz und bündig.

Romy war eine Frau, die ihre Entscheidungen immer allein traf. Das brachte oft Überraschungen mit sich. Aber es war auch eine Eigenschaft, die sie noch attraktiver machte. Ich muß gestehen, daß ich mich in dem Moment ihrer Eröffnung ein wenig überrumpelt gefühlt habe. Aber ich versuchte, es mir nicht anmerken zu lassen. »Wenn es dein Wunsch ist«, sagte ich gelassen, »dann geht das in Ordnung. Schauen wir, was uns die Zukunft bringt.«

Das war keine besonders gelungene Antwort, entsprach aber durchaus meiner fatalistischen Lebenseinstellung. Die hat sich grundsätzlich bis zum heutigen Tag auch nicht sonderlich geändert.

Trotzdem überkamen mich damals gemischte Gefühle. Einerseits muß ich gestehen, daß ich mich sehr geschmeichelt gefühlt habe, andererseits war das eine Entscheidung, die mir plötzlich eine besondere Form von Verantwortung übertrug und in die ich eigentlich nicht eingebunden war. Ich gebe zu, daß mich dieses Bewußtsein ein wenig unsicher gemacht hat. Und Romys impulsive Antwort auf mein Warum fiel für mich auch nicht befriedigend aus: »Weil ich es entschieden habe«, meinte sie lakonisch.

Drei Monate später fuhren wir nach Ramatuelle bei St. Tropez. Es wurde ein langer Sommerurlaub, bei dem sich Romy so richtig wohl fühlte. Vom 15. Juni an hatte ich einen Bauernhof für uns gemietet – das war ihr Wunschtraum seit Kindertagen gewesen. Zwei Jahre später sollten wir uns dann den Traum eines eigenen Bauernhofs erfüllen, den Romy ganz nach ihren Vorstellungen umgestalten ließ und der zu unserem Hauptwohnsitz werden sollte. Auch David war – bis auf drei Wochen, die er bei seinem Vater verbrachte – mit uns in Südfrankreich.

In Sachen Harry Meyen hatte sie sich endgültig festgelegt. Sie wollte die Ehe beenden, auch wenn das gleichbedeutend mit einem schmerzlichen finanziellen Verlust war. »Ich bin zu müde«, sagte sie, »um da noch weiterzukämpfen. Also werde ich mich freikaufen.« Anfang September gingen die letzten juristischen Formalitäten in München über die Bühne.

»Warum«, so fragt einer der vielen Romy-Biographen, der in dem Mythos, der um sie nach ihrem Tod entstanden war, ein Geschäft witterte, »warum erliegt diese Frau wie ein junges Mädchen dem Charme des elf Jahre jüngeren Biasini? Warum durchschaut sie nicht das Spiel, in dem sie nur scheinbar eine Hauptrolle hat, in Wirklichkeit aber als Opfer ausgewählt wurde?« Wer viel fragt, kann man da nur sagen, geht leicht irr. Ich will ihm zugute halten, daß er diese Sätze wenigstens reinen Herzens geschrieben hat und nicht etwa, weil sie tendenziösen Informationen entsprangen. Der Autor, ein Journalist, brüstete sich – im zeitlich sicheren Abstand von einem knappen Jahrzehnt nach ihrem Tod –, ein Freund von Romy gewesen zu sein. Soviel ich weiß, hat er sie aber nur zu einem längeren Interview getroffen, das im Vorfeld einer Film-Publicity stattfand. An diesem ominösen Abend, so habe ich später erfahren, hat man Romy nicht daran gehindert, kräftig dem Rotwein zuzusprechen. Die Folge war ein – lächerlich-grotesker – Walzer, den die weidwunde Romy mit einem Fischer in einem Dorfwirtshaus tanzte. Die seltsame Tanzeinlage wurde im Bild festgehalten, denn so etwas macht sich ja immer gut. Eine weitere Folge war ein komplizierter Beinbruch: Romy war – ob nüchtern oder nicht, ist gar nicht mehr so wich-

tig – während der Fotoaufnahmen auf einem glitschigen Stein an der Küste ausgerutscht und hatte sich dabei schwer verletzt. Das wurde nicht im Bild festgehalten, denn so etwas macht ja keinen so guten Eindruck.
Der journalistische Einsatzleiter dieser unseligen Aktionen hat also die Frage gestellt, wie eine Romy Schneider dem Charme eines Daniel Biasini verfallen konnte. Das ist, posthum gesehen, eine weitere Ohrfeige für einen großartigen Menschen. Die Verhöhnung eines angeblichen Freundes.
Oder meint er tatsächlich im Ernst, daß es einer starken, erfolgreichen und schönen Frau, der Mutter eines neunjährigen Jungen und einer weltweit gefragten Schauspielerin von fünfunddreißig Jahren passiert sein sollte, sich von einem vierundzwanzigjährigen Burschen an der Nase herumführen zu lassen? Eine schwachsinnige These. Mehr ist dazu nicht zu sagen.
Im Gegensatz zu den Behauptungen, daß sich Romy nach ihrer Scheidung von Harry Meyen in einer Münchner Hotelbar hemmungslos betrunken habe, erzähle ich hier meine Version. Und man darf davon ausgehen, daß sie die richtige ist. Romy war geradewegs nach Südfrankreich zurückgekehrt, und während David in Ramatuelle blieb, gingen wir an Bord der Danycha und nahmen Kurs in Richtung Korsika. Es war, was den Seegang betraf, eine ruhige Überfahrt. Stürmisch war nur unsere Stimmung. Romy wirkte ungeheuer befreit. Wir alberten den ganzen Tag über herum, und es schien, als würde sie sich eine Last von der Seele lachen.

Romy lachte überhaupt gern. Auch wenn das in den Biographien, die über sie geschrieben wurden, fast nie deutlich wurde – ich kann nur immer wieder betonen: Romy war grundsätzlich ein fröhlicher, humorvoller Mensch. Aber ich weiß: Tragödie verkauft sich eben besser.

Unsere erste Station auf Korsika war Calvi. Als wir im Hafen angelegt hatten, suchte Romy nach der erstbesten Telefonzelle. Vorher hatte sie ein paar Franc-Scheine in eine Handvoll Münzen umgewechselt. Sie betrat die Zelle – mit Blick auf Mole und Leuchtturm – und wählte Viscontis Nummer in Rom. Er hatte ihr in den Tagen zuvor eine Nachricht zukommen lassen und um Rückruf gebeten. Nach einer Ouvertüre, die in einer lustigen Mischung aus Englisch, Französisch und Italienisch geführt wurde, kam Visconti zur Sache: »Romina«, sagte er, »ich brauche dich für einen Film, den wir gegen Jahresende mit Alain Delon drehen werden.« Ohne überhaupt auch nur ein Sterbenswörtchen an Interesse für das Projekt zu heucheln, erwiderte ihm Romy: »Meister, du weißt doch, daß ich alles für dich tun würde. Aber diesmal kann ich wirklich nicht. Ich bekomme ein Baby, ich bin schwanger.«

Ich war mit einem Schlag der glücklichste Mensch der Welt. Ich hatte alles mitgehört und begriff in diesem Augenblick, was es bedeutet, geliebt zu werden. Es war bereits der zweite Beweis ihrer Liebe, den Romy mir entgegenbrachte. Der erste war wohl ihre äußerst eigenwillig vorgetragene Entscheidung gewesen, ein Kind mit mir zu bekommen.

Nicht alle Beteiligten waren glücklich in diesem Augenblick.

Während ich neben Romy stand, war förmlich spürbar, wie die Leitung zwischen Rom und der kleinen Telefonzelle auf Calvi mitten im Sommer gefror.

Visconti reagierte wütend. »Es gibt Zeiten, die sind fürs Kinderkriegen, und es gibt Zeiten, die sind fürs Filmen geeignet. Jetzt ist die Zeit für den Film.«

Plötzlich versteinerte Romys Gesicht. Ganz kalt sagte sie ins Telefon: »Nein, jetzt ist nur Zeit fürs Kinderkriegen.«

In diesem Augenblick empfand ich ungeheuren Respekt für Romy und eine tiefe Liebe.

Nachdem sie das Gespräch mit einer sehr förmlichen Verabschiedung beendet hatte, wandte sie sich an mich. »Ich bin mir noch nicht hundertprozentig sicher«, sagte sie, »aber rein gefühlsmäßig glaube ich, daß ich schwanger bin.«

Nach einer Woche auf dem Meer kehrten wir nach St. Tropez zurück, fuhren gleich weiter nach Paris. Dort ging Romy zum Arzt.

Als sie nach Hause kam, sagte sie ganz ruhig: »Ich hatte recht. Ich bin schwanger.«

Hochzeit in Berlin

Ich habe mittlerweile die Beobachtung gemacht, daß Frauen durch eine Schwangerschaft in unterschiedliche Gemütslagen versetzt werden können – manche werden nervös, andere wiederum hypersensibel oder aggressiv. Romy war nichts von alledem. Wie in einer Blase abgeschlossen von der Welt, verwandelte sie sich in ein Wesen, das nur mehr Heiterkeit und Gelassenheit verströmte. War sie vor ihrer Schwangerschaft zurückhaltend und extrem vorsichtig gewesen, so erlebte ich im Herbst 1975 eine Romy, die so ganz anders war, als sie von Außenstehenden immer geschildert wurde. Obwohl zurückgezogen und in sich ruhend, gab sie sich ungeheuer offen und schien mit der Welt völlig im Lot. Die geradezu unglaubliche Metamorphose einer ernsthaften Frau und Künstlerin, die noch kurz zuvor vom Streß ihres Berufes gefesselt schien. Wie durch ein Wunder war jede Anspannung von ihr gewichen.
Romy dachte in dieser Zeit viel nach. Oft kauerte sie minutenlang da, die Unterschenkel mit beiden Armen fest an die Oberschenkel gepreßt, und schien mit ihren Augen irgend-

wo in endlos weiter Ferne zu verweilen. Wenn ich sie aber aus dem Nirgendwo zurückholte und fragte, worüber sie gerade grüble, schüttelte sie oft wortlos den Kopf – und antwortete mir dann stereotyp mit ein und demselben Satz: »Ich bin glücklich.«

Anfang November hatte die werdende Mutter den offensichtlichen Prozeß des Nachdenkens beendet. Sie setzte mich davon sofort in Kenntnis. Lakonisch meinte sie: »Es ist schön und gut, Daniel, daß du Vater wirst. Ich freue mich auch für dich. Aber ich brauche für meine Kinder einen Mann und eine Familie. Ich habe mich entschieden: wir heiraten.«

Ich fühlte mich überrumpelt. In meiner Jugendlichkeit hatte ich die ganze Sache doch ein wenig locker genommen und nicht groß darüber nachgedacht, welche Verantwortung, welche Belastungen und welch ein veränderter Lebensstil damit verbunden waren. Romys ultimative Aufforderung »Wir heiraten« kratzte nicht an meinem Stolz. Mein Mangel an Lebenserfahrung hat mich in das Abenteuer Ehe ebenso arglos hineingehen lassen, als hätte Romy blitzartig beschlossen: »Wir fahren jetzt nach St. Tropez.« Oder: »Wir kaufen uns einen neuen Kühlschrank.«

Romy hatte in diesen Wochen und Monaten vor unserer Hochzeit eine – wie ich es nannte – »ländliche Sensibilität« entwickelt, die ihrem wirklichen Naturell und den tiefsten, vielleicht auch unbewußten Bedürfnissen entsprach. Für ihr inneres Gleichgewicht waren in dieser Phase kein Film, kein Künstler, keine Auszeichnung wichtig. Sie benötigte

nur den wärmenden Schutz eines Nestes – so banal und konventionell das auch klingen mag.
Romy rauchte nicht. Romy trank auch in dieser Zeit keinen Tropfen Alkohol, aus Rücksichtnahme auf das Kind in ihrem Bauch. Sie hatte auch sonst immer weniger getrunken in jener Zeit, die ich bisher mit ihr verbracht hatte. Vielleicht ein, zwei Gläser Wein zum Essen, ein bißchen was danach – ich habe sie nie beschwipst, geschweige denn betrunken gesehen. Mit der Einnahme von Optalidon gemixt mit Bordeaux – diesem teuflischen Gebräu aus Anti-Schmerzmittel und Alkohol, das ihr der migränekranke Harry Meyen nähergebracht hatte – war es schon jahrelang vorbei. Cognac, Wodka, Whisky hat sie ohnehin nie angerührt.
Ihr Appetit wuchs zusehends. Sie verschlang enorme Portionen und nahm bis in den Dezember etwa sieben Kilogramm zu. Sie war erst im vierten Monat schwanger. Meine Warnungen wehrte sie ab: »Warum soll ich beim Essen vorsichtig sein? Das Baby braucht das, und mich kümmert es nicht weiter, wenn ich zunehme.«
Zu diesem Zeitpunkt konnte Romy nichts aufregen, nichts aus der Ruhe bringen.
Die Hochzeit war für den 18. Dezember 1975 in Berlin geplant. Das hatte zwei, für Romy sehr wesentliche Gründe: In dieser Stadt, die sie wie keine andere in Deutschland liebte, war vor neun Jahren David zur Welt gekommen. Außerdem hätten die Formalitäten in Paris weit mehr Zeit in Anspruch genommen – sicher drei Monate mehr als in Berlin. Und Romy hatte es nun einmal eilig.

Also ließen wir uns in einer unkonventionellen Zeremonie in Berlin trauen. Romy hatte das noble »Gerhus« ausgewählt und mit einer Sondergenehmigung das Standesamt ins Hotel verlegt. Sie kam aus Berchtesgaden, wo sie meine künftige Schwiegermutter und deren dritten Ehemann Horst Fehlhaber von unseren Plänen und den damit zusammenhängenden Neuigkeiten informiert hatte. Ich reiste aus Paris an, wo ich am Vorabend ganz kräftig meinen Abschied vom Junggesellen-Dasein gefeiert hatte. Mit mir waren meine Eltern nach Berlin geflogen. Mein Trauzeuge war Star-Figaro Alexandre, Romy hatte für die Blitzhochzeit zwei Trauzeugen nominiert: Christiane Höllger und ihren Berliner Anwalt Gerd-Joachim Roos, der alle Formalitäten – inklusive der Gütertrennung – für sie erledigt hatte. Romy, tief dekolletiert, mit einem Blumenkranz im Haar und, ihrem Umstand entsprechend, einem weiten Kleid, sagte »oui«, ich antwortete auf die Frage des Standesbeamten auf deutsch.

Die Zeremonie, die in einem dafür improvisierten Raum des Hotels stattgefunden hatte, war schnell zu Ende. Ebenso schnell hatten wir die kleine Hochzeitstafel verlassen. Schon am Nachmittag ging es wieder in Richtung Paris zurück, wo die eigentliche Hochzeitsfeier bei Jean-Claude Brialy in der Orangerie stattfand. Romy fühlte sich da bereits hundeelend. Schuld daran war nicht die hektische Reiseroute, die sie sich in den vergangenen Tagen selbst auferlegt hatte, sondern schlicht und einfach ihr Kiefer. Der Kiefer und ein eitriger Zahn sollten schließlich daran schuld sein, daß es für uns zum Jahreswechsel zu einer Tragödie kam.

Böswillige Lügner haben daraus einen ominösen Verkehrsunfall gemacht, in den ich verwickelt gewesen sein sollte und durch den Romy eine Fehlgeburt erlitten hätte. Miese, kleine, intrigante Lügen, die dann – wie so oft bei Romy Schneider – von dummen und gewissenlosen Menschen ungeprüft übernommen worden sind. Ein für allemal: Ich habe, schon gar nicht zu der fraglichen Zeit, keinen Verkehrsunfall gehabt. Romy konnte deshalb auch nicht neben mir gesessen und eine Fehlgeburt erlitten haben. Sie hatte eine ganz andere Ursache, und ich werde auch gleich erzählen, welche.

Doch vorerst einmal der Reihe nach: Trotz der Unpäßlichkeit von Romy war es ein schönes Fest in der Orangerie. Neben dem Hausherrn war natürlich Claude Sautet anwesend. »Romys Meister« Luchino Visconti gratulierte mit einem herzlich-versöhnlichen Brief. Er ließ sich entschuldigen und war durch Helmut Berger vertreten. Die Ex-Ehefrau von Curd Jürgens, Simone Bicheron, übertrumpfte Romy, was die Schwangerschaft anging – bei ihr konnte es jeden Moment soweit sein. Magda Schneider war mit ihrem Ehemann gekommen und erkundigte sich – typisch für sie – gleich einmal nach Alain Delon, der ebenfalls schriftlich gratuliert hatte. So hat sie es auch später in ihren Lebenserinnerungen festgehalten. Jedenfalls wurde es ein sehr schönes, fast möchte ich sagen, geradezu familiäres Fest bei Brialy. Die Stimmung wurde nur dadurch getrübt, daß Romy der eitrige Zahn mehr zu schaffen machte, als sie ursprünglich angenommen hatte. Die Präparate und Medikamente, die sie dafür bekommen hatte, verfehlten so ziemlich ihre Wirkung.

Um Weihnachten 1975 herum herrschten hektische Vorbereitungen im Haus, und in der Rue Berlioz ging es ziemlich österreichisch zu. Romy packte die Hochzeitsgeschenke aus – Teller, Gläser, Wäsche, eine Unmenge von Gebrauchsgegenständen für den Haushalt. Dann gab es eine üppige Weihnachtstafel mit der Familie: Magda und Horst, Romys Bruder Wolfi und seine Frau, meine Familie mit meinem jüngeren Bruder Charles, der in Los Angeles lebt, sowie David, Romy und ich. Hauptgericht war eine köstliche Ente mit Rotkraut.

Der Weihnachtsabend war wunderschön. Aber tags zuvor hatte die fröhliche Stimmung jäh geendet – gegen Mitternacht bekam Romy pochende Schmerzen im Kiefer. Der Weisheitszahn, der ihr schon die Hochzeit und ein wenig auch die Hochzeitsfeier vermiest hatte, rebellierte wieder und diesmal endgültig. Durch das weihnachtliche Paris rasten wir in die Notambulanz der Zahnklinik. Der Arzt entschied sich für eine operative Entfernung des Zahnes. Er versorgte Romy mit Antibiotika und schickte sie wieder nach Hause. Dort angekommen, war sie zwar vorerst in einem Zustand der völligen Erschöpfung, aber heilfroh über den Gedanken, daß nun alles ausgeheilt und ausgestanden war. Einem besinnlichen, familiären Weihnachtsfest stand nun nichts mehr im Weg. Die nächsten Tage verbrachte

Romy tatsächlich schmerzfrei und glücklich: Grippe ausgeheilt, Zahnprobleme gelöst und die ganze Familie rund um sich versammelt – schöner konnte sie es sich nicht vorstellen.
Für Silvester hatten wir einen Tisch bei Brialy bestellt. Ihre liebste Pariser Freundin Michelle de Broca wollte den Jahreswechsel mit uns begehen. Romy schonte sich, und wir freuten uns auf das bevorstehende Fest.
Doch es sollte anders kommen.
Am 31. Dezember gegen 18 Uhr überfielen Romy plötzlich stechende Schmerzen im Bauch. Sie krümmte sich im Bett, Wasser trat ihr aus den Augen, sie war kaum fähig, ein Wort zu sprechen. Ich alarmierte den Arzt. Eine Viertelstunde später war er da, keine fünf Minuten später rief er den Notarztwagen. Ich verständigte Romys Vertrauensarzt, Doktor Yllous, der uns sofort in die medizinische Privatklinik in der Rue Nicolo einwies. Ich hielt Romys Hand, als sie im Notarztwagen lag. Sie wurde ruhiggestellt und sehr lange untersucht. Eine Stunde nach dem Jahreswechsel kam die niederschmetternde Nachricht: Romy hatte eine Fehlgeburt erlitten und ihr Baby verloren. Als Grund deutete uns der Doktor Yllous einen ärztlichen Kunstfehler bei der Kieferoperation an, die Romy in der Vorweihnachtszeit gehabt hatte. »Ein Virus«, sagte er, »hat sich auf den Fötus übertragen und ihn infiziert. Daraufhin hat der Körper der Patientin ganz natürlich reagiert und den Fötus abgestoßen.«
Romy blieb zwei Tage lang in der Klinik. Und mit jeder Stunde, die ich an ihrem Krankenbett verbrachte, wurde

mir klar – am wichtigsten ist, daß Romy wieder gesund wird.

Ich bin sicher, daß Romy mit ihren mütterlichen Urinstinkten nicht so gedacht hat. Bei ihr saß der Schock tief, sehr tief. Und es dauerte sehr viel länger als bei mir, sich von dem Tiefschlag zu erholen.

Aber das Leben mußte weitergehen, also mußte ich etwas unternehmen, damit es mit Romy mental wieder bergauf ging.

Um dem kalten, unfreundlichen Paris zu entkommen, buchte ich zwei Wochen in einem wunderschönen Hotel auf Jamaika. Romy, die ein Angebot von Regisseur Pierre Granier-Deferre für *Une femme à sa fenêtre/Die Frau am Fenster* mit Philippe Noiret und Umberto Orsini in den männlichen Hauptrollen hatte, blühte unter der Karibik-Sonne förmlich auf. Daraufhin beschlossen wir zu verlängern und verbrachten den gesamten Januar am Sonnenstrand mit süßem Nichtstun.

Heinrich Böll, ein Idol

Nach den schönen Tagen am Karibikstrand ging das Leben auch in Paris erfreulich weiter. Romy bereitete zwei Filme vor: *Die Frau am Fenster* und eine kleinere, aber spektakuläre Rolle in *Mado,* wo sie mit zwei engen Freunden arbeitete – Claude Sautet führte Regie, und Michel Piccoli war ihr Partner. Der Kurzauftritt Romys blieb allen, die *Mado* gesehen haben, in lebhafter Erinnerung. Sie spielte darin die Witwe Hélène, die ihre Seele nach dem Selbstmord ihres Mannes mit Tabletten und Alkohol zu betäuben versucht. Um diese Rolle glaubhaft darzustellen, entschloß sie sich zu etwas, was Schauspielerinnen gewöhnlich unter allen Umständen vermeiden, und die Maskenbildnerin mußte einmal ganz anders zu Werke gehen. Romys Gesicht wurde fettglänzend und aufgequollen geschminkt, auf Rouge und Lidschatten gänzlich verzichtet. Romy zeigte in dieser beeindruckenden Darstellung ein verheertes, gepeinigtes Gesicht, und es gelang ihr damit das Porträt einer durch und durch unglücklichen Frau. Die Presse bejubelte sie als »sensationell«, »großartig« und »überragend«. Romy

selber fand, daß diese Rolle ein neuer Ausgangspunkt für ihre Karriere sein könnte.
Damit lag sie wohl richtig. Falsch lag sie dagegen bei einem abermaligen – dem wievielten eigentlich schon? – Versuch, Publikum und Medien davon zu überzeugen, daß »Rollen, die ich auf der Filmleinwand darstelle, absolut nichts mit meinem wirklichen Leben, mit der wirklichen Romy Schneider zu tun haben«.
Dieser fromme Wunsch wurde natürlich überhört. Im »Medienpuzzle Romy Schneider« suchte sich eben jeder selbst seinen ihm passenden Stein, und so mußte auch Romys Hélène in *Mado* für die Psycho-Sandkastenspiele diverser Autoren herhalten. »Zwischen Tränen, Selbstvorwürfen und Anschuldigungen schwankend«, schrieb einer voll triefendem Pathos, »hat sie in dieser Szene ein Stück von sich selbst preisgegeben.« Da fragt man sich, woher der Autor, der Romy doch damals noch nicht einmal getroffen, geschweige denn gesprochen hatte, das so genau wissen wollte.
Tatsache ist, daß das Jahr 1976 – im großen und ganzen gesehen – ein gutes Jahr für Romy war, künstlerisch und privat. Denn schon unmittelbar nach unserer Rückkehr aus Jamaika flatterte uns eine informelle Benachrichtigung ins Haus, die Romys Stimmungsbarometer auf »himmelhochjauchzend« brachte: Romy war für den César, die bedeutendste französische, wahrscheinlich sogar die höchste europäische Film-Auszeichnung nominiert worden – in Frankreich damals durchaus vergleichbar mit dem amerikanischen Pendant, dem Oscar.

Und zur großen Überraschung vieler, vor allem aber zu Romys unbeschreiblicher Freude gewann sie im Frühjahr 1976 tatsächlich den César. Sie, eine zugewanderte, fremdsprachige Künstlerin, siegte vor so großen Schauspielerinnen wie Annie Girardot, Simone Signoret, Isabelle Adjani, Catherine Deneuve und wie die einzigartigen Damen der französischen Filmkunst noch alle heißen mögen. Beim Gala-Empfang im Restaurant »Fouquet's« gestand Romy, daß sie »verrückt vor Freude« sei und »es sich um den größten Augenblick ihrer Karriere« handelte, der um so schwerer wiege, weil man sie als ausländische Schauspielerin gewählt habe. »Es ist«, endete sie dann mit Tränen in den Augen, »die höchstmögliche Anerkennung, die man mir als Künstlerin zuteil werden ließ.«

Diese Auszeichnung, die erste Schauspielerin Frankreichs vor allen anderen zu sein, verlieh ihr förmlich Flügel. Und es schien ihr gleichermaßen auch eine Verpflichtung zu sein. Die Rollen, die sie fortan annahm, spielte sie unter einem ungeheuer deutschen, ungeheuer disziplinierten Leitsatz: »Von allem«, sagte sie sich, »was ich mache, weiß ich, daß ich es noch besser machen kann.« Dieses Motto war auch eine Art Selbstgeißelung, mit der sie sich zu immer neuen Höchstleistungen anspornen wollte. Wie man weiß, führte das nicht immer zu den allerbesten Resultaten.

Ich weiß nicht, ob ich damals in der Lage gewesen wäre, frank und frei zuzugeben, daß auch mich Romys gewaltiger Erfolg unter Druck setzte. Vielleicht war es nur unbewußt, aber ich wollte ein wenig aus ihrem Schatten treten. Ich entschloß mich, mit einem Fotografen und Kameramann auf Reisen zu gehen und Reportagen zu machen. Zuerst gefiel Romy mein Plan, später mißfiel er ihr – sie wollte mich an ihrer Seite wissen und nicht irgendwo im Libanon, in Afrika oder sonstwo auf der Welt.

Wobei ich eines gleich voranschicken möchte: Meine Vorstellungen vom Reporterleben waren einigermaßen naiv und endeten schließlich auch in einem wirklichen Desaster. Zuerst waren wir in Rhodesien, dem heutigen Simbabwe, unterwegs, fingen Stimmungsberichte in Krisenherden ein. Was zwar ein wenig gefährlich, aber auch nicht weiter schwierig war. Unbekannten Söldnern oder Flüchtlingen ein Mikrofon unter die Nase zu halten und sie dabei zu filmen, erforderte keine spezielle Ausbildung, höchstens ein bißchen Mut und jede Menge Leichtsinn. Wir verkauften unser Material an Fernsehsender oder direkt an Magazine und bekamen pro Sendeminute etwa 2000 Franc bezahlt. Damit konnten wir unsere Unkosten abdecken und verdienten sogar noch etwas dabei.

Schwieriger wurde es in Beirut auf unserer zweiten Reise. Dort befanden wir uns fast täglich gewollt oder ungewollt im Kugelhagel, und als wir zurückkehrten, hatten wir tolles Material. Was weniger auf meine Qualitäten als auf die des Kameramannes zurückzuführen war. Außerdem hatten wir noch das Glück der Unbedarften – zur richtigen Zeit am richtigen Ort zu sein. Zumindest war das in unserer Anfangszeit so. Wir verdienten ein vielfaches von dem, was wir aus dem Rhodesien-Material herausgeholt hatten.

Beim Rückflug nach Paris machte ich eine Zwischenlandung in Athen, wo Romy noch Außenaufnahmen für *Die Frau am Fenster* abzudrehen hatte. Hier hat mir Romy erstmals eröffnet, daß sie meinen Job nicht so gern sähe und daß sie mich brauche: »… denn ich will nicht mehr warten. Ich will noch ein zweites Kind – und ich will es jetzt.«
Als wir nach Paris zurückgekehrt waren, fuhren wir – entgegen unseren Gewohnheiten – nicht sofort nach St. Tropez, sondern nach Meaux. Dort besaß Jean-Claude Brialy ein Schloß, und wir beide zogen uns für ein paar Tage in das Château Meaux zurück, das uns der Schloßherr zur Verfügung gestellt hatte. David war zu seinem Vater nach Hamburg gereist und traf uns erst in St. Tropez wieder.
Unser Sommer in St. Tropez verlief harmonisch. Nicht so wie im Jahr zuvor, als eine Natter in Menschengestalt unseren Urlaub unangenehm gestaltet hatte. Die hatte sich im Zuge meiner Reportertätigkeit an mich herangemacht und mein Vertrauen erschlichen. Ihr Name: Bernard Tissier.
Dieser Verräter war ein Mann, der eine Zeitlang recht amüsant sein konnte. Er war eine Art Hofnarr, den sich einige reiche und berühmte Leute hielten. Ich hatte ihn in einem Nachtklub, ich glaube, es war »Chez Régine«, kennengelernt. Er hat damals ganz geschickt agiert und auch bald herausgefunden, daß sich mit hautnahen Stories über die Ehe von Romy Schneider ein trefflicher Judas-Lohn in fünfstelliger D-Mark-Höhe erzielen ließ. Die »richtige« Story vorausgesetzt, was in der Übersetzung folgendes bedeutet: Nur die schlechten Nachrichten sind gute Nachrichten – an

einem Bericht über eine Familien-Idylle war keiner der Auftraggeber interessiert.
Ich gebe zu, daß mir seine Gesellschaft nicht unangenehm war. Auch Romy hatte nichts dagegen, daß er uns in St. Tropez besuchte. Wir hätten allerdings nie gestattet, daß er im privaten Bereich »Urlaubsfotos zur Erinnerung« machte – Romy erlaubte nicht einmal ihrem engen Freund Claude Sautet, daß er mit einem Fotoapparat zu uns ins Haus kam. Aber diese Natter, die durch mich ins Haus gekommen war, fotografierte heimlich, ohne uns auch nur im geringsten darüber zu informieren. Eine grobe Verletzung von Gastfreundschaft, ein Schlag ins Gesicht von Menschen, die allzu gutgläubig gewesen waren. Unser – gemietetes – Haus war ja oft voll von Menschen, die uns einen Besuch abstatteten, Gegeneinladungen aussprachen und wieder gingen. Daran war nichts Schlechtes zu erkennen. Außerdem ist man im Urlaub ja bisweilen froh, wenn jemand Kurzweil verbreitet. Mit einem Wort, wir beiden standen diesem Judas völlig arglos gegenüber.
Das sollte sich ändern. Denn bald darauf wurden wir von einer dreiteiligen Serie mitsamt den unscharfen angeblichen Urlaubsfotos in einer deutschen Illustrierten überrascht, in der »der beste Freund von Daniel Biasini auspackt«. Dieser Judas, dem ich nach diesem Sommer nie mehr begegnet bin, hatte sein Privileg, bei uns zu Gast sein zu dürfen, auf das Übelste mißbraucht. In einer Schmutzkübelkampagne sondergleichen informierte er einen unbekannten Ghostwriter über Dinge, die man vielleicht gern in gewissen Zei-

tungen liest, die aber in Wahrheit nur wenig mit der Wirklichkeit zu tun hatten. Eine wohlverdiente Strafe, daß gegen die vielen falschen Behauptungen von unserem Anwalt eine einstweilige Verfügung erwirkt und jene Illustrierte, die die Lügen der Natter abgedruckt hatte, zur Zahlung von mehreren empfindlichen Strafen in einer insgesamt sechsstelligen Höhe verurteilt wurde.

So behauptete der Judas, Romy habe mir einen hellen Bentley für 80 000 Franc gekauft. Die Tasache: Ich habe einen dunklen, metallicfarbenen Bentley zum Okkasionspreis von 40 000 Franc erstanden.

Dann verbreitete er die Lüge, ich hätte eine Vollmacht über die Bankkonten von Romy gehabt und dieselben kontrolliert. Wahr ist dagegen, daß ich nur zu einem einzigen, dem Haushaltskonto Zugang hatte, von dem aus die laufenden Kosten beglichen wurden.

Bei allen anderen Konten war allein Romy zeichnungsberechtigt. In manchen Fällen, wie in jenem von »Solsud« beispielsweise, jener Firma, die der Schweizer Anwalt Henrik Kaestlin gegründet hatte, war auch der Anwalt mit zeichnungsberechtigt. Von Solsud wurden Immobilienkäufe getätigt – auch der Kauf des Bauernhofes in Ramatuelle, den wir 1977 bezogen und wohin wir unseren Hauptwohnsitz von Paris verlegt hatten. Der Kauf der Wohnung in der Rue Berlioz, deren Kosten der Verleumder in der Artikelserie mit drei Millionen Franc viel zu teuer beziffert hatte, wurde, wie schon erwähnt, von der Imfra getätigt. Diese Behauptung, wie so vieles andere, wurde ihm gerichtlich untersagt. Mit gutem Recht, denn die schöne Wohnung hatte mit all den teuren Umbauarbeiten vielleicht ein bißchen mehr als die Hälfte gekostet.

Diese Liste könnte jetzt noch um ein vielfaches an schmutzigen Lügen verlängert werden, aber so wichtig sollte man einen Mann, der wie ein Einschleichdieb agiert und seine Ehre verkauft, auch wieder nicht nehmen.

In dieser Zeit erreichte Romys Wut auf die deutschen Medien, »die sich offenbar alles zusammenreimen und zusammenlügen dürfen, was sie wollen«, ihren Höhepunkt. Trotzdem verbrachten wir mehr als einen Monat, exakt vom 15. November bis zum 15. Dezember, gemeinsam in Berlin. Und das hatte zwei gute Gründe: Einer davon waren die Dreharbeiten zu der Heinrich-Böll-Verfilmung *Gruppenbild mit Dame*.

Böll faszinierte Romy schon seit langem. Mit seinem Roman *Die verlorene Ehre der Katharina Blum* hatte er in ihren Augen ein Meisterstück deutschsprachiger Literatur mit aktuellem Zeitbezug geschaffen. Es mag sein, daß sich Romy in manchen Teilen des Buches wiederzuerkennen glaubte. In dem Roman wird die Titelheldin von einer Boulevardzeitung mit Millionenauflage unschuldig und systematisch in den Tod gehetzt. So gesehen hat es mich nicht weiter verwundert, daß Romy dieses Buch geradezu verschlang und Böll fortan zu ihren erklärten Lieblingsautoren gehörte.

Der zweite Grund ihres – insgesamt dreimonatigen – Berlin-Aufenthalts stand in unmittelbarem Zusammenhang mit mir. Ich war direkt aus Südamerika in Romys deutsche

Lieblingsstadt gereist. In meiner grenzenlosen Naivität als »Reporter« hatte ich mir eingebildet, Interviews mit den Staatschefs Stroessner, Perón und Videla zustande zu bringen. Das einzige, was mir bei meiner allerletzten und wirklich kläglichen Reporter-Mission gelang, war, mit und durch die Vermittlung meines Kameramannes zu einem offiziellen Empfang bei Stroessner in Asunción zu gelangen. Ein Interview mit dem umstrittenen Paraguay-Diktator? Daran war im Gedränge unter etwa fünfhundert geladenen Gästen nicht einmal zu denken. Zumal der Staatschef, dem man eine grenzenlose Freundlichkeit gegenüber geflüchteten Nazi-Größen nachsagte, an diesem Abend stets von einem guten Dutzend Bodyguards und Sicherheitskräften umgeben war.

Jedenfalls war ich ab Mitte Oktober mit Romy in jener Stadt, in der wir geheiratet hatten. Mir hat Berlin ganz ausgezeichnet gefallen, besser als ich es nach meinem Kurzbesuch anläßlich unserer Hochzeit eigentlich erwartet hatte. Romy agierte in diesen viereinhalb Wochen in einer Art Doppelfunktion: als Schauspielerin und als Fremdenführerin. Sie zeigte mir vom »Checkpoint Charlie« bis hin zum Kurfürstendamm alles, was man als Fremder mit Berlin assoziierte.

Ich muß gestehen, daß mich die eigenartige Stimmung fasziniert hat, die in dieser Stadt spürbar war. Fasziniert bin ich bis zum heutigen Tag von der berühmten Berliner Mauer — auch wenn es sie, gottlob, nicht mehr gibt. Unfaßbar, daß es so lange möglich war, Menschen hinter einem solchen Bollwerk einzusperren. Abends gingen wir kaum aus. Ich hatte keine große Lust auf ein Nachtleben, zumal Romy in diesen Tagen eine zweigeteilte Person war. Bei der Arbeit mit Regisseur Aleksandar Petrovic war sie unglücklich. Denn sie hielt den Regisseur der Mammut-Produktion für absolut überfordert. Was freilich auch damit zusammenhängen mochte, daß er Romy kurz vor Drehbeginn gestand, sie sei eigentlich nicht die erste Wahl des Autors gewesen: Angela Winkler, die schon als Katharina Blum brilliert hatte, galt als Wunschbesetzung Bölls, hatte aber abgesagt. Erst danach war man an Romy Schneider herangetreten.

Romy traf diese vertrauliche Mitteilung, die auf wenig Fingerspitzengefühl schließen ließ, wie ein Keulenschlag. Denn in ihrer Arbeit fühlte sie sich – erst recht, nachdem sie den César erhalten hatte – unbestritten. Und sie reagierte darauf, wie es ihr eben eigen war.

Zuerst trotzig und leicht aggressiv: »Ich finde das eigentlich sehr enttäuschend, daß ein Mann vom Renommee eines Heinrich Böll sich zu einer so einseitigen Beurteilung hinreißen läßt – er kennt doch gar nichts von mir.«

Dann wiederum defensiv und leicht verzweifelt: »Böll schätzt mich völlig falsch ein. Er glaubt, ich sei dieses skandalumwitterte Star-Geschöpf, zu dem mich die deutsche Presse – und nur die – mittlerweile gemacht hat. Ich glaube nicht, daß er mich als ernsthafte und akribisch genaue Künstlerin akzeptiert.«

Aus dieser inneren Zerrissenheit heraus begann sie einen Brief zu formulieren, den sie erst kurz vor ihrem Treffen mit

Heinrich Böll abschickte, das im Dezember 1976 stattfand. »Sehr verehrter Herr Böll«, hieß es darin, »ich wollte schon seit langer Zeit mich in einen Zug oder ein Flugzeug setzen und mutig zu Heinrich Böll fahren oder fliegen – ich habe es nicht getan – aus Feigheit und aus Angst, Sie zu belästigen, Sie zu stören.« Und weiter: »Sehr verehrter Herr Böll, Ihnen zu schreiben, das fällt mir schon recht schwer – wenigstens bin ich dabei allein und hocke nicht klapprig nervös vor Heinrich Böll, der mich ganz und gar ablehnte, als es um die Besetzung der Leni ging.«

Geradezu rührend, wie sie dem Nobelpreisträger für Literatur vor Augen führen wollte, wie stark ihre schauspielerischen Fähigkeiten seien und wie sehr eigentlich auch sie verfolgt würde wie seine berühmte Romanfigur Katharina Blum. Das hatte sie, bei allem Respekt vor dem Nobelpreisträger, nicht nötig. Und sie hatte es auch nicht nötig, später verklärt zu sagen, daß die vier Stunden, die sie bei Heinrich Böll im Dezember verbracht hatte, zu den wichtigsten Stunden ihres Lebens zählten. Denn die Wahrheit sah ein wenig anders aus – in Wirklichkeit war Romy vor lauter Ehrfurcht gehemmt, Böll an diesem Tag etwas übermüdet und vielleicht an einem Treffen mit einem Filmstar nicht sonderlich interessiert. Sagen wir also, es sei nett gewesen, und es gibt Menschen, die das als vernichtendes Urteil eines solchen Aufeinandertreffens bezeichnen würden.

Vielleicht lag es auch ein wenig an dem völlig unnötigen Devotismus, mit dem die beste Schauspielerin Frankreichs an den Mann in Köln schon im Vorfeld dieser Begegnung geschrieben hatte: »Wissen Sie, ich glaube, ich habe schon einiges gelernt und mache ein paar Fortschritte, und«, fuhr sie fort, um gleichsam ihr Katharina-Blum-Schicksal in den deutschen Medien beim hochverehrten Meister ins rechte Licht zu rücken, »ich kämpfe um ein Privatleben«.

Dieser Kampf fand vor allem während jener Wochen statt, die ich mit Romy in Berlin verbrachte. Und es dauerte immer ein Weilchen, bis ich sie zum Lächeln gebracht hatte. Aber gelächelt hat sie immer wieder, in diesen Berliner Tagen. Obwohl es sie aus der Fassung brachte, daß ihr schon bei der Ankunft am Flughafen ein Reporter, den sie wütend angeschnauzt hatte, ein seltsames Geständnis machte. »Ich bin auf Sie angesetzt worden«, gab er unumwunden zu, während er fein säuberlich die Art und Beschaffenheit sowie die Stückzahl ihrer Koffer notierte, »um Sie rund um die Uhr zu begleiten. Man will in Deutschland einfach alles über Romy Schneider wissen.«

Also galt es als eine Art Zusatzaufgabe, die deutschen Reporter abzuschütteln, die sich an ihre Fersen heften wollten. Das gelang außerhalb der Dreharbeiten außerordentlich gut. Trotz dieser unerfreulichen Begleitumstände, die sich dann auch auf den Gesamteindruck des Filmes auswirkten, war die private Romy in diesen Tagen nicht unglücklich. Denn sie hatte da eine fixe Idee. Und das war eben die tiefere Bedeutung des vorhin erwähnten zweiten Grundes, warum sie sich für die Dreharbeiten in Berlin entschieden hatte – sie wollte unbedingt ein zweites Kind. Auch dieses Kind sollte

aus Berlin stammen. Aus jener Stadt, in der auch ihr geliebter Sohn David zur Welt gekommen war und in der sie im privaten Bereich viele glückliche Stunden verbracht hatte.
Es ist keine große Indiskretion, wenn ich heute sage, daß ihr Vorhaben geglückt ist. Drei Wochen nach Weihnachten eröffnete sie mir, daß sie wieder schwanger sei. Und hatte da gleich eine Forderung parat: »Ich will nicht mehr, daß du als Reporter arbeitest. Ich will, daß du irgend etwas beim Film machst. Entweder als Producer oder als Agent.«
Dem ersten Wunsch konnte ich leicht entsprechen, zumal ich seit dem Südamerika-Debakel keine besonders großen Erwartungen in Sachen Journalismus mehr hatte. Bei ihrem zweiten Wunsch wollte ich zuerst einmal ausprobieren, ob ich überhaupt die Fähigkeiten dafür hatte und wo sie im Konkreten tatsächlich liegen würden. Es war ein Vorschlag, der Romy noch einmal leid tun sollte. Denn ich entschied mich fürs erste für eine Tätigkeit als Drehbuch-Autor.
Und Romy war happy – vorerst.
Ende Januar 1977 übersiedelten wir in ein Châlet nach Les Diablerets im französischen Teil der Schweizer Alpen. Romy hatte es vorerst für einen Monat gemietet. Zum einen wollte sie sich von den Dreharbeiten zu *Gruppenbild mit Dame* erholen, zum anderen in der frischen, würzigen Bergluft auf ihre Schwangerschaft vorbereiten.
Die Dreharbeiten mit Regisseur Petrovic waren ja sehr mühsam zu Ende gegangen. Im niederösterreichischen Kamptal hatte das Chaos um ihn einen neuen Höhepunkt erreicht. Das Drehbuch wurde mehrmals geändert, unglaublich

lange Wartezeiten strapazierten die Nerven der Schauspieler – neben Romy spielten noch Vadim Glowna, Brad Dourif, Richard Münch und Witta Pohl – bis an die Grenzen ihrer psychischen Belastbarkeit. Das Klima in der Region, dem österreichischen Waldviertel, war zu diesem Zeitpunkt winterlich streng, als es zu einem neuen, für Romy schrecklichen Zwischenfall kam. Auf einem tiefverschneiten Friedhof bei Rosenau sollte eine der letzten Szenen gedreht werden. Zwei österreichische Journalisten, die von den Dreharbeiten gehört hatten, baten sie um ein kurzes Interview. Romy vertröstete sie auf später: »Diese Szene hier ist so schwierig, aber nachher, im Gasthaus, nehme ich mir fünf Minuten Zeit für Sie.«
Die Szene, die gedreht wurde, war makaber. Auf dem kleinen Dorffriedhof kniete die bereits schwangere Romy im Schnee vor einem Grab. Immer und immer wieder, denn der Take wollte einfach nicht klappen. Erst nach zwei Stunden war die Sache im Kasten – ein Mercedes holte sie ab und sollte sie ins Dorfgasthaus bringen. Aber auf der schneebedeckten Fahrbahn kam der schwere Wagen plötzlich ins Schleudern und rutschte seitlich in den Straßengraben. Zum Glück ist, außer einem geringen Sachschaden, nichts passiert. Aber einer der Journalisten erinnert sich noch heute an die dramatischen Momente von damals: »Romy Schneider stieg zitternd aus dem Unfallwagen. Sie ging an den Waldesrand, kauerte sich zusammen und begann mit einemmal hemmungslos zu weinen. Ich glaube, sie stand unter schwerem Schock.«

Diese Vermutung ist noch ein wenig untertrieben – denn Romy war geradezu in Panik verfallen, als das schwere Fahrzeug plötzlich ins Rutschen geraten war. Denn der erste Gedanke, der ihr damals durch den Kopf schoß, galt unserem Baby in ihrem Bauch: Um Gottes willen, durchfuhr sie die Angst vor einer neuerlichen Fehlgeburt, nicht schon wieder. Aber das konnte außer ihr ja damals wirklich niemand ahnen. Deshalb haben sicher manche die scheinbare Überreaktion Romys auch diesmal falsch gedeutet – aber Romy war in diesen Momenten keine hysterische, überdrehte Diva, sondern eine werdende Mutter, die einfach Angst davor hatte, ihr Baby wieder zu verlieren. Als sie dann die Gewißheit hatte, den Unfall unbeschadet überstanden zu haben, war sie der glücklichste Mensch der Welt.

Ansonsten verlief Romys zweite Schwangerschaft unserer Ehe wie die erste. Romy hatte sich in einer Art Blase zurückgezogen. Vor allem in den Tagen von Les Diablerets, als die Dreharbeiten zu *Gruppenbild mit Dame* endlich beendet waren. Der Film, der von der Kritik – mit Ausnahme der Hauptdarstellerin, auf die man Lobeshymnen sang – vernichtet wurde, hat sie nie wieder interessiert. Auch dann nicht, als man sie für ihre Leistung mit dem Bundesfilmpreis in Gold auszeichnete. Sie boykottierte die Preisverleihung unter fadenscheinigen Gründen – ihr war einfach die Lust vergangen, sich für diesen Film in Deutschland auch noch zu verbeugen.

Eine der wichtigsten Ideen, die wir in Les Diablerets in der heimeligen Atmosphäre am offenen Kamin in unserem

Châlet geboren haben, war der feste Entschluß, nach Südfrankreich zu ziehen. Romy war von dem Willen beseelt, ihren langgehegten Traum vom Haus auf dem Lande jetzt zu verwirklichen.
Also machten wir uns bald darauf auf den Weg, um etwas Geeignetes zu finden.
Wir fanden es.
In Ramatuelle.
Aber es war unmöglich, das Haus noch vor der Geburt unseres Kindes fertigzustellen. Romy war sehr aufgeregt. Es war die einzige Aufregung, die sie sich zugestand, denn nach den Dreharbeiten war sie noch viel achtsamer und vorsichtiger mit sich umgegangen als bei ihrer ersten Schwangerschaft. Sie hatte für 1977 alle Verpflichtungen abgesagt, jedes Filmangebot abgelehnt.
Ostern 1977 fuhren wir nach St. Tropez, und Romy sah erstmals im Rohzustand das Haus, das unser neuer Lebensmittelpunkt und Hauptwohnsitz werden sollte. Der ehemalige landwirtschaftliche Betrieb, ein Bauernhof inmitten eines Pinienwaldes, war ein Areal von etwa vier Hektar Größe. So groß, daß ein Bach durch das Grundstück fließen konnte. Der war auch die natürliche Grenze zwischen dem Haus, das Romy und ich zunächst bewohnten, und den beiden übrigen Gebäuden, die sich noch darauf befanden: Eines, das Haupthaus, war auf einem Hügel vor einem Feldweg gelegen, das andere bewohnte unser Hausmeister-Ehepaar; all die anderen Bediensteten, von denen ab und an in diversen Publikationen zu lesen war, sind reine Hirngespinste und

Erfindungen der jeweiligen Autoren. Dazwischen lag ein verwilderter Garten, der den Swimmingpool von der einen Seite umgab. Von der anderen Seite schützte eine Rosenhecke den Blick auf das Becken.

Romy und ich hatten, wie gesagt, ein etwas kleineres Häuschen auf der anderen Seite des Baches. Es war das erste, was wir bezogen – denn unsere Ungeduld sollte so groß werden, daß wir nicht auf die Fertigstellung des gesamten Hofes warten konnten.

Sarah

A uch die vielen Journalisten, die sich ihrer auf ihre Weise bedient haben, tragen eine Mitschuld an Romy Schneiders frühem Tod.« Der Mann, von dem diese verlogenen Zeilen stammen, ist Journalist, und er schreibt in seinem Buch keine zwei Seiten weiter, daß Romy erst im Sommer 1977 nach Südfrankreich übersiedelt wäre, nachdem sie noch im Juni in Paris mit ihrem Mann und David manchmal die strengen Diät-Vorschriften vergessen hätte: »Sie raucht und trinkt weiterhin Wein oder Champagner.«
Der selbsternannte Hüter von Treu und Redlichkeit hat es mit der Wahrheit aber nicht ganz so genau genommen. Da ist die zitierte Passage nur eines von unzähligen Beispielen, bei denen die Grenzen von – lukrativem? – Traum und Wirklichkeit verschwimmen. Denn im Frühsommer 1977 wohnten wir längst in unserem erträumten Anwesen, dem alten Bauernhof in Ramatuelle. Um uns herum hämmerte und pochte es anfangs noch – die Handwerker bemühten sich um eine endgültige Fertigstellung. Wir waren nämlich schon zu Ostern nach St. Tropez übersiedelt. Romy war

äußerst behutsam mit sich umgegangen, sie hatte alles nur dem einen Ziel untergeordnet, im Spätsommer ein gesundes Kind zur Welt zu bringen. Ihr einen unmäßigen Alkoholgenuß zu unterstellen, ist eine eiskalte, wohlkalkulierte Lüge.

Ihre beruflichen Einsätze waren praktisch auf Null reduziert, sieht man von der kurzen Stippvisite bei den Filmfestspielen von Cannes ab. Dort war Romy ja vertraglich verpflichtet, für *Gruppenbild mit Dame* Werbung zu machen. Der Film befand sich aber nicht im Wettbewerb, sondern wurde nur außer Konkurrenz – wie das in Cannes ja bis zum heutigen Tag üblich ist – den Filmkritikern vorgeführt.

Zu Romys Pech wurde am Tag nach diesem Promotion-Auftritt ein Journalisten-Streik ausgerufen. Ausgerechnet zu einem Zeitpunkt, an dem Romy ausnahmsweise einmal an einer Kooperation mit der Presse interessiert war, verpuffte die Wirkung völlig. Nachdem wir im Haus von Raymond Danon in Mougins übernachtet hatten, ging es anderntags zurück nach Ramatuelle.

Romy war sehr gelassen. Selbst wenn sie sich damals zur Ruhe gezwungen hat, hat sie vollkommen entspannt ausgesehen. Und niemand, schon gar nicht ich, zweifelte an ihren Worten, wenn sie sagte: »Ende August wird es soweit sein. Dann kommt unser neuer Sonnenschein.«

Doch es sollte anders kommen.

Am 14. Juli 1977 – wir waren gerade auf unserem neuen Besitz, der seit unserem Cannes-Abstecher als teilrenoviert bezeichnet werden konnte – überfielen Romy krampfartige

Schmerzen. Zum zweiten Mal hatte ein heftiges Niesen diese Reaktion bewirkt. Die Fruchtblase platzte, und Romy verlor Wasser. Aber es war diesmal nicht ganz so schlimm wie in der Silvesternacht 1975. Mit dem Krankenwagen wurde sie in die Klinik »Oasis« nach Gassin überstellt. In der ersten Nacht blieb ich an ihrer Seite.

Und wieder überschlugen sich die Biographen in Falschmeldungen. »Sie muß«, schreibt beispielsweise der eingangs erwähnte Chronist, »wochenlang mit hochgebundenen Beinen still liegen, um jedes Risiko einer Frühgeburt auszuschließen.«

Das ist blanker Unsinn. In Wahrheit zittern die Ärzte des Landkrankenhauses – sie haben ihr keineswegs die Beine hochgebunden, sondern bestehen vielmehr darauf, daß Romy flach im Bett liegt – nach ihrem abermaligen schicksalhaften Niesen den nächsten Tagen und Stunden entgegen. Als nach sechs Tagen keine Wehen einsetzen, erscheint ihnen das Risiko für Mutter und Kind zu groß – sie entschließen sich zu einem Kaiserschnitt im siebenten Monat.

Während ihre Mutter in Vollnarkose war, haben die Ärzte Sarah Magdalena auf die Welt geholt. Eben weil es sich um eine Vollnarkose handelte, durfte ich bei der Geburt nicht dabeisein. Aber ich habe unser kleines Mädchen gleich nach der Geburt, noch vor Romy, gesehen. Sie kam mir vor wie ein häßliches kleines Äffchen. Sie war gesund, wog aber kümmerliche 1800 Gramm. Die Ärzte wollten jedes Risiko ausschließen. Da es in Gassin keinen Brutkasten gab, das Ärzteteam aber dringend einen solchen empfahl, mußte Sa-

rah Magdalena nach Nizza überstellt werden. Ich muß immer wieder lächeln, wenn ich heute daran denke, mit wieviel Trara sie damals transportiert wurde. Im wahrsten Sinne des Wortes – denn Hebamme und Arzt, die unser Baby auf dem Weg ins 200 Kilometer weit entfernte Nizza begleiteten, saßen in einem Einsatzwagen der Freiwilligen Feuerwehr von Gassin. Zwei Monate war unsere Tochter im Kinderspital von Nizza untergebracht und sie entwickelte sich prächtig.
Ich blieb bei Romy. Wachte an ihrem Bett, bis sie die Augen wieder aufschlug. Ganz schwach war sie, als sie mich fragend anschaute: »Bub oder Mädchen?«
»Es ist ein Mädchen«, antwortete ich, »so, wie du es wolltest.«
Ich wußte, daß sich Romy ein Mädchen wünschte. Im Gegensatz zu den meisten anderen werdenden Müttern, die da sagen: »Mir ist es egal, was es wird, Hauptsache es ist ein gesundes Kind«, verkündete Romy immer lauthals und ungeniert: »Ich will jetzt ein Mädchen haben – unbedingt.« Ihr fester Wunsch ging in Erfüllung.
Sie blieb zehn Tage in der Klinik, wollte nicht genäht werden – ihre Wunde sollte von selber wieder zuwachsen. Erst dann begleitete sie mich bei meinen Ausflügen zu unserer kleinen Tochter nach Nizza.
Ihr Zimmer hatte sich innerhalb von wenigen Stunden nach der Geburt in ein wahres Blumenmeer verwandelt. Für mich zählten diese Momente zu den schönsten, die ich mit Romy erlebt habe. Zwei Jahre hatte ich darauf gewartet, von

der Frau, die mich erfüllte, die ich intensiv liebte und zu der ich aufblickte, ein Kind zu bekommen.

Wir reisten regelmäßig nach Nizza, um Sarah zu besuchen, die sich wunderbar von ihrem Geburtsschock erholt hatte und kräftig zunahm. Mitte August signalisierten uns die Ärzte, daß Sarah wohl endgültig über den Berg sei. Romy und ich wollten daraufhin ein kleines Fest feiern. So klein, wie überhaupt nur möglich. Die Feier fand im berühmten »Colombe d'Or« in St. Paul de Vence statt. Es war ein Abendessen mit Champagner, und die beiden einzigen Gäste waren Romy und ich.

David, der in den Tagen zuvor bei seinem Vater in Hamburg gewesen war, kam bald nach Südfrankreich. Man konnte ihm ansehen, wie glücklich er darüber war, daß sich seine kleine Familie erweitert und verfestigt hatte. Er schloß seine kleine Schwester sofort und sehr heiß in sein Herz. Seine Rolle als großer, beschützender Bruder gefiel ihm ausgezeichnet, und er war darin perfekt – vom ersten Tag an, als er Sarah gesehen hatte.

David war in seinem seelischen Wohlbefinden extrem davon abhängig, daß es in seinen vier Wänden keinen Streit gab. Er war geradezu süchtig nach Harmonie. Deshalb ist es auch einleuchtend, daß er nach unserer Trennung beharrlich nur an jenem Ort bleiben wollte, wo er ein familiäres Gleichgewicht erwarten konnte – im Hause meiner Eltern, die ihn liebten wie einen wirklichen Enkelsohn.

Für Romy drehte sich im August 1977 – natürlich auch später noch, aber vor allem in diesen speziellen Tagen – alles um ihre kleine Tochter. Ihr beim Schlafen zuzusehen, was sie fast den ganzen Tag über tat, war für Romy die höchste Wonne. Sarahs süße, winzigkleine Fingerspitzen mit den ihren zu berühren, verschaffte Romy ein Glücksgefühl, das mit nichts auf dieser Welt zu vergleichen war. Romy war aufgeblüht. In dieser Stimmung unterstrich sie noch einmal: »Bis zum nächsten Jahr will ich nichts von Filmprojekten oder ähnlichem mehr hören.«

Diesen Wunsch respektierte auch das Ehepaar Sautet. Der Regisseur und seine Ehefrau waren die einzigen, die in dieser Zeit das Privileg genossen, bei uns im Haus zu Gast sein zu dürfen. Erst viel später, als Romy in Sachen Film ein wenig unruhig wurde und laut überlegte, daß »du, Claude, endlich einen Film machen solltest, der sich hauptsächlich mit einer Frau auseinandersetzt«, da erwiderte Sautet lächelnd und knapp: »Diesen Stoff habe ich schon.«

Was Romy vielleicht vergessen hatte, war ein Versprechen, das ihr der Regisseur schon lange vorher bei einem gemeinsamen Abendessen gegeben hatte. Zu ihrem vierzigsten Geburtstag sollte sie in einem Film spielen, der sich um eine »Frau um die Vierzig« dreht. Es wurde *Une histoire simple/ Eine einfache Geschichte,* Romys Comeback-Film mit Bruno Cremer, Claude Brasseur und Francine Berge. Der einzige übrigens, den sie 1978 drehte.

Doch vorher war längst Sarah nach Hause gekommen – sie hatte sich fantastisch entwickelt, war pausbäckig wie ein Teddybär und wog drei Kilogramm.

Wir pendelten zuerst zwischen Paris und Ramatuelle, bevor

wir – unser Bauernhaus war nach und nach so geworden, wie wir uns es vorgestellt hatten – nur noch in Südfrankreich lebten. Rue Berlioz wurde endgültig aufgegeben und für etwas mehr als zwei Millionen Franc verkauft. Etwa denselben Betrag mußte Romy noch einmal aufbringen, um die Gesamtkosten für das Haus in Ramatuelle abzudecken. Es wurde in den Achtzigerjahren ebenfalls verkauft, und wenn ich richtig informiert bin, bewohnt es heute der wohlhabende Besitzer eines großen Straßburger Metzgerei- und Schlächterei-Betriebes.
David wurde im Winter 1977/78 umgeschult. Er besuchte fortan eine Art College in St. Tropez. Für Paris genügte uns eine kleine Mietwohnung, denn unsere Ausflüge in die Hauptstadt wurden zusehends seltener – das Leben auf dem Land nahm uns zu sehr in Anspruch. Denn wenn die Saison in St. Tropez vorbei ist, wird das Leben dort sehr monoton und bisweilen auch hart. Eben wie ein richtiges Landleben.
Romy schien das vorerst zu genießen. Sie hatte ihre Kinder, vor allem aber Baby Sarah, um sich, und sie hatte jede Menge selbstgestellte Aufgaben. Die Gartenarbeit, vor allem das Setzen von neuen Bäumen und Sträuchern hatte bei ihr allererste Priorität.
Ich dagegen hielt mich an Romys Wunsch und versuchte mich im Filmgeschäft – Geschichten zu entwickeln und in einem Drehbuch festzuhalten. Ein Stoff, den ich in diesen Tagen zu einem Drehbuch umarbeitete, gefiel Claude Sautet. Es handelte von einem kleinen Gauner, der durch seine

kriminellen Machenschaften seine Mutter in den Tod treibt. Wofür ihm sein Vater »ewige Rache« schwört. Ich war fast ein ganzes Jahr damit beschäftigt, weil Sautet es mich immer wieder überarbeiten ließ – einmal war es ihm zu pessimistisch, dann wiederum wollte er, daß ich noch die eine oder andere Person in das Drehbuch hineinschrieb.
Was er aber nicht wollte, war, daß Romy in dem Film mitspielte. Da zwischen den beiden eine große Offenheit die Basis ihrer zehnjährigen Freundschaft war, sagte er ihr ohne Umschweife: »Ich sehe in der ganzen Geschichte nicht eine Rolle, in der du passend besetzt wärst.«
Aber Romy, der das Drehbuch gefiel und die mir durch ihre Mitwirkung einen besseren Start als Drehbuchautor ermöglichen wollte, hielt auf einmal gar nichts mehr von der Offenheit. Als Sautet nicht bereit war, auch nur einen winzigkleinen Kompromiß zu signalisieren, kam es zu einem wilden Streit zwischen den beiden und einem ernsthaften Riß der gegenseitigen Verbundenheit.
Erstaunlicherweise färbte diese künstlerische Meinungsverschiedenheit auch auf unsere Beziehung ab. Zuerst verfiel Romy ins Grübeln, und schlimme Szenarien fielen ihr als Begründung für Sautets Entscheidung ein: »Wahrscheinlich bin ich mit meinen knapp vierzig Jahren schon zu alt für die Leinwand«, redete sie sich plötzlich ein und ähnlichen Unfug mehr. Wegen dieser Kleinigkeit war sie kaum mehr zu besänftigen. Obwohl sie doch wissen mußte, daß sie nur mit den Fingern zu schnippen brauchte, um das nächste Dutzend Filmangebote hereinzubekommen.

Für Romy begann eine Phase, die ich als eine unglückbringende, dunkelschwarze Wolke über unserer Beziehung sah. Mit einemmal, knapp zwei Jahre nach unserer Hochzeit, begann sie plötzlich laut über den Altersunterschied zwischen uns beiden nachzudenken: »Wenn ich fünfzig bin, bist du noch keine neununddreißig Jahre alt. Ob du dann noch etwas von mir wissen willst?« Diese Gedanken, vorerst selten, später immer häufiger geäußert, begannen wie ein leise schleichendes, aber absolut tödliches Gift zu wirken. Selbst in den glücklichsten Momenten, wenn wir einander fest umschlungen hielten, war sie – offenbar einem masochistischen Impuls folgend – nicht davor gefeit, dieses Thema anzusprechen. So, als ob diese kluge und schöne Frau auf einmal vergessen hätte, wie attraktiv sie war.

In diesen Momenten erkannte ich die lachende, bisweilen ironisch-schnippische Romy an meiner Seite nicht mehr wieder – da gab sie dann tatsächlich ihrer natürlichen Schwermut nach.

Ich habe lange überlegt, aber ich habe das Filmprojekt nicht aufgegeben. 1979 war das Drehbuch endgültig fertig, 1980 wurde – unter der Regie von Claude Sautet und mit Patrick Dewaere und Brigitte Fossey in den Hauptrollen – gedreht. Der Film mit dem Titel *Un mauvais fils / Der ungeratene Sohn*, der zehn Millionen Franc kostete, war kein Meisterwerk. Aber für ein Erstlingsdrehbuch war das Ergebnis nicht einmal so schlecht. 350 000 Franc erhielt ich bei Fertigstellung des Skripts und weitere 200 000 Franc, nachdem der Film in den Kinos gelaufen war.

Umzug nach Südfrankreich

Die Beziehung zwischen Romy und Sautet hatte sich durch Romys sicher gutgemeintes, aber doch eigenwilliges Verhalten tatsächlich verschlechtert. Trotzdem drehten die beiden ab dem Frühsommer 1978 *Eine einfache Geschichte*, einen sehr wichtigen Film in Romys Karriere als Charakterdarstellerin.
Wichtig, weil Sautet hier ein Drehbuch parat hatte, wie es sich Romy immer gewünscht hatte: »Ich möchte einmal einen Film machen, bei dem eine Frau im Mittelpunkt steht.«
Wichtig, weil Romy mit der Rolle der Marie ein ganz großes Comeback nach ihrer zweiten Mutterschaft gelang, mit der sie wieder die höchsten Weihen der französischen Filmkunst erhielt: Sautet läßt am Ende das Publikum mutmaßen, wie diese einfache Geschichte von Marie tatsächlich zu Ende gegangen wäre – einer Frau, die sich nach den Enttäuschungen einer Affäre und nach einer Abtreibung wieder ihrem Ex-Ehemann zuwendet und schließlich von ihm ein Kind erwartet.
Klar, daß es auch nach diesem Film kein Entkommen gab

für Romy. Kein Entkommen vor den Hobby-Analytikern, die wieder einmal frappierende Parallelen zu Romys wirklichem Leben entdeckt haben wollten. Tatsache ist, daß Romy – wenn überhaupt – nur aus einem einzigen privaten Umstand Kraft für diesen Film bezogen hat. Sie wollte Sautet von einer Sache überzeugen, die ohnehin keines neuerlichen Beweises bedurft hätte – daß sie auch nach Sarahs Geburt eine große, ausdrucksstarke Künstlerin war.

Erst nachdem ihr die Hauptrolle in diesem Film den zweiten César – nach jenem für *Nachtblende* – eingebracht hatte, renkte sich auch das Verhältnis mit Claude wieder halbwegs ein.

Aber Romy hat in ihrer Eigenwilligkeit nie Sautets Entscheidung akzeptiert. Obwohl der einzige Grund für seine Ablehnung darin lag, daß sie ihm viel zu wichtig war. Zu wichtig, um sie als bloßes Zugpferd für die Verfilmung meines Drehbuchs zu verwenden. Sautet, dessen Vorbilder Ernst Lubitsch, Howard Hawks oder Billy Wilder sind, hätte niemals zugelassen, aus rein verkaufstechnischen Überlegungen einen Star einzusetzen, für den er im Drehbuch keine Rolle sah. Romy, die für ihn einen Status hatte, der sie weit über alle anderen hinaushob, erst recht nicht. Er fühlte sich verpflichtet Romy zu schützen – im Notfall sogar vor sich selbst, auch wenn es auf Kosten ihrer beider Beziehung ging. Denn Claude geriet regelrecht ins Schwärmen, wenn er von Romy sprach. Verglich sie mit einer zarten, fleischgewordenen Mozart-Komposition, mit einer unvergleichlichen Mischung aus Anmut, Stolz und Sensibilität. »Sie ist«, so Sautet anno 1978, »der Prototyp der französischen Schauspielerin, stark und unabhängig, mit einem unvergleichlichen Gesicht.«

Aber selbst solches Lob zog nicht. Man mußte einem so eigenwilligen Menschen, wie Romy es war, erst begreiflich machen, was es mit Sautets Nein zu ihrer Mitwirkung in meiner Drehbuch-Verfilmung auf sich hatte. Und das war sehr schwer, wenn nicht gar unmöglich.

So innig wie früher wurde ihre Beziehung zu Claude Sautet auch nach dem zweiten César nie wieder. Was vielleicht auch daran gelegen haben mag, daß Romy zu Beginn der Achtzigerjahre eine deutlich erkennbare Persönlichkeitsveränderung durchmachte. Eine Veränderung, die auch durch die Einnahme diverser Pharmaka in Verbindung mit Alkohol herbeigeführt wurde.

Auch mit mir war sie böse. »Ich bin dir so oft zur Seite gestanden, Daniel, wie konntest du mich nur so verraten«, fragte sie mich allen Ernstes immer wieder. Das Mißtrauen saß plötzlich wie ein Stachel in ihrem Fleisch und vielleicht auch ein wenig die Angst, plötzlich nicht mehr die Kontrolle über die Dinge zu haben, wie sie es gewohnt war. Das hat Romy unsicher gemacht. Was wiederum zur Folge hatte, daß sie an sich selber und ihrer Attraktivität zu zweifeln begann.

Wenn eine Frau wie Romy zu grübeln beginnt und von Selbstzweifeln geplagt wird, schadet das ihrer Schönheit, ihrer Ausstrahlung und ihrem Charisma. Romy war viel zu klug, um das nicht zu wissen. Trotzdem konnte sie manchmal nicht aus ihrer Haut – sie war diesbezüglich viel zu emotionell. Wenn die Wut sie packte oder die Eifersucht sie zwickte, war ihr in diesen Augenblicken alles egal. Egal, wo sie sich befand. Egal, wer mit ihr gerade beisammen war. Auch wenn sie dadurch – zumindest vorübergehend – an Anziehungskraft einbüßte. Aber das hielt sich in diesen Tagen ohnehin in erträglichen Grenzen.

Denn schon im Herbst 1977 war Romy bei einer Filmpremiere in Paris erstmals wieder öffentlich aufgetreten, hatte staunende Bewunderung hervorgerufen und ihr Selbstbewußtsein neu gestärkt. Unzählige Zeitungsstories aus dem In- und Ausland attestierten ihr »bewundernswerte Schönheit«. Sie war rank und schlank und schön und attraktiv wie selten zuvor.

Aber trotzdem saß dieser kleine Stachel der gekränkten Eitelkeit und der mangelnden Solidarität – was sie ganz besonders mir zum Vorwurf machte – tief in ihr. Und immer dann, wenn es ihr besonders gut zu gehen schien, war er plötzlich zur Stelle und ließ ihr keine Ruhe.

In den zu Ende gehenden Siebzigern waren die Intervalle ihrer Mißstimmungen noch genügend groß, um sich in der Zwischenzeit höchst vergnügt dem Familienleben widmen zu können.

Das taten wir in Ramatuelle auch nach besten Kräften. Unser Anwesen wurde von insgesamt sieben Personen bewohnt – unsere kleine Familie, ein Haushälter-Ehepaar, das auch die Gartenarbeiten und die Küche erledigte, sowie Sarahs Kindermädchen Nadou. Mit ihr hat Sarah auch später noch Kontakt gehalten, als sie kein Kindermädchen mehr benötigte und Nadou, unter Tränen, in den Haushalt der Schauspielerin Fanny Ardent wechselte.

Unvergessen ist mir Sarahs erster Geburtstag geblieben, der ein wahres Familienfest mit doppelter Bedeutung wurde. Denn es blieb für uns noch lange ein wahrhaftiges Wunder, daß Sarah trotz der komplizierten und dramatischen Umstände ihrer Geburt ein so gesundes und aufgewecktes kleines Mädchen geworden war. Romy genoß das Familiengefühl in vollen Zügen. Nicht selten kam es vor, daß Magda Schneider mit ihrem dritten Ehemann Horst, meine Eltern oder aber Romys Bruder Wolfi mit seiner Frau bei uns in Südfrankreich zu Besuch waren. Weil wir bei Ausfahrten mit der Danycha – es handelte sich mittlerweile schon um die vierte Version des Bootes meiner Eltern – auch Romys Familie mitnahmen, bestand sie darauf, sich an den Kosten des letzten Bootes zu beteiligen.

Wolfi war ja auch mit uns ausgefahren, einmal sogar bis nach Korsika. Wobei gerade diese Ausfahrt eine höchst interessante Charakterstudie von Romy ergab. Zwar liebte sie ihren Bruder innig, was sie aber nicht davon abhielt, mit ihm bisweilen auf Teufel komm raus zu streiten. Die Abgeschlossenheit eines Bootes, mit dem man ein paar Tage lang auf dem offenen Meer schipperte, war diesbezüglich oft eine Bewährungsprobe. Wenn sich Romy mit Wolfi stritt, krachte es immer gewaltig. Einmal war es so arg, daß ich befürchtete, sie würde ihm den nächstbesten Gegenstand an den Kopf werfen. Und ich mußte an jene Erzählungen aus Romys

Kindheit denken, in denen sie mir von ihren »Kämpfen« mit Wolfi berichtet hatte. Das Ende aber war stets gleich – voller Zärtlichkeit und schwesterlicher Liebe suchte sie die Versöhnung. Das konnte nach wenigen Minuten geschehen. Aber manchmal hat es ein paar Tage gedauert.
Auch Weihnachten 1978 war ein Familienfest am Ende eines rundum harmonischen Jahres, in dem Romy aus einsichtigen Gründen nur den einen, vorhin erwähnten Film gedreht hatte. Und den auch ganz bewußt mit dem ihr fast familiär vertrauten Claude Sautet. Trotzdem war zum Jahreswechsel Romys innere Unruhe spürbar. Der zweite César, den sie im Februar überreicht bekommen sollte, verfehlte seine Wirkung nicht. Die Getriebene wollte möglichst beide Rollen perfekt unter einen Hut bekommen: die der Mutter und die der gefeierten Schauspielerin. Eine Kombination, die sie zwar im Griff zu haben schien, die sie aber in ein gewisses Spannungsfeld zog. Sie wollte einfach überall perfekt sein. Deshalb hatte sie für 1979 bereits drei Projekte geplant. Es standen die Filme *Bloodline/Blutspur* mit Terence Young als Regisseur, *Claire de femme/Die Liebe einer Frau* mit dem großartigen Constantin Costa-Gavras und *La mort en direct/Der gekaufte Tod* auf dem Programm.
Beim Lesen des Drehbuchs für den letztgenannten Film war Romy in eine Art elektrisierte Hochspannung geraten, so sehr war sie von dem Projekt angetan, das der französische Regisseur Bertrand Tavernier mit anspruchsvollen Hollywood-Stars wie Harvey Keitel und Max von Sydow drehen sollte.

Romy war fasziniert von dem Thema: Eine vorweggenommene Alltagsgeschichte aus dem Fernsehen unserer Zeit. Sehr vereinfacht ausgedrückt: Ein todgeweihter Krebskranker läßt sich von der Kamera beim Sterben zusehen. Da die Dreharbeiten in Schottland Ende Mai begannen, hatte sich Romy entschlossen, David nach Glasgow mitzunehmen. Das machte sie beim Arbeiten stärker, selbstbewußter. Denn mit amerikanischen Stars hatte sie nicht immer die besten Erfahrungen gemacht. Seit dem verunglückten Chabrol-Film *Die Unschuldigen mit den schmutzigen Händen* hatte sie fast eine Phobie – der primadonnenhafte Rod Steiger mit seinen Allüren und seiner gesamten Begleitmannschaft hatten sie verrückt gemacht. »Stell dir vor«, hatte sie mir damals erzählt, »der hat doch tatsächlich einen eigenen Psychiater an den Set des beschissenen Films mitgebracht. An der berühmten Lee-Strasberg-Schule hätte man ihm das empfohlen.« Trotzdem hatte sie gute Miene zum bösen Spiel gemacht, wenn sich Rod Steiger wieder einmal bei seinem Seelenklempner künstlerische Empfehlungen geben ließ. Ausgerastet war sie nur dann, wenn der Psychologe während der Dreharbeiten plötzlich »Stop« sagte und der fassungslos-wütenden Romy erklärte: »Wir müssen jetzt Schluß machen, Rod ist müde.«

Es war gut, daß David mit am Set von *Der gekaufte Tod* war. Nicht so sehr, weil er dadurch, nach seinem Bassinsprung in *Sommerliebelei*, zum zweiten Mal in die Filmgeschichte eingegangen ist – in einer Szene sieht man ihn im Hintergrund mit anderen beim Fußballspiel. (Seine großen Idole waren übrigens die deutschen Fußballer, allen voran Franz Beckenbauer.) Viel wichtiger war, daß er Romy eine gewisse innere Balance verschaffte. Sonst wären die ersten vierzehn Tage der Dreharbeiten nicht so glimpflich verlaufen. Denn Romy, die gestandene europäische Schauspielerin, vertrug sich mit Harvey Keitel, diesem eingeschworenen amerikanischen »method-actor« überhaupt nicht. Es gab zwar keine Kontroversen, aber zwischen den beiden knisterte die Antipathie, daß die Funken nur so flogen. Nach zwei Wochen war ich ebenfalls nach Glasgow gekommen, und Romys erste Bitte lautete: »Sprich mit Keitel, ich weiß nicht, woran es liegt, aber ich komm' mit ihm nicht zurecht. Vielleicht gibt es einen Weg, wie wir miteinander klarkommen können. Wenn er das nicht sieht, dann ist es besser, wir reisen noch heute ab.«

So ein Gespräch hatte ich noch nie geführt, und ich dachte mir: »Daniel, jetzt mußt du *cool* bleiben.« Glücklicherweise war Keitel, den ich als Schauspieler übrigens großartig finde, noch viel nervöser als ich. Aber weil er ein Mann von überragender Intelligenz war, fanden wir einen Kompromiß. Wir gingen mit Romy auf einen Kaffee, besprachen Unklarheiten, und die Arbeit ging unter ganz anderen Voraussetzungen weiter. Freunde wurden Romy und Harvey Keitel trotzdem nicht.

Wir hatten große Hoffnungen, daß der Film mit seinem dramatischen Thema zu einem Smash-Hit werden würde. Leider mißlang er. Was weniger an den Schauspielern lag als an der Tatsache, daß ein französischer Regisseur offensichtlich keinen amerikanischen Film machen kann, oder daß amerikanische Schauspieler in keinen europäischen Film passen.

Vielleicht war auch das Prophetische an dem Thema dem Publikum zu weit hergeholt – denn Ende der Siebzigerjahre konnte sich wahrscheinlich noch kein Mensch vorstellen, daß ihm das Fernsehen eines Tages beim Sterben zusehen würde. Wie auch immer – das Publikum wußte nicht, was es mit dem *Gekauften Tod* anfangen sollte.

Die Reise nach Mexiko

Viel geschah im Jahr 1979: Romy drehte drei Filme. Romy erhielt als herausragende französische Schauspielerin den César. Romy versuchte, David eine gute Mutter zu sein. Außerdem versuchte Romy immer wieder, die kleinen Abnützungserscheinungen, die sich in unsere Ehe eingeschlichen hatten, zu reparieren.

Ich will nicht untersuchen, wen dabei das erste Verschulden trifft – wahrscheinlich, wie in den allermeisten Fällen, beide Eheleute. Trotzdem waren wir noch längst nicht beim sogenannten Zahnpasta-Syndrom angelangt. Also bei den alltäglichen Lappalien, die ein Eheleben plötzlich zu einer unlebbaren Gemeinschaft werden lassen. Aber so weit waren wir noch lange nicht. Um unsere Sorgen zu vergessen, haben wir – seit unserem Jamaika-Trip nach Romys Fehlgeburt eine Art Wundermittel – auf Bewährtes zurückgegriffen: Wir verzogen uns in Richtung Sonne. So auch Anfang April 1979. Wir verließen das trübe Frankreich in Richtung Mexiko, obwohl Romy laut Terminkalender völlig ausgebucht war. Ein Abstecher über den Atlantik tat ihr gut.

Gründe dafür gab es jede Menge. Aber nicht, um unsere Eheprobleme oder ähnliche Differenzen zu glätten, sondern um – wie wir es schon einige Male in ähnlichen Situationen zuvor getan hatten – Kraft und Energie zu tanken. Denn noch lagen acht anstrengende Monate des Jahres 1979 vor uns.

Gleichzeitig näherte sich das Drama um Harry Meyen dem tragischen Finale: Er machte Gott und die Welt für sein unglückliches Schicksal verantwortlich. Schließlich endete der tödliche Cocktail aus Tabletten, Alkohol und Chaos in einem spektakulären Selbstmord.

Selbstmord, sagen die Fachärzte, ist oft der letzte verzweifelte Aufschrei eines einzelnen, der die Umwelt und seine Mitmenschen auf seine innere Not aufmerksam machen möchte. Ich glaube, daß es sich bei Harry Meyen um einen solchen Vorgang gehandelt hat. Trotzdem habe ich nur wenig Mitgefühl für ihn empfinden können. Zumal er nicht davor zurückgeschreckt ist, in seine Anklagen, die er gegen Romy erhob, sogar seinen leiblichen Sohn mit einzubinden. Ungefähr ein Jahr vor Meyens Tod hatte es begonnen: David kehrte immer seltsam verstört von seinem Vater aus Hamburg zurück. Das ging dann in der Folge schon so weit, daß er – der vorher seinen Vater durchaus gern gesehen hatte – immer mehr zögerte, ihn zu besuchen. David bekam sehr schnell mit, daß mit ihm etwas nicht in Ordnung war. Und das tat seiner Entwicklung nicht gut. Wobei Davids fast übertriebenes Harmoniebedürfnis noch eine relativ harmlose Begleiterscheinung war.

Als Romy und ich das bemerkten, haben wir einmal mit ihm darüber gesprochen. Was herauskam, war erschütternd: Meyen scheute nicht einmal davor zurück, Davids Mutter anzuschwärzen. In seinen tiefen Depressionen verstrickte er sich immer mehr in Haßtiraden gegen seine Ex-Ehefrau und beschimpfte sie in Abwesenheit wüst. Er sprach schlecht von ihr als Mutter und als Schauspielerin, nannte sie vor dem Jungen »Hure« oder »Schlampe«. David kam nach solchen Besuchen immer völlig verändert nach Paris zurück. Meyen stürzte dadurch Romy in einen Gewissenskonflikt. Denn einerseits hatte sie sich völlig von dem Mann gelöst, der ihr einst als »künstlerisches Gewissen« jede Qualität des Anspruchsvollen absprach, andererseits war ihr Selbstverständnis ziemlich stark ausgeprägt, daß David seinen leiblichen Vater so oft wie möglich sehen sollte. Außerdem gab es da ja auch noch das Urteil des Scheidungsrichters, durch das regelmäßige Besuche Davids bei seinem Vater angeordnet waren.

David hat das sehr schnell herausbekommen und so reagiert, wie Jungen seines Alters häufig reagieren, wenn es interfamiliäre Probleme gibt – seine Schulleistungen ließen nach. Zwei seiner Lehrer nützten seine Schwäche aus und taten sich unrühmlich hervor. Je mehr Davids Konzentration nachließ, desto bösartiger wurden sie gegen ihn. So gesehen, war es eine Art Erlösung, daß wir nach St. Tropez übersiedelten und David die Schule wechseln konnte. Was nur vorübergehend Vorteile hatte, denn noch mehr als unter der Boshaftigkeit der Lehrer litt David bald darauf unter seiner Sehnsucht nach den alten Schulkameraden. Auch das war ein sichtbares Zeichen dafür, wie harmoniebedürftig David in seinem jungen Leben geworden war.

Jeder ist für sein Schicksal verantwortlich. Nichts finde ich in solchen Fällen widerwärtiger, als die eigenen Kinder in solche Probleme mit einzubeziehen. Meyen tat das ganz offensichtlich. Bei Davids Besuchen in Hamburg jammerte er dem Buben die Ohren voll mit Dingen, die er gar nicht begreifen konnte und wollte.

Manche haben später Harry Meyen als eine Art Opfer – ich frage mich nur von wem? – beschrieben, der es durch seinen Tabletten- und Alkoholmißbrauch nicht mehr geschafft hat, mit der Wirklichkeit klarzukommen. Ein Opfer war er in meinen Augen keineswegs. Im Gegenteil – Meyen war talentiert, er war, bis zu einem gewissen Grad, auch recht erfolgreich. Er verstand es aber im menschlichen Bereich überhaupt nicht, mit diesen Vorzügen richtig umzugehen. Deshalb scheiterte er als Ehemann, als Vater und zuletzt an sich selbst.

Im April 1979 waren Romy und ich also nach Puerto Valerta in Mexiko gefahren. Wir mieteten uns das Haus, das Richard Burton und Elizabeth Taylor während ihrer Hochzeitsreise bewohnt hatten. Mit einem gecharterten Boot schipperten wir die Küste entlang, gingen in malerischen Buchten vor Anker und genossen ein paar Tage das süße Nichtstun. Als wir eines Abends in den Jachthafen zurücktuckerten, trafen wir einen Mann, der in diesem Jahrhundert Filmgeschichte geschrieben hat – John Huston. An der

Seite von Romy hat es mir an Begegnungen mit großen Persönlichkeiten nicht gemangelt. Aber ich muß gestehen, dieser Koloß mit seinem dichten weißen Bart und den großen, mit Tränensäcken tiefumrandeten, wissenden und guten Augen, der uns da plötzlich gegenüberstand, hat mich beeindruckt. Nie zuvor hat ein anderer Künstler, Politiker, Literat oder Wissenschafter einen solchen Eindruck auf mich gemacht.

Huston befand sich damals schon am Ende seines langen Lebens, aber ich hatte das Gefühl, daß er sich nicht zuletzt deshalb in den feucht-schwülen Breiten der mexikanischen Pazifikküste aufhielt, weil es ihm und seiner Gesundheit besonders guttat. Tatsächlich wirkte er auf mich in diesen Tagen ungeheuer agil im Vergleich zu den Erzählungen, die ihn als schwachen, müden alten Mann schilderten. Im Haus und Büro seines alten Freundes und Agenten Paul Kohner am Sunset Boulevard in Los Angeles hat er sich in den letzten Monaten seines Lebens, so erzählt man, nur mit der Sauerstoff-Flasche in der Hand und der durchsichtigen Atemmaske im Gesicht bewegt.

John Huston hatte sich allerdings schon gute zehn Jahre zuvor in das Land und die dem Festland vorgelagerte kleine Insel verliebt. »Mexiko und seine Menschen«, gestand er uns, »üben auf mich eine besondere Form von Magnetismus aus. Hier ist das Leben noch auf die wirklich wichtigen Dinge reduziert – Liebe und Haß, Trauer und Freude, vor allem aber die Gastfreundschaft und die Lebenslust faszinieren mich.« Den Felsen im Pazifik, auf dem sein Haus stand, hatte er nach den Dreharbeiten für *Die Nacht des Leguan* erworben. Während er für seine Hauptdarsteller Ava Gardner und Richard Burton auf Location-Suche war, hatte er die malerische kleine Insel entdeckt. Die Unberührtheit der dortigen Natur beeindruckte den großen alten Mann Hollywoods dermaßen, daß er auf alle technischen Errungenschaften verzichtete, die ihm für einen Alltag dort als nicht notwendig erschienen. Deshalb gab es auf der namenlosen Insel nicht einmal ein Telefon.

Jedenfalls lud uns Huston in diesen Apriltagen ein, ihn zu besuchen. Bemerkenswert sein ausschließlich mexikanischer Anhang – er nannte ihn seine Familie. Die Gespräche, die wir mit ihm führten, waren so anregend, seine Erzählungen, mit denen er uns fesselte, so spannend, daß wir gleich bei unserem ersten Besuch über Nacht blieben. Zu gefährlich wäre es gewesen, mit der gecharterten Jacht in der Dunkelheit zum Festland zurückzukehren. In unserem Haus hatten wir sicherheitshalber Bescheid gegeben.

Unmittelbar nach unserer Rückkehr von »Huston Island«, es war der 15. April 1979 und es war Ostersonntag, erreichte uns in Puerto Valerta ein Anruf. Am Apparat war Nadou, das Kindermädchen, und sie wollte Romy sprechen. Es war keine gute Nachricht – Harry Meyen hatte sich in Hamburg an der Feuerleiter neben seiner Wohnung mit einem Schal erhängt.

Romy, die zuletzt allen Grund hatte, auf Meyen vor allem wegen David wütend zu sein, war von der Nachricht betroffen. Sie hatte auch keine Scheu, vor John Huston, als wir zu ihm zurückkehrten, darüber zu sprechen: »Er tut mir leid«, sagte sie seltsam tonlos. Und es lag Trauer in ihrer Stimme, aber keine Verzweiflung. Seit Jahren hatte sich ihre Beziehung zu Meyen auf die allernotwendigsten Kontaktnahmen beschränkt – oft nur am Telefon, oft nur schriftlich.

Huston hatte seine mexikanische Familie um sich geschart, und in einem Kauderwelsch aus Englisch und Spanisch entstand plötzlich eine Diskussion um das moralische Recht eines Menschen, Selbstmord zu verüben. Huston selber übrigens verurteilte es, wenn Menschen Hand an sich legen. Romy hörte nur zu, schwieg zumeist.

In den vielen Biographien und Reportagen zu diesem traurigen Thema kann man lesen, daß Romy – todtraurig über den Verlust des Ex-Ehemannes – sofort abgereist und an das Grab von Harry Meyen geeilt wäre. Und das, obwohl ich sie – wie ein ganz besonders Schlauer wissen will – mit den Worten »jetzt ist ohnehin nichts mehr zu ändern« zum Bleiben aufgefordert hätte. Die Wahrheit ist: Romy hat nicht eine Sekunde mit der Entscheidung gezögert, bei John Huston zu bleiben und Mexiko, wie vorgesehen, erst vier Tage danach zu verlassen. »Warum«, fragte sie wie zur eigenen Bestätigung, »soll ich denn auf der Stelle zurückkehren? Um David schnell zu einem Begräbnis zu zerren? Um selber einen Toten zu sehen? Die deutsche Presse, die mir ganz gewiß auflauern wird? Oder was sonst?« Romy machte in Puerto Valerta kein Geheimnis daraus, daß sie vielleicht Mitgefühl für den Vater ihres Sohnes empfand, aber ganz gewiß keine verzweifelte Trauer.

Wir blieben, wie es geplant war, noch vier Tage. Dann flogen wir nach Paris zurück. Romy wollte David nicht mit dem Begräbnis seines Vaters belasten – er blieb mit mir in Ramatuelle, während sie nach Hamburg flog, um alle Formalitäten zu erledigen, die durch den Tod Meyens entstanden waren.

Das Begräbnis zog sie im Alleingang durch. Klammheimlich. Ohne Ansprachen. Ohne großangelegte Totenfeier. Anderntags kehrte sie nach Paris und dann zu uns nach Ramatuelle zurück. Noch ein paar Tage Ruhe und Vorbereitung, dann begannen neue Dreharbeiten.

Das Finanz-Debakel

Unmittelbar nach dem Mexiko-Urlaub, dem Meyen-Selbstmord und den wenigen Tagen, die Romy in Ramatuelle verbracht hatte, stand der schon erwähnte Film *Der gekaufte Tod* auf Romys dichtem Terminkalender. Sie hatte beschlossen, daß David sie zu den Dreharbeiten begleiten sollte. Die Turbulenzen der vergangenen Wochen und Monate hatten ihn einigermaßen verwirrt. Ich blieb mit Klein-Sarah in Ramatuelle. Zwei Wochen später brachte ich sie zu meinen Eltern nach Paris und folgte Romy nach Schottland. Am Telefon hatte sie mir von ihren Schwierigkeiten bei den Dreharbeiten erzählt und mich gebeten, nach Edinburgh zu kommen.
Verglichen mit den übertriebenen Berichten von ihren Millionen-Gagen, verglichen mit dem vielen Ärger am Set, verglichen mit den Einbußen an Lebensqualität mit und ohne Familie war das, was Romy – immerhin ein weltberühmter Star – an Gagen tatsächlich erhielt, geradezu lächerlich gering. Anhand der detaillierten Aufstellungen von Bank-Überweisungen kann man sehr leicht nachvollziehen, was

und wieviel Geld Romy für eine Hauptrolle bekam. Nachweisen läßt sich auch das – von vielen milde belächelte – Gerücht, daß Romy ganz bewußt darauf geachtet hat, nicht zuviel Gage zu bekommen. Wie andere amerikanische und europäische Schauspieler, die damals den – heute irrwitzig gewordenen – Gagen-Poker begannen. Für das Regie-Debüt von Bertrand Tavernier an der Seite des männlichen Hauptdarstellers Harvey Keitel bekam Romy die Summe von exakt 1 108 663,44 Franc. Diese Gage setzte sich aus folgenden Teilbeträgen zusammen: 112 500 Franc bekam Romy bei Vertragsabschluß, weitere 619 333,44 am Ende der Dreharbeiten. An nicht zu versteuernden Diäten wurden ihr 45 000 Franc ausbezahlt, und der Rest der Filmgage wurde in drei Tranchen à 90 000 Franc überwiesen – am 10. November 1979, am 22. November und schließlich am 10. Dezember desselben Jahres. Zuvor hatte sie schon 61 800 Franc für die englische Synchronisation bekommen.

1979 war das Jahr, in dem Romy – ohne Druck und aus freien Stücken – erstmals in Frankreich versteuern wollte. Nicht, daß sie plötzlich das Gefühl überkommen hätte, in den vergangenen Jahren etwas Unrechtes getan zu haben. Aber Romy haßte nichts mehr als Unklarheiten. So etwas bedrückte sie.

Obwohl sie kaum Zeit hatte, sich um ihre Finanzen wirklich zu kümmern – dazu hatte sie ja Berater engagiert, unter anderen auch in der Schweiz –, war sie ein wenig argwöhnisch geworden, ob »denn Papa Kaestlin tatsächlich auf dem allerneuesten Stand der europäischen Steuergesetzgebungen«

sei. Solche Gedanken verunsicherten sie. Und Romy konnte viele Gemütszustände ertragen, Gefühle der Unsicherheit gehörten seit ihrer Trennung von Meyen ganz bestimmt nicht mehr dazu.

Da kaufte sie sich lieber frei.

Insgesamt hatte Romy im Jahr 1979 1 628 041,94 Franc verdient. Zur Gage von *Der gekaufte Tod* kamen noch einmal 373 891,19 Franc, der Rest von *Die Liebe einer Frau* mit Yves Montand, für den sie schon im Vorjahr 185 441,87 Franc kassiert hatte, sowie der Vorschuß für *La banquière/Die Bankiersfrau*, für den laut Vertrag vom 6. November 1979 165 000 Franc bezahlt wurden.

Im Januar 1984, also zwei Jahre nach Romys Tod, forderte das französische Finanzamt allein für dieses eine Jahr von mir als haftendem Ex-Ehemann die Summe von 2 349 000 Franc. Dabei schien es der Steuerbehörde besonders wichtig herauszustellen, daß ich als Haushaltsvorstand auch im Falle einer laut Ehevertrag festgelegten Gütertrennung dafür verantwortlich sei. Die gesetzliche Vorschrift, daß man als Haushaltsvorstand auch im Falle einer Gütertrennung für die Steuerschulden des Ehepartners haftet, wurde erst im Folgejahr per Gesetzesbeschluß eliminiert. Eine Novelle, die mir nicht mehr geholfen hat.

Dabei hatte ich nur auf zwei Konten Zugriff – auf mein eigenes Nummer 458 174-03 bei der Credit du Nord, Filiale Anjou, und auf Romys Haushaltskonto Nr. 456 147-43 bei der gleichen Bank und Filiale. Über diese beiden Bankverbindungen regelten wir unsere täglichen Lebenshaltungskosten. Keinen Zugang hatte ich auf jene Konten, über die der Löwenanteil von Romys Finanztransaktionen wie Filmgagen, Immobilienkäufe, Hausangestellte und ähnliche größere Ausgaben liefen. Diese Konten hatten die Nummern 457 933-42 und 462 910-42. Sie lauteten auf die Namen Imfra und Cinecustodia. Romy war die einzige Person, die auf diesen Konten zeichnungsberechtigt war. Andere größere Ausgaben erledigten die Solsud und Romys Schweizer Anwalt Kaestlin – Ramatuelle beispielsweise, unser Anwesen in Südfrankreich, wurde zur Gänze von Solsud gekauft und verwaltet.

Kurios in diesem Zusammenhang ist ein handgeschriebener Brief, der einzige übrigens, der in der gesamten Finanz-Causa als Beweismittel angeführt wird, in dem ich den Anwalt in Romys Namen um eine besonders sorgfältige Behandlung der Personalkosten bitte. Es geht um exakt 793,50 Franc, die Kaestlin via Solsud dem Hausmeister an Zusatzzahlungen überweisen sollte. Das ist, so argumentiert die französische Finanzbehöre, der endgültige Beweis dafür, daß Solsud nur eine Scheingesellschaft gewesen sei. Als ob man 793,50 Franc jemandem nicht stillschwiegend in die Hand drücken könnte, wenn man die Steuer umgehen möchte ...

Das Finanzamt führte gegen Romy und mich ins Treffen, daß wir einen »besonders aufwendigen Lebensstil geführt« hätten. Als Beweise dafür wurden Bedienstete angeführt, die wir niemals gehabt haben – Chauffeure von Filmproduktionen kamen darin ebenso vor wie Hausangestellte und

imaginäre Gärtner. Außerdem wurde exakt aufgelistet, welche Autos wir in den Jahren von 1973 bis 1981 gefahren hatten. Da wurde auch mein Porsche, den ich zum Spottpreis von 15 000 Franc erstanden hatte, angeführt. Dabei hatte ich diesen Kauf lange vor meiner ersten Begegnung mit Romy getätigt. Des weiteren führte die Steuerbehörde unsere fünf Autos an, die wir zwischen 1974 und 1981 benützt haben – den maronfarbenen Bentley mit der Pariser Nummer 4021 XT 75, den Range Rover für Ramatuelle mit der Zulassungsnummer 15 ASK 75, den Jaguar 481 BPZ 75, den schwarzen Ferrari 849 CDJ 75 sowie den Cadillac 475 CML 75. Abgesehen davon, daß es sich stets um gebrauchte Okkasionen gehandelt hat, die wir nacheinander gekauft und benützt haben, stelle ich mir noch heute die Frage: Weist dieser Fuhrpark, in diesem langen Zeitraum von acht Jahren, tatsächlich auf einen aufwendigen Lebensstil eines Weltstars hin?
Wohl nur in der Phantasie von spießbürgerlichen Finanzbeamten.
Wie man überhaupt die seltsamen Überlegungen der französischen Steuerbehörden etwas genauer unter die Lupe nehmen muß. So hatte die Finanzbehörde in den Jahren zuvor überhaupt keinen Einwand, daß Romy ihre Wohnadresse und den Mittelpunkt ihrer – steuerlichen – Lebensinteressen mit der Zürcher Adresse in der Segantinistraße Nummer 50 angegeben hatte. Das galt nicht nur für die Zeit vor ihrer zweiten Rückkehr nach Paris, sondern auch für jene Zeit, in der sie die Filme wie *Trio Infernal*, *Sommer-*

liebelei, *Le Train – Nur ein Hauch von Glück* oder *Das wilde Schaf* gedreht hatte. Die Behörden hatten nach dem Steuerabkommen zwischen Frankreich und der Schweiz keine Bedenken gehabt, die fiskalische Zuständigkeit der Schweizer anzuerkennen.

Man hat auch Romys Vertrag mit der Cinecustodia anerkannt, der einerseits die Sicherheit eines regelmäßigen Einkommens gab, gleichzeitig aber verhinderte, daß Romy auch nur die geringsten sozialen Ansprüche an den französischen Staat stellen konnte. Cinecustodia zahlte alle Steuern aus den Filmgagen Romys in der Schweiz. Cinecustodia bezahlte dafür an Romy – laut Vertrag bis Ende der Laufzeit, also bis ins Jahr 1978 – 12 000 Schweizer Franken monatlich. Im Gegenzug übernahm die Gesellschaft alle Risiken, denen eine Künstlerin im schnellebigen Filmgeschäft ausgesetzt ist. Die Provision, die der Anwalt Kaestlin für seine Dienste einstreifte, betrug 15 Prozent.

Auch für das Jahr 1976 argumentiert die französische Finanzbehörde mit sehr wackeligen Argumenten. Romy hätte, heißt es nicht recht stichhaltig, den Mittelpunkt ihrer steuerlichen Lebensinteressen in Frankreich gehabt. Abgesehen von den vielen privaten Auslandsaufenthalten hat Romy in diesem Jahr fast ausschließlich im Ausland gearbeitet. *Die Frau am Fenster* wurde vom 29. April bis zum 2. Juni 1976 in Italien und Griechenland gedreht. Und alle elf Drehwochen von *Gruppenbild mit Dame* fanden in Deutschland und in Österreich statt. Nur ihr beeindruckender, aber sehr kurzer Auftritt für Claude Sautet in *Mado* hatte keine Außenaufnahmen außerhalb Frankreichs.

Aber die Finanzbehörden blieben hart, forderten auch für das Jahr 1976 ihren Obolus von allen Filmgagen, die Romy kassiert hatte. Dabei hat Romy in diesem Jahr in Frankreich nicht nur kaum gearbeitet, sondern wahrscheinlich auch keine hundert Tage im Lande zugebracht. Trotzdem wollte das Finanzamt von ihr die phantastische Summe von 1 846 428 Franc. Nach ihrem Tod präsentierte man mir – inklusive aller Strafen und Versäumniszulagen – die Steuer-Rechnung für das Jahr 1976: Man wollte exakt 5 539 284 Franc von mir. Die Gesamtgage von Romy machte in diesem Jahr, in dem sie fast nur im Ausland gedreht hatte, exakt 2 895 017 Franc aus. So wollten es die französischen Finanzbeamten.

Weil Romy nichts mehr haßte, als sich mit Finanzangelegenheiten herumzuschlagen, und sie ganz bestimmt nichts weniger wollte als unklare Gebarungen, entschloß sie sich bereits im Jahr 1978, reinen Tisch zu machen und ihre Einnahmen nur mehr in Frankreich zu versteuern. Der Vertrag mit der Cinecustodia lief in diesem Jahr ab und wurde im beiderseitigen Einvernehmen nicht mehr verlängert. Genützt hat es – wie wir heute wissen – nichts. Seit dem 12. Januar 1984 harren insgesamt 11 223 144 Franc zuzüglich Zinsen ihrer Begleichung durch mich.

Ein Betrag, der mittlerweile astronomische Höhen erreicht haben muß und den ich niemals werde zahlen können. Nicht einmal, wenn ich mein Leben dafür einsetzen würde.

»Die zwei Gesichter einer Frau«

Der Spätsommer des Jahres 1980 stand im Zeichen unserer Rückkehr nach Paris. Es war eine Entscheidung, die nichts mit unserer Ehe zu tun hatte. Wir trafen sie nur David zuliebe. Wenn in St. Tropez die Saison vorüber war, wurde es dort einsam und still. Ein Zustand, der Romy und mir gefiel. Vor allem nach den Anstrengungen von Dreharbeiten, bei denen Romy stets gewohnt war, körperlich und seelisch alles zu geben. Ganz gewiß war St. Tropez aber nicht nach dem Geschmack eines aufgeweckten Jungen, der lieber mit einer Horde Gleichaltriger herumtollte. David vermißte in diesen Zeiten seine alten Freunde aus Paris mehr denn je. Und da Romy für ihren geliebten Sohn jede Ochsentour auf sich genommen hätte, war es für sie nicht weiter schwierig, nach Paris zurückzukehren. Also übersiedelten wir wieder in die Stadt, nahmen uns in der Rue Bugeaud eine Wohnung. Für deren Renovierung sollte Romy etwas später sehr viel Geld ausgeben.

David hatte doppeltes Glück. Zum einen, weil wir alles unternahmen, um ihn glücklich zu machen. Zum anderen, weil sein neuer Schuldirektor in Paris ungeheuer viel Verständnis und Einfühlungsvermögen hatte. Gleich am ersten Tag sprach er also beim Schulleiter mit einem dringenden Anliegen vor. David wollte nicht mehr Haubenstock heißen – wie bekanntlich der bürgerliche Name seines Vaters Harry Meyen lautete. Er wollte nicht unter diesem Namen im Schulregister geführt werden, sondern als David Biasini. Mehr als ein Jahr war seit dem Tod seines Vaters vergangen, und es war spürbar, wie sehr er sich in der Geborgenheit unserer vierköpfigen Familie wohl fühlte.

David liebte seine vierjährige Schwester Sarah, er liebte seine Mutter, und er liebte auch mich. »Ich heiße David Biasini«, sagte er dem Schuldirektor stolz und beharrlich. Der Direktor war ein kluger und ebenso einfühlsamer Mann. Er akzeptierte den Wunsch, und in den Klassenbüchern wurde »David Biasini« eingetragen.

Wenig später lud er mich zu sich und machte mir einen Vorschlag: »Wir können David eine Zeitlang als Biasini führen, aber auf längere Sicht gesehen würde ich Ihnen – um Schwierigkeiten zu entgehen – eine Adoption empfehlen.«

Ein vernünftiger Vorschlag, der zwar einige Monate Papierkrieg in Anspruch nehmen würde, aber einer, der ohnehin schon überfällig war. Jedenfalls gefiel er uns allen – auch meinen Eltern, die für David wie leibliche Großeltern waren. Es sollte nicht dazu kommen.

Dramatische Ereignisse, die wie ein Blitz aus heiterem Himmel auf uns hereinstürzten, verhinderten, daß ich mich ausschließlich auf David konzentrierte. Im Spätherbst 1980 begann Romy im norditalienischen Pavia mit Dreharbeiten zu einem neuen Film, dessen Regisseur der Italiener Dino Risi war. In der männlichen Hauptrolle von *Fantasma d'amore/ Die zwei Gesichter einer Frau*: Marcello Mastroianni. Unter den Assistenten der Filmcrew war erstmals ein junger Mann aus Paris: Laurent Pétin.

Romy reiste per Flugzeug zeitgerecht an. Am Tag des Drehbeginns erreichte mich ein Anruf aus Pavia: »Monsieur Biasini, wo steckt Ihre Frau? Sie ist im Hotel nicht erreichbar, sie ist nicht am Drehort erschienen – wir stehen alle da und warten.« Und, nach einer kurzen Pause, die durch meine etwas verwirrte Reaktion entstanden war, meinte der Produktionsleiter weiter: »Ich glaube, ich muß nicht extra betonen, daß die Situation – sollte sie nicht ordentlich aufgeklärt werden – einem glatten Vertragsbruch gleichkommt. Und für einen solchen Fall haben wir ja auch klare Regelungen getroffen.«

Skandal, Konventionalstrafe und – vor allem – große Sorge um Romy ließen mich nicht lange zögern. Ich rief meine Eltern an, damit sie sich um die Kinder kümmerten, nahm ein paar Hemden mit und startete den Wagen. Mit dem schwarzen Ferrari fuhr ich in Rekordzeit nach Pavia. Was ich dann erlebte, ist der Beginn eines Dramas, den ich bis zum heutigen Tag nicht verstehe.

Als ich ankam, war Romy im Hotel. Sie hatte sich in ihrem Zimmer eingeigelt. Romy war ganz offensichtlich, als mich die Filmcrew in Paris angerufen hatte, auch dort gewesen.

Ich öffnete die Zimmertür und prallte zurück. Romy stierte mich aus weit geöffneten, starren Augen an. Sie hatte einen Morgenmantel an. Ihr Blick war zwar auf mich gerichtet – aber er ging durch mich hindurch, endete irgendwo in endloser Ferne. Halb saß sie, halb lag sie auf ihrem Bett. Ihre Bewegungen kamen sehr verzögert, wie Fernsehaufnahmen in Superzeitlupe.

Zuerst war sie kaum ansprechbar. Sie schien völlig verzweifelt. Es dauerte einige Zeit, bis ich ein paar Brocken aus ihr herausbekommen hatte. In ihren Taschen fand ich einige Packungen Optalidon in Zäpfchenform – eine Schachtel war aufgerissen, es fehlten drei Stück. Romy gestand, daß sie sich einen »Cocktail« gemixt hatte – drei Flaschen Rotwein hatten ihre Wirkung nicht verfehlt. Romy war wie gelähmt.

»Ich habe«, stammelte sie zitternd und stockend, »solche Angst gehabt. Angst vor dem ersten Drehtag.«

Ich war, ehrlich gestanden, ratlos. Romy war zwar nie unbeschwert und locker in ein Filmprojekt gegangen, aber daß sie sich regelrecht vor den Dreharbeiten gefürchtet hätte – das kann ich mir bis heute nicht erklären.

Es gelang mir, Romy wieder klar zu bekommen. Ich verdunkelte den Raum, wechselte ihre durchgeschwitzte Wäsche und sorgte dafür, daß sie ohne Störung vierzehn Stunden durchschlief.

Die Leute von der Produktion hatten Verständnis, daß meine Frau erst mit drei Tagen Verspätung zu drehen begann. Wir unternahmen lange Spaziergänge. Wir redeten viel. Ich achtete darauf, daß Romy wenig aß, nur Wasser und Tee zu sich nahm. Ich blieb insgesamt eine Woche, dann fuhr ich einigermaßen beruhigt nach Paris zurück.

Das war ein Fehler, wie sich noch herausstellen sollte. Denn bis zu Romys Tod waren es nur noch neunzehn Monate.

Das Ende

Es war ein sarkastisches Lachen, das mir unwillkürlich entfuhr, als ich die Kritiken zu Romys Filmpremiere *Die zwei Gesichter einer Frau* las. In der hochangesehenen Tageszeitung »Le Monde« stand beispielsweise folgende Hymne auf die großartige Charakterdarstellerin:
»Romy Schneider, als wäre sie ungeschminkt, im Gesicht verunstaltet von Krankheit und Leid, gibt mit erstaunlichem Talent die Rolle der Anna. Aber sie strahlt auch mit ihrer perfekten Schönheit das Bild wilder Liebe aus, eines Jugendtraums, der ihre sichere Welt ins Wanken bringt.«
Der Filmkritiker hatte, ganz offensichtlich unbewußt, ins Schwarze getroffen. Was die Regenbogen-Presse und so mancher pathetisch-besorgte Schreiberling posthum und schriftlich förmlich herbeibetete, stimmte diesmal. Die Analyse, die dieser Kritiker von der Schauspielerin Romy Schneider gab, war ganz nahe an der Wirklichkeit. Selten, daß ich in einer Zeitung so treffende Worte über Romy gelesen habe, die ihren Zustand so perfekt wiedergaben. Nur, wie gesagt: was als kritische Rollenbeschreibung zu verstehen war, war

gleichzeitig eine – wenn auch ungewollte – erstaunliche Psycho-Analyse des Menschen Romy Schneider. Die scheinbar gespielte Verzweiflung war echt, die innere Zerrissenheit tatsächlich vorhanden, seit sie in Norditalien den Dino-Risi-Film gedreht hatte.

In unserer Ehe war nichts vorgefallen, was so schwerwiegend war, daß man deswegen in völlige Verzweiflung hätte fallen müssen. Ganz im Gegenteil – die Kinder, für Romy stets oberstes Ziel innerer Ausgeglichenheit, waren glücklich und gediehen prächtig.

Trotzdem trug Romy im Jahr 1980 plötzlich einen Keim Unzufriedenheit in sich. Die Debatten, die zwischen uns entstanden, hatten immer nur Lappalien zum Ursprung.

Das Zahnpasta-Syndrom begann jetzt an unserer Ehe zu nagen.

Ich habe mich auch nicht immer so verhalten, wie es eigentlich bei einer so feinfühligen Person wie Romy notwendig gewesen wäre. Manchmal schwieg ich entnervt zu ihren Vorwürfen, dann suchte ich mein Heil in der Flucht. Das ging soweit, daß ich fast den gesamten Januar 1981 in einem Auto verbrachte – ich nahm an der Rallye Paris–Dakar teil. Danach flüchtete ich nach Los Angeles zu Verwandten. Romy mußte einen anderen Begleiter zur alljährlichen Verleihung des César wählen – sie kam mit David, der neben Catherine Deneuve und Yves Montand Platz nahm.

Irgendwie spürte ich längst, daß unsere Ehe nicht mehr zu retten war. Mein vielleicht schwerwiegendster Fehler war, daß ich in keinem Augenblick mehr – auch nicht dann, wenn Romy wieder stark und klar war und auch bereit, in Diskussionen um unsere Ehe zu kämpfen – etwas Konstruktives zur Rettung unserer Partnerschaft beitrug. Es nervte mich langsam, aber sicher, wenn Romy zur fleischgewordenen tibetanischen Gebetsmühle wurde und immer wieder unseren Altersunterschied ins Spiel brachte: »Wenn ich fünfzig bin, bist du neunundreißig, wenn ich sechzig bin, bist du neunundvierzig! Kann das gutgehen?«

Es konnte nicht gutgehen, weil mich allein schon diese Wiederholungen quälten. Immer wieder habe ich Romy zu erklären versucht, wie mein Credo lautete – nicht in der Zukunft und schon gar nicht in der Vergangenheit zu leben, sondern einzig und allein in der Zeit, die wirklich zählt: dem Jetzt. Romy wollte davon nichts wissen, sie hatte stets das dringende Bedürfnis, ihr Leben generalstabsmäßig zu planen. Seit ihrem vierzigsten Geburtstag, den wir so beschaulich und schön in St. Tropez gefeiert hatten, mehr denn je.

Immer seltener ging ich in die Offensive. Einmal, in der Vorweihnachtszeit 1980, unmittelbar nach ihrer Rückkehr von den Dreharbeiten zu *Die zwei Gesichter einer Frau*, fand ich bei Romy wieder Tabletten. Ihre Handtasche war vollgefüllt mit Optalidon, und es bestand für mich kein Zweifel, daß sie nach Jahren wieder rückfällig geworden war – Gott weiß, welcher Teufel sie da hineingeritten hat. Auch auf allen Fotos, die von Romy aus dieser Zeit existieren, kann man in ihrem Gesicht deutlich ablesen, daß ihr Körper aus dem Gleichgewicht geraten war.

Sie war aufgedunsen im Gesicht, hatte oft geschwollene Tränensäcke. Es wurde für sie immer schwieriger, ihre natürliche Schönheit herauszustreichen.

Jedenfalls kam es immer wieder zu neuen Rückfällen – vorerst nicht zu so schweren, wie damals in Pavia, aber die Symptome waren unverkennbar. Verzögerte Bewegungen, leichte Sprachhemmungen und dieser starre Blick ins Nirgendwo. Sie schien abwesend und depressiv zu sein, ein Zustand, der sich mit plötzlichen Angstzuständen und einer Art Verfolgungswahn abwechselte.

Ich suchte in der Wohnung in der Rue Bugeaud überall nach Tabletten. Oft wurde ich fündig, dann versteckte ich sie oder warf sie weg. Einmal gipfelte meine erfolgreiche Suche in einem wüsten Streit. Romy wollte mich daran hindern, den Inhalt ihrer Handtasche, in dem sich fast nur Medikamente befanden, in die Toilette zu entleeren.

Die Tage, an denen Romy – vollgepumpt mit Psychopharmaka und Wein – nicht mehr ganz Herr ihrer Sinne war, häuften sich. Ich muß gestehen, daß ich mich dann – von den vielen Diskussionen entnervt – mehr um Sarah und um David gekümmert habe. Vor allem David verbrachte die meiste Zeit bei seinen »Großeltern« in St. Germain-en-Laye und bekam vorerst von unseren Streitigkeiten kaum etwas mit. Als ich ihn im Frühjahr 1981 für eine Woche zu mir nach Los Angeles holte, beklagte sich Romy später darüber.

Die Schwiegermutter, von der man nie wirklich wußte, was von ihren Veröffentlichungen der Wahrheit entsprach und

was aus einem zu bedenkenlosen, geltungsbedürftigen Übernehmen von haltlosen Gerüchten geschah, Magda Schneider also zitierte Romy in ihrer Biographie folgendermaßen: »Bis zum heutigen Tag habe ich nicht das Bild zerstören wollen, das David von Daniel hat. Im Moment können die Biasinis den guten Part spielen, aber es wäre mir ein leichtes, das zu ändern. Ich vermeide es – wegen David.«
Gleichgültig, ob sich Romy aus Wut oder Verzweiflung ihrer Mutter gegenüber so geäußert hat oder nicht – bis zu Davids Tod hat sie sich selbst übertroffen. Hatte ihre Mutterliebe hintangestellt, um für David das Beste zu erreichen. Und das Beste war für ihn – aus freien Stücken, eigener Entscheidung und trotz seiner kindlichen Liebe zu Romy – sein Familienhort in St. Germain-en-Laye. Ich kann nicht beurteilen, ob ein so sensibles Bubenherz wie das von David bereits zu so tiefen Gefühlen wie Haß fähig war – eines steht fest: David mochte den neuen Mann an der Seite seiner Mutter nicht. Aber aus tiefstem, kindlichem Herzen machte er eigentlich seine Mutter dafür verantwortlich, daß seine Familie, die so wichtig für ihn war und auf die er so lange gewartet hatte, nun langsam wieder zerstört wurde.
Mehrmals haben wir uns in den ersten Monaten des Jahres 1981 mit den Worten getrennt: »Gehen wir kurzfristig getrennte Wege, nehmen wir uns Zeit, denken darüber nach, was wir tun sollen.«
Ich werde das Gefühl nicht los, daß jemand Romy ganz bewußt in jenen Tagen, in denen David mit mir in Kalifor-

nien war, noch zusätzlich gegen mich aufgestachelt hat. Nur so kann ich mir erklären, wie sie auf die abstruse Idee kommen konnte, ich hätte David beispielsweise zum Haschischrauchen animiert. Eher hätte ich mir die rechte Hand abgehackt. David erlebte mit mir ein Programm, wie es Millionen Kinder seines Alters in Los Angeles erlebt haben – Besuch der berühmten Universal Studios, Fahrt zum Magic Mountain, Disneyland und ähnliches mehr. Klar, daß er beschwingt zurückkam und nicht eben erfreut war, als er mit der Realität konfrontiert wurde. Ich hatte es, wie so viele Ehemänner in ähnlichen Fällen, als Allerletzter erfahren, daß Romy mit Laurent Pétin bereits eine handfeste Affäre hatte. David war das natürlich, wenn auch nur instinktiv, auch nicht entgangen. Man muß kein großer Analytiker sein, um sich vorzustellen, wie es in der Seele Davids zu diesem Zeitpunkt ausgesehen hat und daß er – wenn auch mit untauglichen verbalen Mitteln – versuchte, sich dieser Situation zu entziehen.

Aber auch in dieser schwierigen Zeit, die wir zwischen November 1980 bis zu unserer ersten Scheidungsverhandlung im Mai 1981 durchmachten, gab es Momente, in denen unsere Beziehung kurzfristig wie früher zu sein schien. Sogar die Nacht vor unserem ersten Scheidungstermin hat Romy bei mir verbracht. Der für sie unerträgliche Gedanke, daß im Falle einer Trennung ihr geliebter David für sie verloren sei, quälte Romy. Und David war gespalten. Einerseits liebte er seine Mutter abgöttisch, andererseits litt er an seinem Kindheits-Trauma der zersplitterten Familie.

Zu den Dingen, die mich so seltsam berührten, zählt jenes Interview, das so oft und so prahlerisch als das »letzte große Interview von Romy Schneider« apostrophiert wird. Wobei ich gar nicht weiter auf seinen Inhalt eingehen möchte, sondern vielmehr auf die offenkundigen Begleitumstände, unter denen dieses Interview stattgefunden hat.

Romy hatte sich nach Quiberon begeben, einen Kurort an der französischen Atlantikküste, den sie sehr liebte und den sie ganz besonders gern aufsuchte, wenn sie ruhe- und erholungsbedürftig war.

Die ruhe- und erholungsbedürftige Romy, pseudo-besorgt von einem angereisten Journalistenteam nach ihrem Gesundheitszustand befragt, wurde gleich am ersten Abend in eine Kneipe gelotst. Quasi zur »Auflockerung« für das am nächsten Tag stattfindende Interview. Es wird viel getrunken, sehr viel sogar; man ist geschmacklos genug, sich am nächsten Tag eines angeblich »verbindenden, gemeinsamen Kopfschmerzes« zu rühmen. Romy ist jedenfalls so in Trance, daß sie sich zu einem nachmitternächtlichen Tanz mit einem örtlichen Fischer aufschwingt. Jedesmal, wenn ich diese Bilder von Romy sehe – weinselig und mit aufgedunsenem Gesicht in den Armen eines alten Mannes –, denke ich unwillkürlich an das unwürdige Schauspiel eines Tanzbären vor versammelter Menge. Eine tolle Leistung.

Als man die spektakulären Bilder im Kasten hat, läßt man Romy in den restlichen Stunden dieser Nacht ganz offensichtlich mit dem Alkohol allein. Irgendwo habe ich einmal ein entwürdigendes Dokument davon gesehen – in Romys

Schrift, leicht erkennbar, daß sie von nicht mehr ganz nüchterner Hand geführt war, stand da: »und saufe ... Wo seid ihr? Merde.«

Klar, daß ein solchermaßen geschwächter Körper einer Frau, die sich noch dazu auf Kur befindet, am nächsten Tag noch nicht im Vollbesitz seiner Kräfte ist. Daher ist es nicht weiter verwunderlich, daß sie sich bei den Fotoaufnahmen am nächsten Morgen das Bein bricht, als sie auf einen nassen Stein springt und darauf ausrutscht.

Ich bin gespannt, ob wir diese Bilder eines Tages auch noch zu sehen bekommen.

Die Dreharbeiten zu ihrem letzten Film *La passante de Sans-Souci/Die Spaziergängerin von Sans-Souci* mußten das erste Mal wegen der schweren Verletzung verschoben werden. Das zweite Mal, im Mai 1981, war eine dramatische Operation schuld an der Verschiebung. Mit akuten Schmerzen war sie in ein Krankenhaus in Neuilly eingeliefert und schon einen halben Tag später operiert worden. Die Ärzte entfernten ihr eine Niere, die von einem Tumor befallen war. Als Romy wieder halbwegs auf den Beinen war, kam es im Juni zu einem letzten Treffen mit David.

Er hatte von mir erfahren, daß vor einer Ehescheidung nach französischem Recht ein Versöhnungsversuch stattfinden müsse. Obwohl ich ihm keine falschen Hoffnungen auf einen erfolgreichen richterlichen Versuch der Versöhnung machte, klammerte er sich irgendwie daran. Er traf seine Mutter im Studio, wo sie sich – erstmals nach ihrer schweren Verletzung und der nachfolgenden Operation – zu Synchronisationsarbeiten für den Film *Garde à vue / Das Verhör* aufhielt. Die Bilder, die bei diesem Anlaß entstanden, sind voller Zärtlichkeit zwischen Mutter und Sohn. David versuchte, Romy umzustimmen. Er wollte die schönen Zeiten, die wir miteinander verbracht hatten, wieder aufleben lassen. Davids Besuch im Studio war das letzte Mal, daß Mutter und Sohn einander lebend begegneten. Elf Tage später war David tot.

Romy hat David nur knapp zehn Monate überlebt.

Wenig weiß ich über diesen kurzen Zeitraum aus Romys Leben. Denn im Oktober 1981 wurde unsere Ehe, die schon Monate zuvor nicht mehr existiert hatte, auch offiziell geschieden. Ich weiß, daß sie mit Laurent Pétin nach Boissy Sans Avoir, etwa fünfzig Kilometer außerhalb von Paris, übersiedelte. In ein elegantes Landhaus, das heute ihm gehört.

Aus dieser Zeit stammt auch ein etwas seltsam anmutendes Stück Papier, das später in vielen Magazinen und Romy-Biographien abgedruckt wurde. Ein ominöses Testament, in einem Hotelzimmer verfaßt. Ich weiß nicht, unter welchen Umständen jener merkwürdige – übrigens später nicht anerkannte – »Letzte Wille« entstanden ist, den Romy am 10. Mai 1982 in Zürich verfaßte. In einer fast wirren, verzweifelten Schrift auf einem Schmierpapier hatte sie Laurent Pétin und Sarah (!) – man beachte die Reihenfolge – als Alleinerben eingesetzt.

Ich konnte nie authentisch in Erfahrung bringen, was Romy in den letzten Monaten ihres Lebens endgültig aus der Ba-

lance geworfen hat. War es allein Davids Tod, den sie nicht überwinden konnte? Oder war da noch etwas anderes, das ihr die letzte Kraft raubte?
Ich weiß es nicht.
Ich weiß nur eines – neunzehn Tage nach dem seltsamen Testament war sie tot …

> Pour mon Fils !
>
> Que je suis heureuse et remplie de bonheur quand je monte, tard dans la nuit, voir mes enfants dormir — Toi, mon grand david qui est aussi, – (quand il le veut bien –) un grand gentil –
> et elle – ta petite soeur, toute petite dans son lit blanc, et à coté d'elle sa première petite poupée — poupée de son frère – de Toi Que cela me fait du bien de vous voir — — — et alors moi aussi je vais me coucher tout doucement a coté du grand Dan qui s'est endormi avec son livre dans les mains — —
> Voila — tu vois je suis toujours la dernière a dormir dans notre casa, mais j'aime bien ca — — —
> A demain cheri — sois bien a l'Ecole et apres on va lire ensemble Bonne matinee ! Des baisers tendres — — — et tu donnera aussi un bisou a notre gentille Nadou ! de ma part — — — ta Mamma

<u>An meinen Sohn!</u>
Wie glücklich und tief berührt bin ich, wenn ich spät in der Nacht die Treppen hinaufsteige und meine schlafenden Kinder betrachte. Dich, meinen großen David, der (wenn er will) auch ein großer Lieber ist – und sie – Deine kleine Schwester, wie sie ganz klein in ihrem weißen Bett liegt – neben ihr ihre erste kleine Puppe – <u>die Puppe ihres Bruders – Deine Puppe</u>. – Wie gut das tut, euch zu betrachten … Nun werde auch ich mich ganz sanft neben den großen Dan, der mit seinem Buch in den Händen eingeschlafen ist, legen.
Wie Du siehst, bin ich immer die letzte, die in unserer Casa schlafen geht, aber das gefällt mir …
Bis morgen, liebster Sohn, sei fleißig in der Schule, und danach werden wir zusammen lesen. Einen schönen Morgen und sanfte Küsse … gib auch unserer <u>netten Nadou</u> ein Küßchen von mir …
Deine Mamma

»Dein Wort soll aber sein: ja, ja – nein, nein.
Denn, was die menschliche Natur auch Böses kennt,
Verkehrtes, Schlimmes, Abscheuwürdiges,
das Schlimmste ist das falsche Wort, die Lüge.
Wär' nur der Mensch erst wahr, er wär' auch gut.«

Franz Grillparzer,
»Weh' dem, der lügt«

Epilog

Wie finden wir die Wahrheit? Im arithmetischen Mittel der Summe aller Wahrnehmungen? In der größtmöglichen Nähe zum betrachteten Objekt?
Vielleicht sind das probate Mittel in vielen anderen Fällen, in denen die Wahrheit im dunkeln liegt – im Fall von Romy Schneider wohl kaum. Denn die bisher erschienenen Biographien und Serien, die Unmengen von Zeitungsartikeln und analytischen Betrachtungen über eine Frau, die Millionen von Menschen über drei Generationen faszinierte, lassen die Wahrheit im günstigsten Fall nur erahnen. Die Gewißheit, die zu dieser Annahme führt, bezieht wohl jeder kritische Betrachter aus den vorhergegangenen Seiten dieses Buches, in denen versucht wurde, Wahres von Erlogenem, Richtiges von Unrichtigem, Echtes von Falschem zu trennen.
Es mag schon sein, daß auch Romys zweiter Ehemann nur im Besitz der subjektiven Wahrheit ist, wenn er behauptet: »So war sie und nicht anders.«
Auffällig war in den vielen Wochen und Monaten der Co-

Autorschaft mit Daniel Biasini seine fast zu penible, akribische Art, die Dinge der Vergangenheit ins rechte Licht zu rücken. So wog er zum Beispiel beim Gegenlesen ab, ob »glücklich« nicht besser durch das Wort »unbeschwert« zu ersetzen wäre, und er vermied es bisweilen tunlichst, sich einer »späten Rache« hinzugeben, indem er offensichtliche Lügen durch belegbare Fakten enttarnte. Prominente und weniger Prominente, die im Windschatten einer großen – und zuletzt wirklich unglücklichen – Künstlerin profitieren wollten, blieben ungeschoren. Biasini wollte sich nicht dem billigen Triumph hingeben, Leute, die sich nicht wehren können, mit Tatsachen zu konfrontieren, die sie als dumme, kleine, ehrgeizige Lügner bloßgestellt hätten. Vor allem dann, wenn sie nicht mehr am Leben waren.

Trotzdem – und gerade wenn man bemüht ist, Licht ins Dunkel der Lebenstragödie Romy Schneiders zu bringen – muß man einige Fragen stellen, die Biasini beim besten Willen nicht beantworten kann. Fragen, die sich bisher niemand gestellt hat, obwohl sie sich im »Fall Romy Schneider« nachgerade aufdrängten. Fragen wie diese:

– Warum war Romy ausgerechnet bei den Dreharbeiten zu *Die zwei Gesichter einer Frau* in Pavia im Herbst 1980 wieder dem gefährlichen Cocktail von Beruhigungsmitteln und Alkohol verfallen?
– Warum wurde nie erwähnt, daß bei diesen Dreharbeiten plötzlich Laurent Pétin am Filmset aufgetaucht war?
– Warum wurde das bizarre Testament von Romy Schnei-

der vom 10. Mai 1982 in Zürich nie graphologisch untersucht?
– Warum hat sie in den frühen Morgenstunden des 10. Mai, als sie ganz offensichtlich nicht mehr bei besten Kräften war, in ihrem Zürcher Hotelzimmer einen nach Verwirrung klingenden Letzten Willen verfaßt?
– Warum war sie auch in ihrer Todesstunde, neunzehn Tage nach der ominösen Nacht von Zürich, wieder allein?
– Warum schlief Laurent Pétin bei beiden Gelegenheiten? War die offensichtliche Verzweiflung, in der sich Romy befand, nicht spürbar, fühlbar, erahnbar?

Vielleicht gibt es ganz natürliche, völlig einsichtige und logische Antworten darauf. Vielleicht aber gibt es nur Antworten, bei denen es erlaubt sein muß, sie mit einem Adjektiv zu versehen – dem kleinen Wörtchen »merkwürdig«.
So wie das Leben und Sterben der großen Schauspielerin Romy Schneider.

MARCO SCHENZ

Ich bedanke mich ganz besonders
bei Frau Corinna Milborn
für die Beratung im Textteil

und bei meinem Bruder
Charles Biasini
für die Überlassung der Fotos

                                              D. B.

Anhang

Rollenverzeichnis für Film, Fernsehen und Theater

Die Jahreszahlen bezeichnen das jeweilige Entstehungsjahr. Erklärung der Abkürzungen: RS = Romy Schneider (der in Klammern genannte Name ist die Rollenbezeichnung); D = Deutschland, E = Spanien, F = Frankreich, GB = England, I = Italien, ISR = Israel, Ö = Österreich, USA = Amerika. Alternativ- und ausländische (Original-)Titel sind in Klammern gesetzt.

1953
Wenn der weiße Flieder wieder blüht (D)
Regie: Hans Deppe
RS (Evchen Forster), Magda Schneider, Willy Fritsch, Paul Klinger, Albert Florath, Nina von Porembsky, Götz George

1954
Feuerwerk (D)
Regie: Kurt Hoffmann
RS (Anna Oberholzer), Lilli Palmer, Karl Schönböck, Claus Biederstaedt, Werner Hinz, Käthe Haack, Rudolf Vogel, Lina Carstens, Liesl Karlstadt, Ernst Waldow

Mädchenjahre einer Königin (Ö)
Regie: Ernst Marischka
RS (Victoria), Adrian Hoven, Magda Schneider, Karl-Ludwig Diehl, Paul Hörbiger

1955
Die Deutschmeister (Ö)
Regie: Ernst Marischka
RS (Constanze Hübner), Magda Schneider, Siegfried Breuer jr., Hans Moser, Paul Hörbiger, Gretl Schörg, Wolfgang Lukschy, Adrienne Gessner, Susi Nicoletti, Josef Meinrad

Der letzte Mann (D)
Regie: Harald Braun
RS (Niddy Hövelmann), Hans Albers, Joachim Fuchsberger, Rudolf Forster, Michael Heltau, Camilla Spira

Sissi (Ö)
Regie: Ernst Marischka
RS (Prinzessin Elisabeth von Bayern, genannt Sissi), Karlheinz Böhm, Magda Schneider, Gustav Knuth, Uta Franz, Vilma Degischer, Josef Meinrad

1956
Sissi, die junge Kaiserin (Ö)
Regie: Ernst Marischka
RS (Sissi, Kaiserin Elisabeth), Karlheinz Böhm, Gustav Knuth, Magda Schneider, Josef Meinrad, Senta Wengraf, Vilma Degischer, Walther Reyer

Kitty und die große Welt (D)
Regie: Alfred Weidenmann
RS (Kitty Dupont), Karlheinz Böhm, O. E. Hasse,
Peer Schmidt, Charles Regnier

Robinson soll nicht sterben (D)
Regie: Josef von Baky
RS (Maud Cantley), Horst Buchholz, Erich Ponto, Magda
Schneider, Mathias Wieman, Gustav Knuth, Gert Fröbe

1957
Monpti (D)
Regie: Helmut Käutner
RS (Anne-Claire), Horst Buchholz, Boy Gobert, Bum Krüger

Scampolo (D)
Regie: Alfred Weidenmann
RS (Scampolo), Paul Hubschmid, Victor de Kowa, Elisabeth
Flickenschildt, Georg Thomalla, Walter Rilla, Eva Maria
Meineke, Peter Carsten, Willy Millowitsch, Wolfgang Wahl

Sissi – Schicksalsjahre einer Kaiserin (Ö)
Regie: Ernst Marischka
RS (Kaiserin Elisabeth), Karlheinz Böhm, Magda Schneider,
Gustav Knuth, Josef Meinrad, Vilma Degischer, Walther Reyer,
Uta Franz, Senta Wengraf

1958
Mädchen in Uniform (D/F)
Regie: Geza Radvanyi
RS (Manuela von Meinhardis), Lilli Palmer, Therese Giehse,
Sabine Sinjen, Christine Kaufmann, Blandine Ebinger

Christine (F/I)
Regie: Pierre Gaspard-Huit
RS (Christine Weiring), Alain Delon, Jean-Claude Brialy,
Sophie Grimaldi, Micheline Presle, Fernand Ledoux

Die Halbzarte (Ö)
Regie: Rolf Thiele
RS (Nicole Dassau und Eva), Carlos Thompson, Magda
Schneider, Rudolf Forster, Josef Meinrad, Gertraud Jesserer

1959
Ein Engel auf Erden (Mademoiselle Ange) (D/F)
Regie: Geza Radvanyi
RS (Engel und Stewardeß), Henri Vidal, Jean-Paul Belmondo,
Michele Mercier, Ernst Waldow

Die schöne Lügnerin (D/F)
Regie: Axel von Ambesser
RS (Fanny Emmetsrieder), Jean-Claude Pascal, Helmut Lohner,
Charles Regnier, Hans Moser, Josef Meinrad, Marcel Marceau,
Helmut Qualtinger

Katja (Katja – die ungekrönte Kaiserin) (F)
Regie: Robert Siodmak
RS (Katja Dolgoruki), Curd Jürgens, Pierre Blanchard,
Antoine Belpetre, Monique Melinand, Margo Lion

1960
Die Sendung der Lysistrata
(D/Fernsehen/NDR)
Regie: Fritz Kortner
RS (Myrrhine/Uschi Hellwig), Barbara Rütting, Karin Kernke, Ruth Maria Kubitschek, Peter Arens, Wolfgang Kieling, Karl Lieffen

1961
Schade, daß sie eine Dirne ist (Dommage qu'elle soit une putain) (F, Théâtre de Paris)
Schauspiel in 2 Akten von John Ford
Inszenierung: Luchino Visconti
RS (Annabella), Alain Delon, Valentine Tessier, Pierre Asso, Daniel Sorano, Silvia Montfort
120 Aufführungen

Boccaccio '70 (I/F)
Regie: Luchino Visconti
RS (Pupé), Tomas Milian, Paolo Stoppa, Romolo Valli

Der Kampf auf der Insel (Le combat dans l'île) (F)
Regie: Alain Cavalier
RS (Anne), Jean-Louis Trintignant, Henri Serre, Pierre Asso, Diana Leporier

1962
Die Möwe
Schauspiel in 4 Akten von Anton Tschechow
Inszenierung: Sacha Pitoëff
RS (Nina), Sacha Pitoëff, Pierre Palau, Lucienne Lemarchand

Der Prozeß (Le procès) (F/D/I)
Regie: Orson Welles
RS (Leni), Anthony Perkins, Jeanne Moreau,
Elsa Martinelli, Madeleine Robinson, Orson Welles,
Akim Tamiroff, Fernand Ledoux

Die Sieger (The Victors) (USA)
Regie: Carl Foreman
RS (Regine), George Hamilton, George Peppard, James
Mitchum, Peter Fonda, Eli Wallach, Rosanna Schiaffino,
Melina Mercouri, Jeanne Moreau, Elke Sommer, Michael
Callan, Albert Finney, Senta Berger, Peter Vaughan

L'amour à la mer (F)
Regie: Guy Gilles
Daniel Maasmann, Geneviève Thénier, Guy Gilles und RS
(Gastauftritt)

1963
Der Kardinal (The Cardinal) (USA)
Regie: Otto Preminger
RS (Anne-Marie Lebedur), Tom Tryon, Raf Vallone, John
Huston, Burgess Meredith, Josef Meinrad, Carol Lynley,
John Saxon, Peter Weck

1963/1964
Leih mir deinen Mann (Good Neighbour Sam) (USA)
Regie: David Swift
RS (Janet Lagerlof), Jack Lemmon, Michael Connors,
Edward G. Robinson, Dorothy Province

1964
L'enfer (F, unvollendet)
Regie: Henri-George Clouzot
RS (Odette Prieur), Dany Carrel, Serge Reggiani,
Jean-Claude Bercq

Was gibt's Neues, Pussy? (What's New, Pussycat?) (GB/F)
Regie: Clive Donner
RS (Carole Werner), Peter Sellers, Peter O'Toole, Capucine,
Paula Prentiss, Woody Allen, Ursula Andress, Howard Vernon

1965
Halb elf in einer Sommernacht (10:30 P. M. Summer) (USA/E)
Regie: Jules Dassin
RS (Claire), Melina Mercouri, Peter Finch, Julian Mateos,
Isabel Maria Perez

1966
Romy. Anatomie eines Gesichts (D/Fernsehen/BR)
Regie: Hans Jürgen Syberberg
Dokumentarfilm

Schornstein Nr. 4 (La voleuse) (F/D)
Regie: Jean Chapot
RS (Julia Kreuz), Michel Piccoli, Hans-Christian Blech,
Sonia Schwarz

Spion zwischen zwei Fronten (Triple Cross) (GB/F/D)
Regie: Terence Young
RS (Die Gräfin), Christopher Plummer, Yul Brynner,
Gert Fröbe, Trevor Howard, Harry Meyen

1968
Otley (GB)
Regie: Dick Clement
RS (Imogen), Tom Courtenay, Alan Badel, James Villiers

Der Swimmingpool (La piscine) (F/I)
Regie: Jacques Deray
RS (Marianne), Alain Delon, Maurice Ronet, Jane Birkin

1969
Inzest (My Lover, My Son) (GB)
Regie: John Newland
RS (Francesca Anderson), Donald Houston, Dennis Waterman, Patricia Brake

Die Dinge des Lebens (Les choses de la vie) (F/I)
Regie: Claude Sautet
RS (Hélène), Michel Piccoli, Lea Massari, Gerard Latigau

1970
Die Geliebte des anderen (Qui?) (F/I)
Regie: Leonard Keigel
RS (Marina), Maurice Ronet, Gabriele Tinti, Simone Bach

Bloomfield (GB/ISR)
Regie: Richard Harris
RS (Nina), Richard Harris, Kim Burfield, Maurice Kaufmann

La Califfa (I/F)
Regie: Alberto Bevilacqua
RS (La Califfa), Ugo Tognazzi, Bisacco, Marina Berti

Das Mädchen und der Kommissar
(Max et les ferrailleurs) (F/I)
Regie: Claude Sautet
RS (Lily), Michel Piccoli, Bernard Fresson, Georges Wilson, François Perier

1971
Das Mädchen und der Mörder – Die Ermordung Trotzkis
(L'assassinat de Trotsky) (F/I/GB)
Regie: Joseph Losey
RS (Gita Samuels), Alain Delon, Valentina Cortese, Richard Burton

1972
Ludwig II. (Ludwig) (I/F/D)
Regie: Luchino Visconti
RS (Elisabeth von Österreich), Helmut Berger, Trevor Howard, Silvana Mangano, Gert Fröbe, Helmut Griem, Folker Bohnet, John Moulder-Brown

Cèsar und Rosalie (César et Rosalie) (F/I/D)
Regie: Claude Sautet
RS (Rosalie), Yves Montand, Sami Frey, Umberto Orsini, Isabelle Huppert, Eva Maria Meineke

1973
Le Train – Nur ein Hauch von Glück (Le train) F/I
Regie: Pierre Granier-Deferre
RS (Anna Kupfer), Jean-Louis Trintignant, Nike Arighi, Franco Mazzieri

Sommerliebelei (Un amour de plui) (F/D/I)
Regie: Jean-Claude Brialy
RS (Elisabeth), Nino Castelnuovo, Suzanne Flon, Mehdi El,
Jean-Claude Brialy

Das wilde Schaf (Le mouton enragé) (F/I)
Regie: Michel Deville
RS (Roberte Groult), Jean-Louis Trintignant, Jane Birkin,
Jean-Pierre Cassel, Florinda Bolkan

1973/1974
Trio Infernal (Le trio infernal) F/I/D)
Regie: Francis Girod
RS (Philomena Schmidt), Michel Piccoli, Mascha Gonska,
Monica Fiorentini, Andrea Ferreol

1974
Nachtblende (L'important c'est d'aimer) (F/D/I)
Regie: Andrzej Zulawski
RS (Nadine Chevalier), Fabio Testi, Jacques Dutronc,
Klaus Kinski

Die Unschuldigen mit den schmutzigen Händen
(Les innocents aux mains sales) (F/I/D)
Regie: Claude Chabrol
RS (Julie Wormser), Rod Steiger, Paolo Giusti,
Jean Rochefort, Hans Christian Blech

1975
Das alte Gewehr – Abschied in der Nacht
(Le vieux fusil) (F/D)
Regie: Robert Enrico
RS (Clara), Philippe Noiret, Caroline Bonhomme,
Catherine Delaporte, Jean Bouise, Madeleine Ozeray

1976
Die Frau am Fenster (Une femme à sa fenêtre) (F/I/D)
Regie: Pierre Granier-Deferre
RS (Margot Santorini), Philippe Noiret, Victor Lanoux,
Umberto Orsini, Delia Boccardo

Mado (F/I/D)
Regie: Claude Sautet
RS (Hélène), Michel Piccoli, Ottavia Piccolo, Jacques Dutronc,
Bernard Fresson, Charles Denner

Tausend Lieder ohne Ton (D/Fernsehen/ZDF)
Regie: Claudia Holldack
Eva Mattes, Jo Herbst, Dorothea Moritz und RS (Gastauftritt)

1976/1977
Gruppenbild mit Dame
(Portrait de groupe avec dame) (D/F)
Regie: Aleksandar Petrovic
RS (Leni Gruyten), Brad Dourif, Michel Galabru, Vadim
Glowna, Richard Münch, Vitus Zeplichal, Fritz Lichtenhahn,
Rüdiger Vogler, Rudolf Schündler, Isolde Barth, Witta
Pohl, Kurt Raab

1978
Eine einfache Geschichte (Une histoire simple) (D/F)
Regie: Claude Sautet
RS (Marie), Bruno Cremer, Claude Brasseur, Francine Berge, Vera Schroder, Peter Semler

1979
Blutspur (Bloodline) (USA/D)
Regie: Terence Young
RS (Helene Martin), Audrey Hepburn, Ben Gazzara, James Mason, Maurice Ronet, Omar Sharif, Gert Fröbe, Claudia Mori, Irene Papas

Die Liebe einer Frau (Clair de femme) (F/I/D)
Regie: Constantin Costa-Gavras
RS (Lydia), Yves Montand, Romolo Valli, Lila Kedrova, Heinz Bennent

Der gekaufte Tod (La mort en direct) (F/D)
Regie: Bertrand Tavernier
RS (Katherine Mortenhoe), Harvey Keitel, Harry Dean Stanton, Thérèse Liotard, Max von Sydow

1980
Die Bankiersfrau (La banquière) (F)
Regie: Francis Girod
RS (Emma Eckhert), Jean-Louis Trintignant, Jean-Claude Brialy, Claude Brasseur

1981
Das Verhör (Garde à vue) (F)
Regie: Claude Müller
RS (Chantal Martinaud), Lino Ventura, Michel Serrault,
Guy Marchand

Die zwei Gesichter einer Frau (Fantasma d'amore) (I)
Regie: Dino Risi
RS (Anna), Marcello Mastroianni, Eva Maria Meineke,
Wolfgang Preiß

1982
Die Spaziergängerin von Sans-Souci
(La Passante du Sans-Souci) (F/D)
Regie: Jacques Rouffio, Jacques Kirsner
RS (Elsa Wiener/Lina Baumstein), Michel Piccoli,
Wendelin Werner, Helmut Griem, Dominique Labourier,
Maria Schell, Gérard Klein, Mathieu Carrière

Namenverzeichnis

A

Adjani, Isabelle 208
Albach, Wolfdieter »Wolfi« (Bruder) 110 ff, 161, 203, 236 f
Albach-Retty, Rosa (Großmutter) 170
Albach-Retty, Wolf (Vater) 76 f, 108 ff, 114 ff, 169
Alexandre (Friseur) 201
Allen, Woody 30
Antonioni, Michelangelo 148
Ardent, Fanny 236
Aristophanes 127
Asso, Pierre 143

B

Bardot, Brigitte 101 f
Barthélemy-Delon, Nathalie 153 f
Baum, Ralph 22 ff, 27
Beaume, Georges 142, 154
Beckenbauer, Franz 239
Belmondo, Jean-Paul 22
Berge, Francine 228
Berger, Helmut 202
Bergman, Ingrid 145
Bevilacqua, Alberto 180
Biasini, Charles (Schwager) 203
Biasini, Sarah Magdalena (Tochter) 10, 16 ff, 60, 76 f, 127 f, 181, 225 ff, 233, 235 f, 249, 257, 264, 269
Bicheron, Simone 202
Biederstaedt, Claus 117, 120
Birkin, Jane 95
Blatzheim, Hans Herbert (Stiefvater) 50 ff, 74, 84, 115 f, 129, 130, 135 ff, 152 f, 155, 163 f
Blech, Hans Christian 190
Böhm, Karlheinz 131
Böll, Heinrich 85, 213, 215 f
Boisrouvray, Albina de 93, 95
Brandt, Willy 85 f, 91
Brasseur, Claude 228
Brialy, Jean-Claude 32, 39, 42 ff, 48 f, 56, 64, 72, 132, 134, 185, 201 f, 204, 210
Broca, Michelle de 32, 56, 72, 204

Brynner, Yul 162
Buchholz, Horst 131
Buñuel, Luis 127
Burton, Richard 244, 246

C

Chabrol, Claude 64, 98, 190f, 238
Chanel, Coco 74, 157
Clouzot, Henri 148, 151
Cocteau, Jean 144f, 157, 169
Costa-Gavras, Constantin 237
Cotten, Joseph 122
Courrèges, André 74
Cremer, Bruno 228

D

Danon, Raymond 22, 46, 224
Darc, Mireille 73
Dayan, Moshe 166f
Delon, Alain 22, 52, 73, 84, 124, 129, 130, 132ff, 145, 147f, 151, 152ff, 155, 158, 170, 171ff, 180, 196, 202
Deneuve, Catherine 208, 262
Depardieu, Gérard 97
Deray, Jacques 173ff
Dewaere, Patrick 231
Dichand, Hans 109
Didier (Visagist) 40
Dietrich, Marlene 118, 124ff
Dourif, Brad 219
Driest, Burkhard 188f
Dutronc, Jacques 66, 95f, 98

E

Elisabeth I., Königin von England 140
Enrico, Robert 192
Eyck, Peter van 59

F

Fanny (Garderobiere) 40, 81
Fehlhaber, Horst 201ff, 236
Felix (Féfé) 98, 100, 106
Ferreri, Marco 97
Ford, John 141
Fossey, Brigitte 231
Frank, Christopher 92
Frey, Sami 66, 68
Fröbe, Gert 162

G

Ganz, Bruno 47
Gardner, Ava 246
Gauthier, Jean-Jacques 145
Girardot, Annie 22, 208
Girod, Francis 78
Giusti, Paolo 190
Glowna, Vadim 219
Goethe, Johann Wolfgang von 114
Granger, Stewart 118
Granier-Deferre, Pierre 37, 40f, 68, 72, 205
Greco, Juliette 169
Grillparzer, Franz 271
Gründgens, Gustaf 127
Guimard, Paul 177

H

Haubenstock, David Christopher (Sohn) 9ff, 16, 24ff, 33, 36f, 47f, 57, 65f, 72, 79f, 90, 93f, 98f, 143, 162, 165, 171f, 180f, 182ff, 190, 193, 195, 200, 203, 210, 218, 223, 227, 238, 242ff, 246ff, 249f, 256, 262, 264ff, 268f
Haubenstock, Harry *siehe* Meyen, Harry
Harris, Richard 165, 180
Hawdon, Robin 160
Hawks, Howard 233
Hebey, Pierre 15
Hedwig »Deda« (Kindermädchen) 110
Hitler, Adolf 87
Höllger, Christiane 183, 201
Hoffmann, Kurt 121
Howard, Trevor 162
Hubschmid, Paul 163
Huston, John 244ff

J

Jackson, Michael 12
Jardin, Pascal 39, 68
Jerôme, Raymond 142
Jürgens, Curd 38, 53, 59, 145f, 202
Jurmann, Sandra 161

K

Kaestlin, Henrik 38, 59ff, 212, 250, 252, 254
Kafka, Franz 122
Karajan, Herbert von 53, 91, 159f, 168
Karas, Anton 122
Keitel, Harvey 237, 239, 250
Kinski, Klaus 91
Kishon, Ephraim 165ff
Kleist, Heinrich von 47
Kohner, Paul 245
Kortner, Fritz 127, 149, 157, 158f

L

La Fontaine, Jean de 142
Leempoel, Michel van 39, 55
Lemmon, Jack 153
Liebermann, Rolf 168
Livi, Jean-Louis 42, 56, 58, 60
Losey, Joseph 91, 180
Lubitsch, Ernst 233

M

Magnani, Anna 145
Marais, Jean 145
Marquand, Serge 73
Mastroianni, Marcello 258
Mattoni, André von 168
Max (Friseur) 40
McQueen, Steve 35
Meyen, Harry (Ehemann) 10f, 15, 27, 29ff, 35f, 44ff, 50ff, 54, 65, 84f, 87, 155ff, 172f, 180f, 182, 187, 193, 195, 200, 227, 242ff, 246ff, 249, 251, 257
Milian, Tomas 147
Miró, Joan 39

Montand, Yves 25, 169, 251, 262
Moreau, Jeanne 123f
Mozart, Wolfgang Amadeus 49, 233
Münch, Richard 219
Muti, Ornella 98

N

Nadou (Kindermädchen) 235f, 246
Noiret, Philippe 192, 205

O

Olga (Hausmädchen) 27
Orsini, Umberto 205
Oxeda (Juwelier) 67

P

Palmer, Lilli 38, 59
Perkins, Anthony 123f
Perón, Juan 214
Pétin, Laurent 10, 12f, 16, 258, 266, 269, 273f
Petrovic, Aleksandar 215, 218
Picasso, Pablo 39
Piccoli, Michel 68f, 78, 119, 169, 177, 206
Picolette 100ff, 107, 183
Piguet, Audemar 160
Pitoëff, Sacha 150
Plummer, Christopher 162
Pohl, Witta 219
Ponti, Carlo 148

Preminger, Otto 30, 148
Prokofjew, Sergej 159

R

Reggiani, Serge 151
Risi, Dino 258, 262
Robinson, Edward G. 153
Rochefort, Jean 190
Römer, Anneliese 46, 157f, 161
Ronet, Maurice 175
Roos, Gerd-Joachim 201

S

Sagan, Françoise 169
Sailer, Toni 131
Saint Laurent, Yves 75
Sautet, Claude 25, 32, 56, 66, 68, 177ff, 202, 206, 211, 228ff, 232ff, 237, 254
Schneider, Franz Xaver (Großvater) 108
Schneider, Magda (Mutter) 51, 54, 59, 84, 86f, 108ff, 121, 132ff, 141f, 145, 152, 155, 161ff, 168f, 191, 201ff, 236, 264f
Schneider, Maria (Großmutter) 108
Schnitzler, Arthur 131, 135
Schönherr, Dietmar 188
Segal, Jean-Pierre 93f
Signoret, Simone 126f
Simenon, Georges 39
Steiger, Rod 190f, 238
Stoppa, Paolo 147

Strindberg, August 159
Stroessner, Alfredo 214
Swanson, Gloria 125
Sydow, Max von 237

T

Tarak (Produzent) 12
Tavernier, Bertrand 237, 250
Taylor, Elizabeth 244
Testi, Fabio 91
Therese (Präfektin) 114
Thomas (Chauffeur) 40
Thompson, Carlos 59
Tissier, Bernard 210 ff
Trintignant, Jean-Louis 37, 38, 40 f, 42, 47, 64, 66, 68
Truffaut, François 92
Tschechow, Anton 130

V

Valli, Romolo 147
Vanel, Charles 127
Ventura, Lino 22

Videla, J. R. 214
Visconti, Luchino 30, 67, 91, 127, 139 ff, 143 ff, 147, 153, 196 f, 202
Vitti, Monica 171
Vogel, Adi 50
Volpi, Giovanni 68

W

Welles, Orson 30, 91, 122 ff, 149
Wilder, Billy 125, 233
Winkler, Angela 215

Y

Yllous, Dr. 204
Young, Terence 237

Z

Zulawski, Andrzej 65, 68, 70, 78, 91 ff, 95

320 Seiten., ISBN 3-7844-2684-0

Auch als Audiobook!
ISBN: 3-7844-5004-0

Gerhard Tötschinger

Christiane Hörbiger

Eine Liebeserklärung in Form einer Biographie – ein sehr persönliches Buch voller Charme und Humor

Verstand, Herz und meisterhafte Schauspielkunst: Christiane Hörbiger, der Film- und Bühnenstar unserer Zeit, in Beruf, Familienleben, als Tochter, Partnerin und Mutter - aus der Sicht eines Menschen, der es wissen muss. Nach der in mehreren Auflagen erfolgreichen Erstausgabe nun die um die Geschehnisse der letzten fünf Jahre in Text und Bild erweiterte Nachauflage.

Langen Müller

Anna Dünnebier / Gert v. Paczensky

Das bewegte Leben der Alice Schwarzer

Das spannende Porträt
einer der einflussreichsten Frauen
der Gegenwart

Alice Schwarzer gehört zu den bedeutendsten Persönlichkeiten des öffentlichen Lebens in Deutschland. Sie war »Frau des Jahres«, trägt das Bundesverdienstkreuz und veröffentlichte zahlreiche Bücher, darunter mehrere Bestseller. Und doch kennen viele sie nur als EMMA-Chefin und »Emanze Nr. 1«.
In ihrer überaus informativen und unterhaltsamen Biographie stellen die Autoren den Menschen Alice Schwarzer jenseits dieser Klischees vor.

Knaur

Alice Schwarzer

Marion Dönhoff

Ein widerständiges Leben

Alice Schwarzer begegnet Marion Gräfin Dönhoff – eine wirklich ungewöhnliche Konstellation. Das Ergebnis ist ein ebenso überraschendes wie sensibles Porträt von Deutschlands bedeutendster Journalistin der Pioniergeneration. Diese erste – und autorisierte – Biographie zeigt auch die unbekannten Seiten der »Grande Dame«.

»Hier ist ein wunderbares Buch entstanden.«
Süddeutsche Zeitung

Knaur